KB145071

예제로 배우는 **자연어 처리 기초**

예제로 배우는 **자연어 처리 기초**

NLP 알고리즘, 텍스트 분류와 요약, 감성 분석

쇼홈 고시 · 드와이트 거닝 지음 김창엽 · 최민환 옮김

i!i
에이콘

에이콘출판의 기틀을 마련하신 故 정완재 선생님 (1935-2004)

| 지은이 소개 |

쇼홈 고시^{Sohom Ghosh}

자연어 처리 분야의 전문 지식을 갖춘 열정적인 '데이터 탐정^{data detective}'이다. 여러 국제 학회와 저널에서 다수의 논문을 발표했다.

드와이트 거닝^{Dwight Gunning}

미국의 금융 서비스 규제 기관인 FINRA의 데이터 과학자다. NLTK, 젠심^{Gensim}, spaCy와 같은 가장 널리 사용되는 NLP 도구를 사용해 파이썬 기반 머신러닝과 실무에서 풍부한 경험을 쌓았다.

| 옮긴이 소개 |

김창엽(czangyeob@gmail.com)

데이터 분석과 머신러닝에 관심이 많아 고려대학교 산업경영공학과 데이터 사이언스 및 비즈니스 어낼리틱스(DSBA) 연구실에서 박사 과정을 밟고 있다. 이전에는 안랩에서 9년간 근무하며 악성코드 대응 및 침해사고 분석 업무를 수행했다. 옮긴 책으로는 에이콘출판사에서 출간한 『텐서플로 入門』(2016), 『리눅스 바이너리 분석』(2016), 『모의 해킹을 위한 메타스플로잇』(2014), 『케라스로 구현하는 딥러닝과 강화학습』(2017), 『딥러닝 데이터 전처리 입문』(2018), 『머신 러닝을 활용한 컴퓨터 보안』(2019) 등이 있다.

최민환(mhchoe@hanyang.ac.kr)

5G 초연결 통신과 인공지능 분야에 관심이 많아서 한양대학교 전자통신공학과 지능 통신 시스템 연구실에서 무선 통신 신호 처리 및 분류 기법 관련 연구를 주로 수행했다. 졸업 후, 현재는 KT 융합기술원 인프라연구소에서 인공지능과 네트워크 관련 연구를 수행 중이다.

| 옮긴이의 말 |

CNN, RNN(LSTM, GRU) 등을 다양한 방식으로 활용하는 많은 연구가 계속 진행돼 왔지만, 최근 트랜스포머^{Transformer}, ELMO, GPT, BERT 등의 연구를 기반으로 여러 자연어 처리 태스크에서도 뛰어난 성능을 나타내는 주목할 만한 여러 연구 결과가 계속 발표되고 있다.

스마트폰에서 사용하는 여러 앱이나 방문하는 사이트에서도 챗봇을 제공하는 사례가 점점 늘어나고 있으며, 기업에서도 매일매일 쌓여가는 수많은 로그로부터 고객의 행동이나 생각, 소비 및 구매 패턴, 추천 방안, 보안 이슈들을 파악하고자 자연어 처리 알고리즘을 활용하고 있다.

이 책은 다양한 자연어 처리 알고리즘의 기반이 되는 기초 지식을 다룬다. 자연어 처리의 개념과 자연어 처리의 과정을 소개하고 품사 태깅, 불용어 처리, 정규화, 어간 추출, 표제어 추출 등 텍스트 데이터를 다룰 때 반드시 필요한 기반 기술을 하나씩 살펴본다. 실무에 다양한 방식으로 적용해볼 수 있는 텍스트 분류기를 만들어보고, 텍스트를 수집하는 데 반드시 필요한 기술인 스크래핑을 소개한다. 다음으로 대량의 문서를 일일이 읽지 않아도 문서의 주제를 파악할 수 있는 토픽 모델링 방법을 자세히 다루고, 활발한 연구가 이뤄지고 있는 텍스트 요약 및 생성 분야를 소개한다. 자연어 처리 분야에 딥러닝을 적용하는 데 가장 중요한 임베딩을 소개한 뒤, 실무에서 다양한 방식으로 적용해볼 수 있는 감성 분석 애플리케이션을 구현해본다. 이 책을 통해 자연어 처리 분야에 입문할 때 반드시 알아야 할 내용을 다양한 예제를 구현해가면서 쉽게 익힐 수 있을 것이다.

이 책을 공역해준 회사 동료 최민환 박사님과 퇴근 후에 늘 컴퓨터 앞에 앉아있는 남편을 너그럽게 이해해주는 효정이, 부모님께 감사드린다. 부족한 원고를 꼼꼼히 검토해주시고 항상 연구에 도움이 되는 책을 추천해주시는 에이콘출판사 관계자 분들께도 감사드린다. 또한 데이터 분석 분야를 배우고 연구해볼 수 있는 기회를 주신 고려대학교 산업경영공학과 강필성 교수님께 다시 한 번 감사드린다. 이 책이 자연어 처리 분야에 입문하는 독자들에게 많은 도움이 되길 바란다.

김창엽

차례

지은이 소개 5

옮긴이 소개 6

옮긴이의 말 7

들어가며 19

1장   자연어 처리 소개   27

소개 28

NLP의 역사 28

텍스트 분석과 NLP 29

　　예제 1: 기본적인 텍스트 분석 30

NLP의 다양한 단계 33

　　토큰화 33

　　예제 2: 단순 문장의 토큰화 34

　　PoS 태깅 35

　　예제 3: PoS 태깅 36

　　불용어 제거 37

　　예제 4: 불용어 제거 38

　　텍스트 정규화 40

　　예제 5: 텍스트 정규화 41

　　철자 수정 42

　　예제 6: 단어와 문장의 철자 수정 42

　　어간 추출 44

　　예제 7: 어간 추출 45

　　표제어 추출 46

　　예제 8: 표제어 추출을 사용해 기본 단어 추출 46

NER 48

예제 9: 개체명 취급 49

단어 중의성 해결 50

예제 10: 단어 중의성 해결 50

문장 경계 인식 52

예제 11: 문장 경계 인식 52

실습 1: 원시 텍스트 전처리 53

NLP 프로젝트 활성화 54

데이터 수집 55

데이터 전처리 55

피처 추출 56

모델 개발 56

모델 평가 56

모델 배포 56

요약 57

2장   기본적인 피처 추출 방법   59

소개 60

데이터 타입 60

구조 기반 데이터 분류 60

내용 기반 데이터의 범주화 62

텍스트 데이터 정제 63

토큰화 64

예제 12: 텍스트 정제와 토큰화 64

예제 13: n-그램 추출 67

예제 14: 다른 패키지로 텍스트 토큰화 – 케라스와 TextBlob 70

토크나이저의 종류 72

예제 15: 다양한 토크나이저를 사용한 텍스트 토큰화 73

토큰화의 이슈들 80

어간 추출 80

RegexpStemmer 80

예제 16: RegexpStemmer를 사용해 진행형 형태의 단어를 기본 단어로 변환 80

포터 형태소 분석기 81

예제 17: 포터 형태소 분석기 81

표제어 추출 82

예제 18: 표제어 추출 83

예제 19: 단어의 단수화와 복수화 84

언어 번역 85

예제 20: 언어 번역 85

불용어 제거 86

예제 21: 불용어 제거 86

텍스트에서 피처 추출 87

원시 텍스트에서 일반적인 피처 추출 88

예제 22: 원시 텍스트에서 일반적인 피처 추출 88

실습 2: 텍스트에서 일반적인 피처 추출하기 92

단어 모음 93

예제 23: BoW 생성 94

지프의 법칙 95

예제 24: 지프의 법칙 96

TF−IDF 99

예제 25: TF−IDF 표현 100

실습 3: 텍스트에서 특수한 피처 추출하기 103

피처 엔지니어링 103

예제 26: 피처 엔지니어링(텍스트 유사도) 104

단어 구름 108

예제 27: 단어 구름 108

다른 시각화 방법들 110

예제 28: 다양한 시각화(종속 구문 분석 트리와 개체명) 111

실습 4: 텍스트 시각화 112

요약 113

소개 116

머신러닝 116

    비지도 학습 117

    계층적 클러스터링 118

    예제 29: 계층적 클러스터링 118

    K-평균 클러스터링 125

    예제 30: K-평균 클러스터링 126

    지도 학습 130

    분류 131

    로지스틱 회귀 131

    나이브 베이즈 분류기 132

    K-최근접 이웃 132

    예제 31: 텍스트 분류(로지스틱 회귀, 나이브베이즈, KNN) 133

    회귀 138

    선형 회귀 139

    예제 32: 텍스트 데이터를 사용한 회귀분석 139

    트리 기반 방법 144

    랜덤 포레스트 145

    GBM과 XGBoost 146

    예제 33: 트리 기반 방법(의사 결정 트리, 랜덤 포레스트, GBM, XGBoost) 147

    샘플링 157

    예제 34: 샘플링(단순 무작위 추출법, 층화 추출법, 다단계 추출법) 158

텍스트 분류기 개발 161

    피처 추출 161

    피처 엔지니어링 161

    상관관계를 갖는 피처 제거 162

    예제 35: 큰 상관관계를 갖는 피처(토큰) 제거 162

    차원 축소 168

    예제 36: 차원 축소(PCA) 168

    모델 유형 결정 172

    모델 성능 평가 173

예제 37: RMSE와 MAPE 계산 175

실습 5: 엔드 투 엔드 텍스트 분류기 개발 176

NLP 프로젝트를 위한 파이프라인 구축 177

예제 38: NLP 프로젝트를 위한 파이프라인 구축 178

모델 저장 및 불러오기 179

예제 39: 모델 저장 및 불러오기 180

요약 183

4장 웹에서 텍스트 데이터 수집하기   185

소개 186

웹 페이지를 스크래핑해 데이터 수집하기 186

예제 40: HTML 파일에서 태그 기반 정보 추출하기 187

웹 페이지에서 내용 불러오기 190

예제 41: 온라인 텍스트 데이터 수집 190

예제 42: 주피터 노트북의 내용 분석하기(HTML 형식) 193

실습 6: 온라인 HTML 페이지에서 정보 추출하기 195

실습 7: 정규 표현식을 사용해 데이터 추출 및 분석하기 196

준정형 데이터 다루기 197

JSON 197

예제 43: JSON 파일 다루기 199

실습 8: 온라인 JSON 파일 다루기 201

XML 201

예제 44: 로컬에 있는 XML 파일 다루기 203

API를 사용해 실시간 데이터 불러오기 205

예제 45: API를 사용한 데이터 수집 206

API 생성 207

실습 9: 트위터에서 데이터 추출하기 208

로컬 파일에서 데이터 추출하기 209

예제 46: 로컬 파일에서 데이터 추출하기 209

예제 47: 로컬 파일에 다양한 작업 수행 212

요약 214

5장   토픽 모델링 215

소개 216
토픽 찾기 216
    테마 찾기 217
    탐색적 데이터 분석 218
    문서 클러스터링 218
    차원 축소 219
    역사적 분석 219
    단어 모음 220
토픽 모델링 알고리즘 221
    잠재 의미 분석 221
    LSA – 동작 방식 221
    예제 48: 잠재 의미 분석을 활용한 로이터 뉴스 기사 분석 223
    잠재 디리클레 할당 231
    LDA 동작 방식 232
    예제 49: 항공사 트윗에 있는 토픽 233
    토픽 핑거프린팅 240
    예제 50: 토픽 벡터를 사용한 문서 시각화 241
    실습 10: 제퍼디 질문에 대한 토픽 모델링 249
요약 250

6장   텍스트 요약과 텍스트 생성 251

소개 252
자동 텍스트 요약이란? 252
    자동 텍스트 요약의 이점 253
텍스트 요약의 고수준 뷰 254
    목적 254
    입력 255
    출력 256
    추출적 텍스트 요약 256

추상적 텍스트 요약 257

시퀀스 투 시퀀스 257

인코더-디코더 257

TextRank 258

예제 51: TextRank의 기초 259

젠심을 사용한 텍스트 요약하기 267

실습 11: 젠심 텍스트 요약기를 사용해 다운로드한 페이지 요약 267

단어 빈도를 이용한 텍스트 요약 268

예제 52: 단어 빈도수 텍스트 요약 268

마르코프 체인을 사용한 텍스트 생성 272

마르코프 체인 273

예제 53: 마르코프 체인을 사용한 텍스트 생성 273

요약 278

7장 벡터 표현 279

소개 280

벡터 정의 280

벡터 표현을 사용하는 이유 282

인코딩 282

문자 수준 인코딩 283

예제 54: ASCII 값을 사용한 문자 인코딩 283

예제 55: 넘파이 배열을 사용한 문자 수준 인코딩 285

위치 기반 문자 수준 인코딩 288

예제 56: 위치를 사용한 문자 수준 인코딩 288

원핫 인코딩 290

원핫 인코딩의 주요 단계 291

예제 57: 문자 원핫 인코딩 - 수동적인 방법 292

예제 58: 케라스를 활용한 문자 수준 원핫 인코딩 294

단어 수준 원핫 인코딩 302

예제 59: 단어 수준 원핫 인코딩 303

단어 임베딩 310

Word2Vec 311

예제 60: 단어 벡터 학습 312

사전 학습된 단어 벡터 사용 319

예제 61: 사전 학습된 단어 벡터 불러오기 319

문서 벡터 326

문서 벡터의 활용 327

예제 62: 영화 대사를 문서 벡터로 변환하기 327

실습 12: 문서 벡터를 활용해 유사한 영화 대사 찾기 334

요약 335

8장 감성 분석
337

소개 338

왜 감성 분석이 필요한가? 338

감성 분석의 성장 339

감성의 수익 창출 339

감성의 유형 339

주요 아이디어와 용어 341

감성 분석의 응용 분야 342

감성 분석에 사용하는 도구들 344

주요 클라우드 제공업체의 NLP 서비스 344

온라인 마켓플레이스 345

파이썬 NLP 라이브러리 346

딥러닝 라이브러리 347

TextBlob 347

예제 63: TextBlob 라이브러리를 사용한 기본적인 감성 분석 348

실습 13: TextBlob 라이브러리를 사용해 트윗 감성 분석하기 349

감성 분석 데이터의 이해 352

예제 64: 감성 분석 데이터 불러오기 352

감성 모델 학습 356

예제 65: TF-IDF와 로지스틱 회귀를 사용한 감성 모델 학습 357

요약 362

부록 363

찾아보기 425

| 들어가며 |

이 책에서 다루는 내용을 소개하고 책의 내용을 따라가는 데 필요한 기술적 요소, 이 책에 포함된 모든 실습과 예제를 완료하는 데 필요한 하드웨어 및 소프트웨어 요구 사항 등을 간략히 살펴본다.

▌ 책 소개

지금껏 자연어 처리^{Natural Language Processing}(NLP)에 능숙하지 않았다면, 이 책으로 시작해 보자. 자연어 처리 분야를 포괄적으로 담은 이 안내서는 NLP 개념을 이해하고 파이썬 라이브러리를 효과적으로 사용해 다양한 문제를 해결하는 방법을 보여준다.

NLP와 그 응용 분야를 예제로 실습하면서 배운다. 초반부에서는 문제 정의, 텍스트 데이터 수집, 모델링을 위한 텍스트 데이터 준비 등 문제 해결에 필요한 초기 단계를 소개한다. 고급 NLP 알고리즘과 시각화 기술의 개념을 익히면서 비정형 데이터에서 정보를 추출하고 강렬한 시각화 결과로 나타내는 애플리케이션 작성 방법을 배운다. 계속해서 NLP 기반 기술을 익히면서 좀 더 유용한 애플리케이션을 개발하는 데 집중하며, 챗봇^{chatbot}에 사용하는 NLP 기술을 적용해 질문에 답하는 방법을 알아본다.

후반부에서는 문제 해결에 가장 적합한 유형의 NLP 작업을 식별하는 것에서 시작해 spaCy나 젠심과 같은 도구를 사용해 감성 분석을 수행하기까지 다양한 범위의 작업들을 수행해볼 수 있다. 이 책을 다 읽고 나면, 사람의 언어를 해석하는 애플리케이션을 작성하는 데 필요한 지식을 익힐 수 있을 것이다.

학습 목표

이 책을 모두 읽고 나면 다음과 같은 작업을 할 수 있다.

- 사용에 적합한 포맷으로 변환하기 전에 데이터를 수집하고 검증하고 정제할 수 있다.
- 파이썬을 사용해 데이터 분석과 머신러닝 작업을 할 수 있다.
- 전산언어학computational linguistics의 기초를 이해할 수 있다.
- 일반적인 NLP 작업에 대한 모델을 작성할 수 있다.
- 적절한 평가 지표로 모델의 성능을 평가할 수 있다.
- 텍스트 데이터를 시각화하거나 정량화할 수 있고 탐색적 분석을 수행할 수 있다.

이 책의 대상 독자

NLP를 활용한 결과물을 만들고자 텍스트 데이터를 수집하고 분석하려는 초보자와 중급 수준의 데이터 과학자, 머신러닝 개발자 등에게 적합한 책이다. 파이썬에서 데이터 타입, 함수 작성, 라이브러리 불러오기를 사용해 코딩을 해봤다면 내용을 좀 더 수월하게 이해할 수 있다. 언어학과 확률에 대한 경험이 있다면 역시 도움이 되겠지만 반드시 필요하지는 않다.

접근법

이 책은 파이썬 코드로 텍스트를 불러오는 매우 기초적인 작업부터 시작해 NLP에 적합한 형태로 텍스트를 정제, 어간 추출, 토큰화하는 데 필요한 파이프라인에 따라 진행된다. 그런 다음, 가장 일반적으로 사용되는 NLP 라이브러리를 사용해 NLP 통계적 방법, 벡터 표현, 모델 작성 등과 같은 기본기를 다진다. 또한 여러 응용 분야에서 NLP 모델과 코드를 사용하는 실사례도 다룬다.

하드웨어 요구 사항

최적의 독자 환경을 위해 다음과 같은 하드웨어 구성을 권장한다.

- 윈도우, 리눅스, 맥 OS가 설치된 저사양 PC/맥^{Mac}으로도 예제를 원활하게 실습할 수 있다.
- **프로세서**: 듀얼 코어 또는 동급 프로세서
- **메모리**: 4GB RAM
- **저장 공간**: 10GB 이상의 여유 공간

소프트웨어 요구 사항

다음 소프트웨어가 미리 설치돼 있어야 한다.

- **운영체제**: 윈도우 7 SP1 32/64비트, 윈도우 8.1 32/64비트, 윈도우 10 32/64비트, 우분투^{Ubuntu} 14.04 이상 버전, 맥 OS 시에라^{Sierra} 이후 버전
- **브라우저**: 구글 크롬, 모질라 파이어폭스
- 아나콘다^{Anaconda}
- 주피터 노트북^{Jupyter Notebook}
- 파이썬 3.x

편집 규약

독자의 이해를 돕고자 다루는 정보에 따라 글꼴 스타일을 다르게 적용했다. 이러한 스타일의 예와 의미는 다음과 같다. 텍스트에서 코드 단어는 다음과 같이 표기한다. "다음 코드를 사용해 fox 단어의 index 값을 찾는다."

코드 블록은 다음과 같이 나타낸다.

```
words = sentence.split()
first_word = words[0]
last_word = words[len(words)-1]
concat_word = first_word + last_word
print(concat_word)
```

화면상에 표시되는 메뉴나 버튼은 다음과 같이 표기한다. "SUPPORT 탭을 클릭한다."

설치와 설정

이 책을 시작하기 전에 파이썬 3.6, pip, 사이킷런^{scikit-learn}과 이 책에서 사용하는 다른 라이브러리들을 설치한다. 이 라이브러리들을 설치하는 단계는 다음과 같다.

파이썬 설치

다음 링크의 설명에 따라 파이썬 3.6을 설치한다.

https://realpython.com/installing-python/

pip 설치

1. pip을 설치하기 위해 다음 링크로 이동해 get-pip.py 파일을 다운로드한다.
   https://pip.pypa.io/en/stable/installing/
2. 그런 다음, 다음 명령어로 설치한다.

   ```
   python get-pip.py
   ```

   이전 버전의 파이썬이 이미 python 명령어를 사용하고 있다면, python3 get-pip.py 명령어를 사용해야 할 수도 있다.

라이브러리 설치

pip 명령어를 사용해 다음 라이브러리들을 설치한다.

```
python -m pip install --user numpy scipy matplotlib pandas scikit-learn nltk
```

주피터 노트북 사용하기

주피터 노트북에서 다양한 예제와 실습을 진행할 것이다. 이 예제와 실습은 이 책과 관련된 깃허브GitHub 저장소에서 다운로드할 수 있다.

1. 다음 링크에서 저장소를 다운로드한다.

   https://github.com/TrainingByPackt/Natural−Language−Processing−Fundamentals

   깃허브를 사용하거나 우상단에 있는 초록색 **Clone or download** 버튼을 클릭해 다운로드할 수 있다.

2. 주피터 노트북을 열기 위해 터미널에서 디렉터리를 이동해야 한다. 이를 위해 다음과 같이 입력한다.

   ```
   cd Natural-Language-Processing-Fundamentals/<진행할 Lesson>.
   ```

   예를 들면 다음과 같다.

   ```
   cd Natural-Language-Processing-Fundamentals/Lesson_01/
   ```

3. 각 예제와 실습으로 이동하기 위해 한 번 더 cd 명령어를 사용해 다음과 같이 각 폴더로 이동할 수 있다.

   ```
   cd Activity01
   ```

4. 원하는 폴더에 위치했다면, 간단히 jupyter notebook을 입력한다.

파이썬 라이브러리 불러오기

이 책의 각 예제와 실습은 다양한 라이브러리를 사용한다. 파이썬에서 라이브러리를 불러오는 것은 매우 간단하며 다음과 같이 할 수 있다.

1. 넘파이^{Numpy}와 판다스^{pandas} 같은 라이브러리를 불러오려면 다음 코드를 실행해야 한다. 다음 예시는 현재 파일에 전체 numpy 라이브러리를 불러온다.

```
import numpy # numpy 라이브러리를 불러온다
```

2. 이 책에서 제시하는 예제와 실습의 첫 번째 셀^{cell}에는 다음과 같은 코드가 있다. 작성한 코드에서 numpy 대신 np를 사용해 numpy에서 메서드를 호출할 수 있다.

```
import numpy as np # numpy를 불러와서 np로 얼라이어스를 지정한다
```

3. 이 책 후반부의 장들에서는 다음 코드와 같이 부분 불러오기가 있을 것이다. 다음 코드는 라이브러리에서 mean 메서드만 불러온다.

```
from numpy import mean # numpy에서 mean 메서드만 불러온다
```

코드 묶음 설치

클래스 코드 묶음을 C:\Code 폴더에 복사하면 된다.

예제 코드 다운로드

이 책의 코드 묶음은 아래의 깃허브 링크에서 다운로드할 수 있다.

https://github.com/TrainingByPackt/Natural-Language-Processing-Fundamentals

또한 에이콘출판사의 도서정보 페이지인 http://www.acornpub.co.kr/book/nlp-fundamentals에서도 동일한 파일을 다운로드할 수 있다.

독자 의견

독자 의견은 언제든 환영한다.

오탈자

콘텐츠의 정확성을 위해 모든 노력을 기울였음에도 실수가 있을 수 있다. 이 책의 오류를 발견하고 전달해준다면 매우 감사할 것이다. 한국어판의 정오표는 에이콘출판사의 도서정보 페이지 http://www.acornpub.co.kr/book/nlp-fundamentals에서 찾아볼 수 있다.

질문

이 책과 관련해 질문이 있다면 questions@packtpub.com으로 문의하길 바란다. 한국어판에 관한 질문은 에이콘출판사 편집 팀(editor@acornpub.co.kr)이나 옮긴이의 이메일로 문의하길 바란다.

1

자연어 처리 소개

이 장에서 다루는 내용은 다음과 같다.

- 자연어 처리^{Natural Language Processing}(NLP)가 무엇인지 설명한다.
- NLP의 역사를 설명한다.
- NLP와 텍스트 분석^{Text Analytics}을 구분한다.
- 다양한 전처리 작업을 구현한다.
- NLP 프로젝트의 다양한 단계를 설명한다.

이 장에서는 자연어 처리의 기본 사항과 데이터를 정리하고 분석하는 데 필요한 다양한 전처리 단계를 설명한다.

▌소개

NLP를 살펴보면서 자연어가 무엇인지 이해해보자. 간단히 말해서 자신을 표현하는 데 사용하는 언어를 뜻한다. 즉, 기본적인 의사소통 수단이다. 좀 더 구체적으로 말하면, 언어는 서로 의사소통하기 위해 사용하는 단어/소리를 포함하는 상호 합의된 프로토콜 집합이다.

디지털화와 연산의 시대에는 언어를 과학적으로 이해하는 경향이 있다. 무생물이 우리를 이해하도록 끊임없이 노력하고 있기 때문이다. 따라서 컴퓨터와 같은 무생물에 언어를 제공할 수 있는 메커니즘을 개발하는 것이 필수적이다. NLP가 이를 도와줄 수 있다.

한 예를 살펴보자. 사서함에 스팸 레이블이 자동으로 지정돼 처리된 이메일들을 봤을 것이다. 이는 NLP의 도움으로 이뤄진 것이다. 여기서 이메일 서비스인 무생물 개체는 이메일의 내용을 분석해 이해한 후 이러한 이메일을 스팸으로 표시해야 하는지 여부를 결정한다.

▌NLP의 역사

NLP는 다른 분야와 겹치는 영역이며 인공 지능, 언어학, 형식 언어formal language, 컴파일러와 같은 분야에서 비롯됐다. 컴퓨팅 기술이 발전하고 데이터 가용성이 향상되면서 자연어 처리 방식이 변경됐다. 이전에는 전통적인 규칙 기반 시스템을 계산에 사용했다. 오늘날 자연어에 대한 연산은 머신러닝 및 딥러닝 기술을 사용해 수행한다.

머신러닝 기반 NLP에 대한 주요 작업은 1980년대에 시작됐다. 1980년대에 인공 지능, 언어학, 형식 언어, 연산과 같은 다양한 분야의 개발이 이뤄지면서 NLP라는 주제가 등장했다. 다음 절에서는 텍스트 분석과 NLP의 차이점을 살펴본다.

텍스트 분석과 NLP

텍스트 분석은 의미 있는 인사이트를 추출하고 텍스트 데이터에서 질문에 대답하는 방법이다. 이 텍스트 데이터가 꼭 사람의 언어일 필요는 없다. 예를 들어, 발신 전화 및 SMS 로그 데이터가 그림 1.1과 같은 형식으로 포함된 텍스트 파일이 있다고 가정하자.

필드 1	필드 2	필드 3	필드 4	필드 5
날짜	시간	발신 전화 또는 SMS	연락한 사람의 전화번호와 이름. 전화번호가 연락처에 저장돼 있지 않다면 이름 태그를 빈칸으로 둔다.	초 단위 통화 시간. SMS의 경우에는 텍스트 메시지

그림 1.1 발신 데이터의 형식

위 그림에서 처음 두 필드는 전화를 걸거나 SMS를 보낸 날짜와 시간을 나타낸다. 세 번째 필드는 데이터 유형을 나타낸다. 데이터가 통화 유형인 경우, 이 필드의 값은 voice_call로 설정된다. 데이터 유형이 sms이면 이 필드의 값이 sms로 설정된다. 네 번째 필드는 전화번호와 연락처 이름이다. 사람의 번호가 연락처 목록에 없으면 이름 값이 비워진다. 마지막 필드는 전화나 문자 메시지가 지속되는 시간이다. 데이터 유형이 voice_call이면 이 필드의 값은 해당 호출 기간이 된다. 데이터 유형이 sms이면 이 필드의 값이 문자 메시지가 된다.

그림 1.2는 텍스트 파일에 저장된 통화 데이터 레코드를 보여준다.

```
2019-01-01 10:00:53 voice_call <phno>033 21345661</phno><name>Shyam</name> 138s
2019-01-01 11:07:24 sms <phno>9441235645</phno><name>Jagat</name> "Hi Jagat!
Happy New Year. Can we meet?"
2019-01-01 14:08:25 sms <phno>9111335687</phno><name>Neil</name> "Hi Neil!
Greetings of the New Year. How are you doing?"
2019-01-02 13:09:01 voice_call <phno>8900134981</phno> 68s
```

그림 1.2 텍스트 파일 내 통화 기록

위 그림에 표시된 데이터는 정확히 사람의 언어가 아니다. 하지만 분석을 통해 추출할 수 있는 다양한 정보가 포함돼 있다. 이 데이터를 보고 대답할 수 있는 몇 가지 질문은 다음과 같다.

- 1월 1일에 SMS로 몇 가지 새해 인사를 보냈는가?
- 연락처 목록에 이름이 없는 사람은 몇 명인가?

주어진 텍스트 데이터에서 유용한 인사이트를 추출하는 기술을 텍스트 분석이라고 한다. 반면에 NLP는 텍스트 데이터에만 국한되지 않는다. 음성^{voice}(발화^{speech}) 인식과 분석도 NLP의 영역에 속한다. NLP는 크게 자연어 이해(NLU)와 자연어 생성(NLG)이라는 두 가지 유형으로 분류할 수 있다. 이 용어를 설명하자면 다음과 같다.

- NLU: NLU는 연산 능력이 있는 무생물이 말하는 언어를 이해할 수 있는 프로세스를 말한다.
- NLG: NLG는 연산 능력을 가진 무생물 객체가 인간이 이해할 수 있는 언어로 생각을 표현할 수 있는 프로세스를 의미한다.

예를 들어, 사람이 기계와 대화할 때 기계는 NLU 프로세스의 도움으로 사람의 언어를 해석할 수 있다. 또한 NLG 프로세스를 사용해 기계는 적절한 응답을 생성하고, 이를 인간과 공유해 인간이 이해하기 쉽다. NLP의 일부인 이러한 작업은 텍스트 분석의 일부가 아니다. 이제 텍스트 분석을 더 명확히 이해할 수 있는 예제를 살펴보자.

예제 1: 기본적인 텍스트 분석

이 예제에서는 주어진 텍스트 데이터에 대한 기본 텍스트 분석을 수행한다. 이 예제를 구현하기 위해 다음 과정을 따라가보자.

1. 주피터 노트북을 연다.
2. 새 셀을 삽입한다. 'The quick brown fox jumps over the lazy dog'을 sentence

변수에 할당한다. 새 셀을 삽입하고 다음 코드를 추가해 이를 구현해보자.

```
sentence = 'The quick brown fox jumps over the lazy dog'
```

3. 다음 코드를 사용해 quick이라는 단어가 해당 텍스트에 속하는지 확인하자.

```
'quick' in sentence
```

이 코드는 출력 True를 반환한다.

4. 다음 코드를 사용해 단어 fox의 색인(index) 값을 찾아보자.

```
sentence.index('fox')
```

이 코드는 출력 16을 반환한다.

5. lazy라는 단어의 랭크^{rank}를 찾으려면 다음 코드를 사용한다.

```
sentence.split().index('lazy')
```

이 코드는 출력 7을 생성한다.

6. 주어진 텍스트의 세 번째 단어를 출력하려면 다음 코드를 사용한다.

```
sentence.split()[2]
```

출력으로 brown을 반환한다.

7. 주어진 문장의 세 번째 단어를 역순으로 출력하려면 다음 코드를 사용한다.

```
sentence.split()[2][::-1]
```

출력으로 nworb를 반환한다.

8. 주어진 문장의 첫 번째 단어와 마지막 단어를 연결하려면 다음 코드를 사용한다.

```
words = sentence.split()
first_word = words[0]
last_word = words[len(words)-1]
concat_word = first_word + last_word
print(concat_word)
```

이 코드는 출력 Thedog을 생성한다.

9. 짝수 위치에 단어만 출력하려면 다음 코드를 사용한다.

```
[words[i] for i in range(len(words)) if i%2 == 0]
```

이 코드는 그림 1.3과 같은 출력을 생성한다.

```
['The', 'brown', 'jumps', 'the', 'dog']
```
그림 1.3 짝수 번째에 있는 단어 리스트

10. 텍스트의 마지막 세 글자를 출력하려면 다음 코드를 사용한다.

```
sentence[-3:]
```

이 코드는 출력으로 dog을 생성한다

11. 텍스트를 역순으로 출력하려면 다음 코드를 사용한다.

```
sentence[::-1]
```

이 코드는 그림 1.4와 같은 출력을 생성한다.

```
'god yzal eht revo spmuj xof nworb kciuq ehT'
```
그림 1.4 역순으로 나열된 텍스트

12. 단어의 순서는 유지하면서 주어진 텍스트의 각 단어를 역순으로 출력하려면 다음 코드를 사용한다.

```
print(' '.join([word[::-1] for word in words]))
```

이 코드는 그림 1.5와 같은 출력을 생성한다.

```
ehT kciuq nworb xof spmuj revo eht yzal god
```

그림 1.5 역순으로 나열된 텍스트

이제 NLP를 충분히 이해했다. 다음 절에서는 이와 관련된 다양한 단계를 자세히 살펴보자.

NLP의 다양한 단계

지금까지 자연어에 대해 수행되는 연산 유형을 다뤘으며, 여기에는 다양한 표준 NLP 작업이 있다. 이러한 작업 외에도 필요에 따라 고유한 작업을 설계할 수 있다. 다음 절에서는 다양한 전처리 작업을 자세히 살펴보고 예제를 해결해본다.

토큰화

토큰화tokenization는 문장을 구성 단어로 나누는 절차를 말한다. 예를 들어 다음과 같은 문장을 생각해보자. 'I am reading a book.' 여기서 처리할 작업은 이 문장에서 단어/토큰을 추출하는 것이다. 이 문장을 토큰화 프로그램에 전달한 후 추출된 단어/토큰은 'I', 'am', 'reading', 'a', 'book', '.'이다. 이 예제에서는 한 번에 하나씩 토큰을 추출한다. 이러한 토큰을 유니그램unigram이라고 한다. 하지만 한 번에 두 개나 세 개의 토큰을 추출할 수도 있다. 편의를 위해 단어별로 자연어를 분석하는 경향이 있기 때문에 토큰을 추출해야 한다. 한 번에 두 개의 토큰을 추출하면 바이그램^{bigram}이라고 한다. 세 개의 토큰인 경우에는 트라이그램^{trigram}이라고 한다. 요구 사항에 따라 n-그램을 추출할 수 있다(여기서 'n'은 자연수를 의미한다).

> **참고**
> n-그램은 주어진 텍스트에서 n개의 항목 시퀀스를 나타낸다.

'The sky is blue.' 문장에서 첫 번째 트라이그램은 'The sky is'다. 두 번째는 'sky is blue'다. 이것은 간단해 보이기도 하지만, 토큰화는 종종 어려울 수 있다. 예를 들어 'I would love to visit the United States'라는 문장을 생각해보자. 생성된 토큰은 'I', 'Would', 'Love', 'to', 'visit', 'the', 'United States'다. 여기서 'United States'는 단일 개체로 취급돼야 한다. 'United'와 'States' 같은 개별 단어는 여기서 의미가 없다.

토큰화를 좀 더 명확히 이해할 수 있도록 다음 절에서 예제를 해결해보자.

예제 2: 단순 문장의 토큰화

이 예제에서는 NLTK 라이브러리를 사용해 주어진 문장의 단어를 토큰화해본다. 이 예제를 구현하기 위해 다음 과정을 따라가보자.

1. 주피터 노트북^{Jupyter notebook}을 연다.

2. 새 셀을 삽입하고 다음 코드를 추가해 필요한 라이브러리를 불러온다.

```
import nltk
from nltk import word_tokenize
```

3. word_tokenize() 함수는 문장을 단어/토큰으로 나누는 데 사용한다. word_tokenize() 함수에 입력으로 문장을 추가해 작업을 수행해야 한다. 이로써 얻

은 결과는 word 변수에 저장할 리스트다. 이를 구현하기 위해 새 셀을 삽입하고 다음 코드를 추가하자.

```
words = word_tokenize("I am reading NLP Fundamentals")
```

4. 생성한 토큰 리스트를 확인하려면 print() 함수를 사용한다. 새 셀을 삽입하고 다음 코드를 추가해 이를 구현해보자.

```
print(words)
```

이 코드는 그림 1.6과 같은 출력을 생성한다.

```
['I', 'am', 'reading', 'NLP', 'Fundamentals']
```

그림 1.6 토큰들의 리스트

word_tokenize() 함수를 사용해 생성한 토큰 리스트를 확인할 수 있었다. 다음 절에서는 또 다른 전처리 단계인 품사 태깅^{PoS tagging}을 배워보자.

PoS 태깅

PoS^{Parts-of-Speech}는 품사를 의미한다. PoS 태깅은 문장 내의 단어를 해당하는 각 품사부에 태깅한 후 마지막으로 레이블을 지정하는 프로세스를 말한다. 문장을 구성하는 토큰의 품사를 추출해 관심 있는 PoS를 필터링하고 분석할 수 있다. 예를 들어 'The sky is blue'라는 문장의 경우, 토큰화를 통해 'The', 'sky', 'is', 'blue'라는 네 개의 토큰이 생성된다. 이제 PoS 태거^{PoS tagger}를 사용해 각 단어/토큰에 품사를 지정한다. 그러면 다음과 같이 보일 것이다.

```
[('The', 'DT'), ('sky', 'NN'), ('is', 'VBZ'), ('blue', 'JJ')]
DT = 한정사
```

NN = 명사, 보통 명사, 단수 명사, 불가산 명사
VBZ = 동사, 현재 시제, 3인칭 단수
JJ = 형용사

다음 절의 예제를 통해 개념을 더 명확하게 이해할 수 있을 것이다.

예제 3: PoS 태깅

이 예제에서는 'I am reading NLP Fundamentals'라는 문장의 각 단어에 대한 PoS를 찾는다. 먼저 토큰을 얻기 위해 토큰화를 사용한다. 그 후 PoS 태거를 사용해 각 단어/토큰에 대한 PoS를 찾는다. 이 예제를 구현하기 위해 다음 과정을 따라가보자.

1. 주피터 노트북을 연다.

2. 새 셀을 삽입하고 다음 코드를 추가해 필요한 라이브러리를 불러온다.

```
import nltk
from nltk import word_tokenize
```

3. 문장에서 토큰을 찾기 위해 word_tokenize() 함수를 사용한다. 새 셀을 삽입하고 다음 코드를 추가해 이를 구현해보자.

```
words = word_tokenize("I am reading NLP Fundamentals")
```

4. print() 함수를 사용해 토큰을 출력한다. 이를 구현하려면 새 셀을 추가하고 다음 코드를 작성한다.

```
print(words)
```

이 코드는 그림 1.7과 같은 출력을 생성한다.

```
['I', 'am', 'reading', 'NLP', 'Fundamentals']
```

그림 1.7 토큰들의 리스트

5. 각 단어에 대한 PoS를 찾기 위해 nltk 라이브러리의 pos_tag() 함수를 사용한다. 새 셀을 삽입하고 다음 코드를 추가해 이를 구현한다.

```
nltk.pos_tag(words)
```

이 코드는 그림 1.8과 같은 출력을 생성한다.

```
[('I', 'PRP'),
 ('am', 'VBP'),
 ('reading', 'VBG'),
 ('NLP', 'NNP'),
 ('Fundamentals', 'NNS')]
```

그림 1.8 단어들의 PoS 태그

6. 앞의 출력에서 각 토큰에 대해 PoS가 할당됐음을 알 수 있다. 여기서 PRP는 대명사, VBP는 현재 동사, VGB는 동명사, NNP는 고유 단수 명사, NNS는 복수 명사를 나타낸다.

적절한 PoS를 한 문장에 있는 토큰에 레이블링하는 방법을 배웠다. 다음 절에서는 문장에 있는 불용어와 그것을 처리하는 방법을 다룬다.

불용어 제거

불용어^{stop word}는 문장의 구성을 지원하기 위해 사용하는 일반적인 단어다. 문장의 의미에 영향을 미치지 않으므로 분석할 때는 불용어를 제거한다. 불용어의 예로는 a, am, the가 있다. 불용어는 문장 내에서 매우 자주 사용되고 있으며, 그 존재가 문장의 의미에 큰 영향을 미치지 않으므로 제거해야 한다.

다음 절에서는 주어진 문장에서 불용어를 제거하는 실제 구현을 해볼 것이다.

예제 4: 불용어 제거

이 예제에서는 nltk 라이브러리에서 제공하는 불용어 리스트를 사용한다. 제공되는 리스트를 바탕으로 텍스트에 포함된 불용어를 찾아낸다. 이 예제를 구현하기 위해 다음 과정을 따라가보자.

1. 주피터 노트북을 연다.
2. 새 셀을 삽입하고 다음 코드를 추가해 필요한 라이브러리를 불러온다.

```
import nltk
nltk.download('stopwords')
from nltk import word_tokenize
from nltk.corpus import stopwords
```

3. English에 대해 제공되는 불용어 리스트를 확인하기 위해 words() 함수에 파라미터로 전달한다. 새 셀을 삽입하고 다음 코드를 추가해 이를 구현해보자.

```
stop_words = stopwords.words('English')
```

4. 코드에서 English에 대해 제공되는 불용어 리스트는 stop_words 변수에 저장된다. 리스트를 확인하기 위해 print() 함수를 사용한다. 새 셀을 삽입하고 다음 코드를 추가해 리스트를 확인해본다.

```
print(stop_words)
```

이 코드는 그림 1.9와 같은 출력을 생성한다.

```
['i', 'me', 'my', 'myself', 'we', 'our', 'ours', 'ourselves', 'you', "you're", "you've", "you'll", "you'd", 'your', 'yours', 'y
ourself', 'yourselves', 'he', 'him', 'his', 'himself', 'she', "she's", 'her', 'hers', 'herself', 'it', "it's", 'its', 'itself',
'they', 'them', 'their', 'theirs', 'themselves', 'what', 'which', 'who', 'whom', 'this', 'that', "that'll", 'these', 'those',
'am', 'is', 'are', 'was', 'were', 'be', 'been', 'being', 'have', 'has', 'had', 'having', 'do', 'does', 'did', 'doing', 'a', 'a
n', 'the', 'and', 'but', 'if', 'or', 'because', 'as', 'until', 'while', 'of', 'at', 'by', 'for', 'with', 'about', 'against', 'b
etween', 'into', 'through', 'during', 'before', 'after', 'above', 'below', 'to', 'from', 'up', 'down', 'in', 'out', 'on', 'of
f', 'over', 'under', 'again', 'further', 'then', 'once', 'here', 'there', 'when', 'where', 'why', 'how', 'all', 'any', 'both',
'each', 'few', 'more', 'most', 'other', 'some', 'such', 'no', 'nor', 'not', 'only', 'own', 'same', 'so', 'than', 'too', 'very',
's', 't', 'can', 'will', 'just', 'don', "don't", 'should', "should've", 'now', 'd', 'll', 'm', 'o', 're', 've', 'y', 'ain', 'ar
en', "aren't", 'couldn', "couldn't", 'didn', "didn't", 'doesn', "doesn't", 'hadn', "hadn't", 'hasn', "hasn't", 'haven', "have
n't", 'isn', "isn't", 'ma', 'mightn', "mightn't", 'mustn', "mustn't", 'needn', "needn't", 'shan', "shan't", 'shouldn', "should
n't", 'wasn', "wasn't", 'weren', "weren't", 'won', "won't", 'wouldn', "wouldn't"]
```

그림 1.9 영어에 대한 불용어 리스트

5. 문장에서 불용어를 제거하기 위해 먼저 sentence 변수에 문자열을 할당하고 word_tokenize() 함수를 사용해 단어로 토큰화한다. 새 셀을 삽입하고 다음 코드를 추가해 이를 구현한다.

```
sentence = "I am learning Python. It is one of the most popular programming
languages"
sentence_words = word_tokenize(sentence)
```

6. 토큰 리스트를 출력하려면 새 셀을 삽입하고 다음 코드를 추가한다.

```
print(sentence_words)
```

이 코드는 그림 1.10과 같은 출력을 생성한다.

```
['I', 'am', 'learning', 'Python', '.', 'It', 'is', 'one', 'of', 'the', 'most', 'popular', 'programming', 'languages']
```

그림 1.10 sentence_words 변수에 있는 토큰 리스트

7. 불용어를 제거하기 위해 먼저 문장의 각 단어를 순회하면서 불용어인지 확인한 후, 마지막에 단어들을 조합해 완전한 문장을 만들어야 한다. 이를 구현하기 위해 새 셀을 삽입하고 다음 코드를 추가한다.

```
sentence_no_stops = ' '.join([word for word in sentence_words if word not in
stop_words])
```

8. 문장에서 불용어를 필터링했는지 확인하기 위해 sentence_no_stops 변수를 출력한다. 새 셀을 삽입하고 다음 코드를 추가해 출력해보자.

```
print(sentence_no_stops)
```

이 코드는 그림 1.11과 같은 출력을 생성한다.

```
I learning Python . It one popular programming languages
```

그림 1.11 불용어가 제거된 텍스트

위 그림에서 볼 수 있듯이 'am', 'is', 'of', 'the', 'most'와 같은 불용어가 필터링되고, 불용어가 제거된 텍스트만 출력으로 생성된다.

주어진 텍스트에서 불용어를 제거하는 방법을 배웠다. 다음 절에서는 텍스트 정규화를 중점적으로 알아보자.

텍스트 정규화

뭄바이Mumbai와 봄베이Bombay, US와 United States처럼 다르게 발음되고 다른 형태로 표현되지만, 의미적으로는 동일한 단어들이 있다. 기본형으로 변환해야 하는 다른 형식의 단어도 있다. 예를 들어 'does'와 'doing' 같은 단어는 기본 형식으로 변환될 때 'do'가 된다. 이렇게 텍스트 정규화text normalization는 텍스트의 다른 변형이 표준 형식으로 변환되는 프로세스를 의미한다. 서로 같은 것을 의미할 수 있는 단어가 있으므로 텍스트 정규화를 수행해야 한다. 철자 수정, 어간 추출, 표제어 추출과 같이 텍스트를 정규화하는 여러 가지 방법이 있다.

이 주제를 더 명확히 이해하기 위해 다음 절에서 실제 구현 방법들을 살펴보자.

예제 5: 텍스트 정규화

이 예제에서는 주어진 텍스트를 정규화한다. 기본적으로 replace() 함수를 사용해 선택한 단어를 새 단어로 바꾸고 정규화한 텍스트를 생성한다. 이 예제를 구현하기 위해 다음 과정을 따라가보자.

1. 주피터 노트북을 연다.

2. 새 셀을 삽입하고 다음 코드를 추가해 sentence 변수에 문자열을 할당한다.

```
sentence = "I visited US from UK on 22-10-18"
```

3. US를 United States로, UK를 United Kingdom으로, 18을 2018로 바꾸려고 한다. 이를 위해 replace() 함수를 사용하고, 업데이트한 출력을 normalized_sentence 변수에 저장한다. 이를 구현하기 위해 새 셀을 삽입하고 다음 코드를 추가하자.

```
normalized_sentence = sentence.replace("US", "United States").
replace("UK", "United Kingdom").replace("-18", "-2018")
```

4. 이제 텍스트가 정규화됐는지 확인하기 위해 새 셀을 삽입하고 다음 코드를 추가해 출력해본다.

```
print(normalized_sentence)
```

이 코드는 그림 1.12와 같은 출력을 생성한다.

```
I visited United States from United Kingdom on 22-10-2018
```

그림 1.12 정규화한 텍스트

위의 그림으로부터 텍스트가 정규화됐다는 것을 확인할 수 있다.

이제 텍스트 정규화의 기본 사항을 배웠으므로 다음 절에서는 텍스트를 정규화하는 다양한 방법들을 살펴본다.

철자 수정

철자 수정^{spelling correction}은 모든 NLP 프로젝트에서 가장 중요한 작업 중 하나다. 시간이 많이 소요될 수는 있지만, 이 과정이 없다면 필요한 정보를 잃어버릴 가능성이 높다. autocorrect 파이썬 라이브러리를 사용해 철자를 수정해보자. 이 내용을 좀 더 쉽게 이해할 수 있도록 다음 예제를 살펴보자.

예제 6: 단어와 문장의 철자 수정

이 예제에서는 파이썬의 autocorrect 라이브러리를 사용해 단어와 문장에서 철자를 수정해본다. 이 예제를 구현하기 위해 다음 과정을 따라가보자.

1. 주피터 노트북을 연다.
2. 새 셀을 삽입하고 다음 코드를 추가해 필요한 라이브러리를 불러온다.

```
import nltk
from nltk import word_tokenize
from autocorrect import spell
```

3. 단어의 철자를 수정하려면 철자가 잘못된 단어를 spell() 함수에 파라미터로 전달한다. 새 셀을 삽입하고 다음 코드를 추가해 이를 구현해본다.

```
spell('Natureal')
```

이 코드는 그림 1.13과 같은 출력을 생성한다.

'Natural'

그림 1.13 수정된 단어

4. 문장의 철자를 수정하려면 먼저 단어를 토큰화해야 한다. 그런 다음에 sentence 변수의 각 단어를 반복해 자동 수정하고autocorrect, 마지막으로 결합한다. 새 셀을 삽입하고 다음 코드를 추가해 이를 구현해본다.

```
sentence = word_tokenize("Ntural Luanguage Processin deals with the art of
extracting insightes from Natural Languaes")
```

5. print() 함수를 사용해 모든 토큰을 출력한다. 새 셀을 삽입하고 다음 코드를 추가해 토큰을 출력해보자.

```
print(sentence)
```

이 코드는 그림 1.14와 같은 출력을 생성한다.

```
['Ntural', 'Luanguage', 'Processin', 'deals', 'with', 'the', 'art', 'of', 'extracting', 'insightes', 'from', 'Natural', 'Langua
es']
```

그림 1.14 sentence 변수에 대한 토큰들

6. 이제 토큰을 얻었으므로 sentence 변수에 있는 각 토큰을 반복하면서 수정해 새 변수에 할당한다. 새 셀을 삽입하고 다음 코드를 추가해 이를 구현한다.

```
sentence_corrected = ' '.join([spell(word) for word in sentence])
```

7. 올바른 문장을 출력하려면 새 셀을 삽입하고 다음 코드를 추가한다.

```
print(sentence_corrected)
```

이 코드는 그림 1.15와 같은 출력을 생성한다.

```
Natural Language Procession deals with the art of extracting insights from Natural Languages
```
그림 1.15 수정된 문장

8. 위 그림에서 철자가 잘못된 대부분의 단어가 수정됐다는 것을 확인할 수 있다. 하지만 'Processin'이라는 단어가 'Procession'으로 잘못 변환됐다. 'Processing'이 됐어야 한다. 동일한 수의 편집이 필요하기 때문에 'Processin'은 'Procession'이나 'Processing'으로 변경됐다. 이를 수정하려면 문맥을 인식하는 다른 종류의 철자 수정기$^{\text{spelling corrector}}$를 사용해야 한다.

다음 절에서는 또 다른 형태의 텍스트 정규화 방법인 어간 추출을 살펴본다.

어간 추출

영어와 같은 언어에서 단어는 문장에 사용될 때 다양한 형태로 변형된다. 예를 들어 'product'라는 단어는 복수의 형태로 인식될 때는 'products'로, 변형되는 과정을 나타낼 때는 'production'으로 변형될 수 있다. 이 단어들은 같은 의미를 가지고 있기 때문에 기본 단어로 변환해야 한다. 어간 추출^{stemming}(형태소 분석)은 이 변환 과정을 도와주는 프로세스다. 다음 그림에서 단어를 기본 형태로 변환하는 방법과 관련해 완벽한 아이디어를 얻을 수 있다.

그림 1.16 product라는 단어의 형태소 분석

어간 추출을 더 명확히 이해하기 위해 다음 절에서 예제를 살펴보자.

예제 7: 어간 추출

이 예제에서는 어간 추출 과정에 몇 가지 단어를 전달해 기본 형태로 변환하는 방법을 살펴본다. 이 예제를 구현하기 위해 다음 과정을 따라가보자.

1. 주피터 노트북을 연다.

2. 새 셀을 삽입하고 다음 코드를 추가해 필요한 라이브러리를 불러온다.

```
import nltk
stemmer = nltk.stem.PorterStemmer()
```

3. 이제 다음 단어들을 stem() 함수에 파라미터로 전달한다. 이를 구현하기 위해 새 셀을 삽입하고 다음 코드를 추가하자.

```
stemmer.stem("production")
```

입력이 production일 때 출력은 다음과 같다.

```
'product'
```

그림 1.17 production을 어간 추출한 단어

```
stemmer.stem("coming")
```

입력이 coming일 때 출력은 다음과 같다.

```
'come'
```

그림 1.18 coming을 어간 추출한 단어

```
stemmer.stem("firing")
```

입력이 firing일 때 출력은 다음과 같다.

```
'fire'
```

그림 1.19 firing을 어간 추출한 단어

```
stemmer.stem("battling")
```

입력이 battling일 때 출력은 다음과 같다.

```
'battl'
```

그림 1.20 battling을 어간 추출한 단어

4. 위 그림에서 입력한 단어가 기본 형태로 변환된 것을 확인할 수 있다.

다음 절에서는 또 다른 형태의 텍스트 정규화인 표제어 추출에 중점을 둘 것이다.

표제어 추출

때로는 어간 추출 과정으로 인해 부적절한 결과가 발생할 수 있다. 예를 들어, 마지막 예시에서 'battling'이라는 단어는 'battl'로 변환됐으며, 이는 의미를 갖지 않는다. 어간 추출에서 이러한 문제를 극복하기 위해 표제어 추출^{lemmatization}을 사용한다. 이 과정에서 사전을 통해 단어의 기본 형태를 추출해 추가적인 검사를 수행한다. 하지만 이 추가 검사는 프로세스 속도를 떨어뜨린다. 표제어 추출에 대한 이해를 돕기 위해 다음 절에서 예제를 살펴보자.

예제 8: 표제어 추출을 사용해 기본 단어 추출

이 예제에서는 표제어 추출 프로세스를 사용해 주어진 단어의 적절한 형태를 만들어

본다. 이 예제를 구현하기 위해 다음 과정을 따라가보자.

1. 주피터 노트북을 연다.

2. 새 셀을 삽입하고 다음 코드를 추가해 필요한 라이브러리를 불러온다.

```
import nltk
nltk.download('wordnet')
from nltk.stem.wordnet import WordNetLemmatizer
```

3. WordNetLemmatizer 클래스의 객체를 만든다. 새 셀을 삽입하고 다음 코드를 추가해 이를 구현한다.

```
lemmatizer = WordNetLemmatizer()
```

4. WordNetLemmatizer 클래스의 lemmatize() 함수를 사용해 단어를 적절한 형태로 만든다. 새 셀을 삽입하고 다음 코드를 추가해 구현해보자.

```
lemmatizer.lemmatize('products')
```

product를 입력하면 다음과 같은 출력이 생성된다.

```
'product'
```

그림 1.21 표제어 추출된 단어

```
lemmatizer.lemmatize('production')
```

production을 입력하면 다음과 같은 출력이 생성된다.

```
'production'
```

그림 1.22 표제어 추출된 단어

```
lemmatizer.lemmatize('coming')
```

coming을 입력하면 다음과 같은 출력이 생성된다.

```
'coming'
```

그림 1.23 표제어 추출된 단어

```
lemmatizer.lemmatize('battle')
```

battle을 입력하면 다음과 같은 출력이 생성된다.

```
'battle'
```

그림 1.24 표제어 추출된 단어

표제어 추출 과정을 사용해 주어진 단어를 기본 형태로 변환하는 방법을 배웠다.

다음 절에서는 NLP의 또 다른 전처리 단계인 개체명 인식Named Entity Recognition(NER)을 살펴본다.

NER

개체명named entity은 일반적으로 사전에 없다. 따라서 별도로 처리해야 한다. 이 과정의 주요 목표는 개체명(예: 고유 명사)을 식별하고 이미 정의한 범주에 매핑하는 것이다. 예를 들어 범주에는 사람, 장소 등의 이름이 포함될 수 있다. 이 과정을 더 명확히 이해하기 위해 예제를 살펴보자.

예제 9: 개체명 취급

이 예제에서는 개체명을 문장에서 찾는다. 이 예제를 구현하기 위해 다음 과정을 따라가보자.

1. 주피터 노트북을 연다.

2. 새 셀을 삽입하고 다음 코드를 추가해 필요한 라이브러리를 불러온다.

```
import nltk
from nltk import word_tokenize
nltk.download('maxent_ne_chunker')
nltk.download('words')
```

3. sentence 변수를 선언하고 문자열을 할당한다. 이를 구현하기 위해 새 셀을 삽입하고 다음 코드를 추가하자.

```
sentence = "We are reading a book published by Packt which is based out of
Birmingham."
```

4. 위 텍스트에서 개체명을 찾으려면 새 셀과 다음 코드를 삽입한다.

```
i = nltk.ne_chunk(nltk.pos_tag(word_tokenize(sentence)), binary=True) [a for a
in i if len(a)==1]
```

이 코드의 출력은 다음과 같다.

```
[Tree('NE', [('Packt', 'NNP')]), Tree('NE', [('Birmingham', 'NNP')])]
```
그림 1.25 개체명

위 그림에서 코드는 개체명 'Packt'와 'Birmingham'을 식별하고 'NNP'와 같이 이미 정의된 범주에 매핑할 수 있음을 알 수 있다.

다음 절에서는 단어의 올바른 의미를 식별하는 데 도움이 되는 단어 중의성 해결을 알아본다.

단어 중의성 해결

'사귀는 친구를 보면 그 사람을 알 수 있다.'는 유명한 말이 있다. 이와 마찬가지로, 단어의 의미도 문장의 다른 단어와 어떤 연관이 있는지에 따라 다르다. 이는 철자가 동일한 두 개 이상의 단어가 다른 상황에서 서로 다른 의미를 가질 수 있음을 의미한다. 이것은 종종 모호성을 초래한다. 단어 중의성 해결word sense disambiguation은 단어를 올바른 의미로 매핑하는 과정이다. 분석할 때 다른 개체로 취급될 수 있도록 단어의 의미에 따라 명확하게 표현해야 한다. 다음 그림은 다른 문장에서 같은 단어를 사용함에 따라 모호성이 어떻게 발생하는지에 대한 완벽한 예시를 보여준다.

그림 1.26 단어 중의성 해결

이 과정을 좀 더 명확히 이해하기 위해 다음 절의 예제를 살펴보자.

예제 10: 단어 중의성 해결

이 예제에서는 서로 다른 두 문장에 있는 단어 'bank'의 의미를 찾아본다. 이 예제를 구현하기 위해 다음 과정을 따라가보자.

1. 주피터 노트북을 연다.
2. 새 셀을 삽입하고 다음 코드를 추가해 필요한 라이브러리를 불러온다.

```
import nltk
from nltk.wsd import lesk
from nltk import word_tokenize
```

3. 두 개의 변수 sentence1과 sentence2를 선언하고 적절한 문자열로 할당한다. 이를 구현하기 위해 새 셀에 다음 코드를 삽입하자.

```
sentence1 = "Keep your savings in the bank"
sentence2 = "It's so risky to drive over the banks of the road"
```

4. 앞의 두 문장에서 'bank'라는 단어의 정확한 의미를 찾기 위해 nltk.wsd 라이브러리에서 제공하는 lesk 알고리즘을 사용하자. 이를 구현하기 위해 새 셀을 삽입하고 다음 코드를 추가하자.

```
print(lesk(word_tokenize(sentence1), 'bank'))
```

이 코드의 출력은 다음과 같다.

```
Synset('savings_bank.n.02')
```

그림 1.27 sentence1에서 'bank'라는 단어가 담고 있는 의미

여기서 savings_bank.n.02는 집에서 돈을 안전하게 지키기 위한 컨테이너를 의미한다. 'bank'라는 단어의 다른 의미를 확인하기 위해 다음 코드를 작성한다.

```
print(lesk(word_tokenize(sentence2), 'bank'))
```

이 코드의 출력은 다음과 같다.

```
Synset('bank.v.07')
```

그림 1.28 sentence2에서 'bank'라는 단어로 담고 있는 의미

여기서 bank.v.07은 도로 회전의 경사도를 나타낸다.

따라서 lesk 알고리즘의 도움으로 어떤 문맥에서도 단어의 의미를 제대로 식별할 수 있다. 다음 절에서는 문장의 시작과 끝을 감지하는 문장 경계 인식에 중점을 두겠다.

문장 경계 인식

문장 경계 인식^{sentence boundary detection}은 한 문장이 끝나는 곳과 다른 문장이 시작되는 곳을 인식하는 방법이다. 마침표(.)가 문장의 끝과 다른 문장의 시작을 나타내기 때문에 꽤 쉽다고 생각한다면, 그것은 잘못된 생각이다. 약어가 마침표들로 구분되는 경우가 있을 수 있기 때문이다. 문장 수준에서 다양한 분석을 수행해야 하기 때문에 문장의 경계를 감지하는 것은 필수적이다. 다음 절의 예제를 통해 이 과정을 좀 더 명확히 이해할 수 있다.

예제 11: 문장 경계 인식

이 예제에서는 단락에서 문장을 추출해본다. 이 예제를 구현하기 위해 다음 과정을 따라가보자.

1. 주피터 노트북을 연다.

2. 새 셀을 삽입하고 다음 코드를 추가해 필요한 라이브러리를 불러온다.

```
import nltk
from nltk.tokenize import sent_tokenize
```

3. sent_tokenize() 함수를 사용해 주어진 텍스트에서 문장을 인식한다. 이를 구현하기 위해 새 셀을 삽입하고 다음 코드를 추가한다.

```
sent_tokenize("We are reading a book. Do you know who is the publisher? It is
Packt. Packt is based out of Birmingham.")
```

이 코드의 출력은 다음과 같다.

```
['We are reading a book.',
 'Do you know who is the publisher?',
 'It is Packt.',
 'Packt is based out of Birmingham.']
```

그림 1.29 문장들의 리스트

그림에서 볼 수 있듯이 주어진 텍스트에서 문장을 분리할 수 있다.

NLP와 관련된 모든 전처리 단계를 다뤘다. 지금까지 쌓은 지식을 바탕으로 다음 절에서 실습을 수행해보자.

실습 1: 원시 텍스트 전처리

부적절한 형식의 텍스트 모음이 있다. 이 실습에서는 텍스트에서 의미를 찾아내기 위해 앞에서 설명한 모든 전처리 단계를 수행한다.

> **참고**
> file.txt 파일은 https://bit.ly/2V3ROAa에서 찾을 수 있다.

이 실습을 구현하기 위해 다음 과정을 차례로 수행하면 된다.

1. 주피터 노트북을 연다.

2. 텍스트 코퍼스[text corpus1]를 변수에 불러온다.

---

1 corpus를 '말뭉치'로 번역하기도 하지만, 이 책에서는 '코퍼스'라는 표현을 사용했다. – 옮긴이

3. 텍스트 코퍼스에 토큰화 과정을 적용하고 처음 20개의 토큰을 출력한다.

4. 각 토큰에 철자 수정을 적용하고, 수정된 텍스트 코퍼스와 초기 20개의 수정된 토큰을 출력해본다.

5. 수정한 각 토큰에 PoS 태그를 적용하고 출력한다.

6. 수정한 토큰 리스트에서 불용어를 제거하고 초기 20개의 토큰을 출력한다.

7. 수정된 토큰 리스트와 출력 초기 20개의 토큰에 어간 추출과 표제어 추출을 적용해본다.

8. 주어진 텍스트 코퍼스에서 문장 경계 인식을 수행하고 총 문장 수를 출력해보자.

참고

이 실습과 관련된 솔루션은 부록의 실습 1에서 살펴볼 수 있다.

이제 NLP의 개념과 NLP 프로젝트를 수행하는 데 필요한 기본 전처리 단계에 익숙해져야 한다. 다음 절에서는 NLP 프로젝트에 포함된 여러 단계들에 초점을 맞춘다.

▌ NLP 프로젝트 활성화

NLP 프로젝트는 여러 하위 프로젝트나 단계로 나눌 수 있다. 이 단계들은 순차적으로 수행된다. 이는 각 단계를 일반적으로 특수한 리소스로 수행하므로 프로세스의 전체 효율성을 향상시키는 경향이 있다. NLP 프로젝트는 여섯 가지 주요 단계를 거쳐야 하며, 다음 그림에 요약돼 있다.

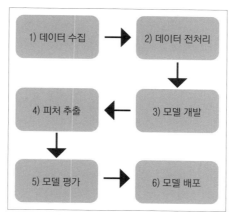

그림 1.30 NLP 프로젝트의 단계들

트윗tweet을 수집하고 감성을 분석해야 하는 프로젝트를 진행하고 있다고 가정하자. 지금부터 각 단계를 논의하면서 이 작업을 수행하는 방법을 설명한다.

데이터 수집

데이터 수집data collection은 NLP 프로젝트의 초기 단계다. 유일한 목적은 요구 사항에 따라 데이터를 수집하는 것이다. 이를 위해 기존 데이터를 사용하거나, 다양한 온라인 저장소에서 데이터를 수집하거나, 웹을 크롤링crawling(문서를 수집해 검색 대상의 색인으로 포함시키는 기술)해 자체 데이터셋을 만들 수 있다. 우리가 다룰 사례에서는 트윗을 수집할 것이다.

데이터 전처리

데이터가 수집되면 정제해야 한다. 데이터 정제 과정에서는 이 장에서 사용한 여러 가지 전처리preprocessing 단계를 사용한다. 지저분한 데이터는 효과와 정확성을 저하시키는 경향이 있으므로 수집한 데이터를 정제해야 한다. 우리가 다룰 사례에서는 수집된 트윗에서 불필요한 URL, 단어 등을 제거한다.

피처 추출

컴퓨터는 이진수(0과 1)만 이해한다. 따라서 컴퓨터에 공급하는 모든 명령은 이진수로 변환돼야 한다. 마찬가지로 머신러닝 모델은 수치 데이터만 이해하는 경향이 있다. 이와 같이, 텍스트 데이터를 동등한 수치형으로 변환할 필요가 있다. 단어 모음$^{Bag\ of}$ $_{Words}$(BoW)과 TF-IDF 같은 다양한 유형의 행렬을 사용해 정제한 트윗을 표현할 것이다. 다음 장에서는 이 행렬들을 더 알아본다.

모델 개발

피처 세트$^{feature\ set}$가 준비되면, 데이터에서 지식을 얻도록 학습할 수 있는 적합한 모델을 개발해야 한다. 이러한 모델은 일반적으로 통계적이며 머신러닝 기반, 딥러닝 기반, 강화 학습 기반이다. 우리가 다룰 사례에서는 수치형 행렬에서 감성을 추출할 수 있는 모델을 설계한다.

모델 평가

모델을 개발한 후에는 벤치마킹해야 한다. 이 벤치마킹 과정을 모델 평가$^{model\ assessment}$라고 한다. 이 단계에서는 모델을 다른 모델과 비교해 모델의 성능을 평가한다. 다른 파라미터나 평가 지표를 사용해 이를 수행할 수 있다. 이 파라미터에는 F1-점수, 정밀도, 재현율, 정확도가 포함된다. 트윗의 감성을 추출할 때는 모델의 성능을 비교하고 확인해서 새로 작성한 모델을 평가한다.

모델 배포

이것은 대부분의 산업에서 NLP 프로젝트의 최종 단계다. 이 단계에서는 모델이 생산된다. 모델은 기존 시스템에 통합돼 있거나, 이 모델을 기본으로 유지해 새로운 제품을 만든다. 실시간으로 트윗에서 감성을 추출할 수 있도록 모델을 실무 환경에 배포 deployment할 수 있다.

▌ 요약

이 장에서는 NLP가 텍스트 분석과 어떻게 다른지 배웠다. NLP에 포함된 다양한 전처리 단계를 다뤘으며, NLP 프로젝트가 거쳐야 하는 여러 단계들을 살펴봤다. 다음 장에서는 TF-IDF와 단어 모음처럼 비정형 텍스트에서 피처를 추출하는 데 필요한 다양한 방법을 설명한다. 토큰화, 표제어 추출, 어간 추출과 같은 NLP 작업을 더 자세히 살펴보고, 단어 구름과 같은 텍스트 시각화 기술도 다룰 것이다.

기본적인 피처 추출 방법

이 장에서 다루는 내용은 다음과 같다.

- 콘텐츠와 구조를 기준으로 데이터를 분류한다.
- 전처리 단계를 자세히 설명하고 텍스트 데이터를 정제하도록 구현한다.
- 피처 엔지니어링feature engineering을 설명한다.
- 텍스트 간의 유사도를 계산한다.
- 클라우드와 다른 시각화visualization 기술을 사용해 텍스트를 시각화한다.

이 장에서는 기본 피처 추출 방법을 자세히 배우고, 단어 구름word cloud과 기타 시각화 기술을 사용해 텍스트를 시각화하는 방법을 배운다.

▍소개

이전 장에서는 자연어 처리(NLP)의 개념과 텍스트 분석을 배웠고, 다양한 전처리 단계를 간략히 살펴봤다. 이 장에서는 비정형 텍스트 데이터를 처리하는 방법을 배운다. 비정형 데이터는 테이블 형식으로 표현할 수 없다. 따라서 대부분의 머신러닝 알고리즘은 수치형 자료만 처리할 수 있으므로 수치형 자료로 변환해야 하며, 여기서는 토큰화, 어간 추출(형태소 분석), 표제어 추출, 불용어 제거와 같은 단계에 더 중점을 둘 것이다. 나아가 피처 추출을 위해 자주 사용하는 두 가지 방법인 단어 모음(BoW)과 단어 빈도-역 문서 빈도^{Term Frequency-Inverse Document Frequency}(TF-IDF)를 배우고, 기존 피처에서 새 피처를 만들기 위한 다양한 방법도 학습한다. 마지막으로는 텍스트 데이터를 시각화하는 방법을 익힌다.

▍데이터 타입

데이터를 효과적으로 다루려면 데이터가 존재하는 다양한 형태를 이해해야 한다. 먼저 존재하는 데이터 유형을 이해해보자. 다음 절에서는 데이터를 구조와 내용별로 분류하는 두 가지 주요 방법을 설명한다.

구조 기반 데이터 분류

구조에 따라 데이터는 다음 그림과 같이 세 가지 범주로 나눈다.

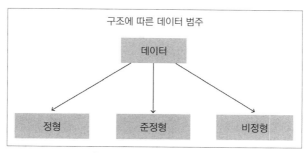

그림 2.1 구조에 따른 데이터 범주화

세 가지 범주를 자세히 설명하면 다음과 같다.

- **정형 데이터**^{structured data} : 이것은 가장 체계적인 데이터 형식이다. 엑셀^{Excel} 파일과 CSV^{Comma-Separated Value} 파일 같은 표^{table} 형식으로 표시된다. 다음 그림은 정형 데이터가 일반적으로 어떤 모습인지 보여준다.

Name	Age	Location
Ram	25	Delhi
Shyam	28	Banglore
Jon	35	Kolkata
Madhu	28	Mumbai
Hari	56	Chennai

그림 2.2 정형 데이터

- **준정형 데이터**^{semi-structured data} : 이 유형의 데이터는 표 형식으로 표시되지 않지만 변환 후 표 형식으로 표시할 수 있다. 여기서 정보는 일반적으로 명확한 패턴에 따라 태그 사이에 저장된다. 주로 XML과 HTML 같은 파일을 준정형 데이터라고 한다. 다음 그림은 준정형 데이터를 표시하는 방법을 보여준다.

```
<student>
    <name>
        Jagat
    </name>
    <roll_number>
        3
    </roll_number>
    <rank>
        1
    </rank>
    <qualification>
        <qualification1>
            B.Tech
        </qualification1>
        <qualification2>
            M.Tech
        </qualification2>
    </qualification>
</student>
<student>
    <name>
        Janani
    </name>
    <roll_number>
        5
    </roll_number>
    <rank>
        3
    </rank>
    <qualification>
        <qualification1>
            B.A
        </qualification1>
    </qualification>
</student>
```

그림 2.3 준정형 데이터

- **비정형 데이터**^{unstructured data}: 이 유형의 데이터가 처리하기에 가장 어렵다. 머신 러닝 알고리즘은 정보 손실 없이 비정형 데이터를 이해하기가 쉽지 않다. 단순 텍스트 모음과 이미지는 비정형 데이터의 좋은 예다. 다음 그림은 비정형 데이터의 형태를 보여준다.

> Hello! Welcome to the second chapter of the book. In this chapter you will learn how to convert unstructured raw texts to structured numeric features. Unstructured data means that kind of data which cannot be represented in row-column format. It is

그림 2.4 비정형 데이터

내용 기반 데이터의 범주화

내용을 기준으로 다음 그림과 같이 데이터를 네 가지 범주로 나눌 수 있다.

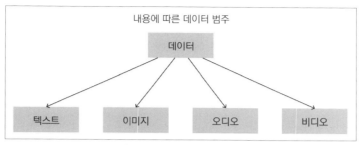

그림 2.5 내용 기반 데이터 범주화

각 범주를 살펴보자.

- **텍스트 데이터**: 문장으로 구성된 텍스트 모음을 말한다. 이 유형의 데이터는 읽을 수만 있다. 예를 들어 책에 있는 텍스트 코퍼스가 있다.
- **이미지 데이터**: 메시지 통신에 사용하는 사진을 말한다. 이 유형의 데이터는 볼 수만 있다.
- **오디오 데이터**: 누군가의 음성, 음악 등을 녹음한 것을 말한다. 이 유형의 데이터는 들을 수만 있다.
- **비디오 데이터**: 오디오와 결합된 연속적인 이미지는 비디오를 형성한다. 이러한 유형의 데이터는 들을 수 있을 뿐 아니라 볼 수도 있다.

서로 다른 유형의 데이터와 구조 및 내용에 따른 범주화categorization 기법을 배웠다. 그리고 비정형 데이터를 처리할 때는 먼저 데이터를 정제cleaning해야 함을 깨달았다. 다음 절에서는 데이터 정제를 위한 전처리 단계를 살펴본다.

▎텍스트 데이터 정제

대부분의 경우 텍스트 데이터는 그대로 사용할 수 없다. 알 수 없는 다양한 기호나 링크가 있으면 지저분하거나 사용하기에 적합하지 않기 때문이다. 데이터 정제data cleaning

는 불필요한 세부 사항을 제거해 데이터에서 의미 있는 부분을 추출하는 기술이다. 예로 하나의 문장을 고려해보자.

He tweeted, 'Live coverage of General Elections available at this. tv/show/ge2019. _/_ Please tune in :) '.

위 문장에는 '_ /\ _'와 ':)' 같은 다양한 기호가 있으며, 이 기호들은 별다른 의미를 갖지 않는다. 문장의 의미를 올바르게 해석하려면 필요 없는 세부 표시 사항들은 제거해야 한다. 이 작업을 수행하면, 실제 내용에 더 집중할 수 있을 뿐 아니라 연산량도 줄일 수 있다. 이를 달성하기 위해 토큰화와 어간 추출(형태소 분석) 같은 방법을 사용하며, 다음 절에서 그 방법들을 하나씩 배울 것이다.

토큰화

토큰화와 단어 토크나이저word tokenizer는 1장, '자연어 처리 소개'에서 간략하게 설명했다. 토큰화는 문장을 구성 요소로 나누는 과정이다. 다시 말해 구성 요소란 단어를 의미한다. 이 장에서는 다양한 패키지를 사용해 토큰화를 수행하는 방법을 살펴본다.

토큰화에 앞서 먼저 텍스트 데이터를 정제해야 한다. 정규 표현식Regular expression(Regex)은 데이터를 정제하는 데 널리 사용된다. 정규 표현식은 주어진 순서대로 패턴을 나타내는 문자들의 집합이다. 이 패턴은 텍스트에 대해 검색을 수행한다. 파이썬에서 re 패키지는 정규 표현식을 개발하는 데 사용한다. 이에 대한 이해를 돕기 위해 다음 절에서 예제를 수행한다.

예제 12: 텍스트 정제와 토큰화

이 예제에서는 텍스트를 정제하고 토큰을 추출한다. 예제를 구현하기 위해 다음 과정을 따라가보자.

1. 주피터 노트북을 연다.

2. 정규 표현식 패키지를 불러온다.

```
Import re
```

3. 정제할 텍스트를 sentence 변수에 저장한다.

```
sentence = 'Sunil tweeted, "Witnessing 70th Republic Day of India from Rajpath, \
New Delhi. Mesmerizing performance by Indian Army! Awesome airshow! @ india_official \
@indian_army #India #70thRepublic_Day. For more photos ping me sunil@photoking.com :)"'
```

4. 텍스트에서 숫자, 알파벳 문자, 공백 문자 이외의 모든 문자를 제거한다. split() 함수를 사용해 문자열을 부분들로 분할한다. 이를 구현하기 위해 다음 코드를 추가하자.

```
re.sub(r'([^\s\w]|_)+', ' ', sentence).split()
```

이 코드는 공백이 있는 곳마다 문자열을 분할시킨다. 출력은 그림 2.6과 같다.

```
['Sunil',
 'tweeted',
 'Witnessing',
 '70th',
 'Republic',
 'Day',
 'of',
 'India',
 'from',
 'Rajpath',
 'New',
 'Delhi',
 'Mesmerizing',
 'performance',
 'by',
 'Indian',
 'Army',
 'Awesome',
 'airshow',
 'india',
 'official',
 'indian',
 'army',
 'India',
 '70thRepublic',
 'Day',
 'For',
 'more',
 'photos',
 'ping',
 'me',
 'sunil',
 'photoking',
 'com']
```

그림 2.6 분할한 문자열

텍스트에서 토큰을 추출하는 방법을 배웠다. 종종 각 토큰을 추출해도 그다지 도움이 되지 않는다. 예를 들어, 'I don't hate you, but your behavior.'라는 문장을 생각해 보자. 여기서 'hate'와 'behavior' 같은 각 토큰을 개별적으로 처리하면 문장의 본래 의미를 이해할 수 없다. 이 경우에는 이러한 토큰이 존재하는 문맥context이 반드시 필요하다. 따라서 한 번에 n개의 연속 토큰을 고려해야 한다. n-그램n-gram은 n개의 연속 토큰을 그룹화하는 것을 말한다. 다음 절에서는 주어진 텍스트에서 n-그램을 추출하는 예제를 해결해본다.

예제 13: n-그램 추출

이 예제에서는 사용자 정의 함수, nltk, TextBlob과 같은 세 가지 방법을 사용해 n-그램을 추출해본다. 이 예제를 구현하기 위해 다음 과정을 따라가보자.

1. 주피터 노트북을 연다.

2. re 패키지를 불러오고 n-그램을 추출하는 데 사용하는 사용자 정의 함수를 정의한다. 이를 위해 다음 코드를 추가한다.

```python
import re
def n_gram_extractor(sentence, n):
    tokens = re.sub(r'([^\s\w]|_)+', ' ', sentence).split()
    for i in range(len(tokens)-n+1):
        print(tokens[i:i+n])
```

3. 바이그램[bi-gram]을 확인하기 위해 텍스트와 n을 함수에 전달한다. 이를 위해 다음 코드를 추가한다.

```python
n_gram_extractor('The cute little boy is playing with the kitten.', 2)
```

이 코드의 출력은 다음과 같다.

```
['The', 'cute']
['cute', 'little']
['little', 'boy']
['boy', 'is']
['is', 'playing']
['playing', 'with']
['with', 'the']
['the', 'kitten']
```

그림 2.7 바이그램

4. 이번에는 트라이그램을 확인하기 위해 텍스트와 n을 함수에 전달한다. 이를 위해 다음 코드를 추가한다.

```
n_gram_extractor('The cute little boy is playing with the kitten.', 3)
```

이 코드의 출력은 다음과 같다.

```
['The', 'cute', 'little']
['cute', 'little', 'boy']
['little', 'boy', 'is']
['boy', 'is', 'playing']
['is', 'playing', 'with']
['playing', 'with', 'the']
['with', 'the', 'kitten']
```

그림 2.8 트라이그램

5. nltk 라이브러리를 사용해 바이그램을 확인하기 위해 다음 코드를 추가한다.

```
from nltk import ngrams
list(ngrams('The cute little boy is playing with the kitten.'.split(), 2))
```

이 코드의 출력은 다음과 같다.

```
[('The', 'cute'),
 ('cute', 'little'),
 ('little', 'boy'),
 ('boy', 'is'),
 ('is', 'playing'),
 ('playing', 'with'),
 ('with', 'the'),
 ('the', 'kitten.')]
```

그림 2.9 바이그램

6. nltk 라이브러리를 사용해 트라이그램을 확인하기 위해 다음 코드를 추가한다.

```
list(ngrams('The cute little boy is playing with the kitten.'.split(), 3))
```

```
[('The', 'cute', 'little'),
 ('cute', 'little', 'boy'),
 ('little', 'boy', 'is'),
 ('boy', 'is', 'playing'),
 ('is', 'playing', 'with'),
 ('playing', 'with', 'the'),
 ('with', 'the', 'kitten.')]
```

그림 2.10 트라이그램

7. TextBlob 라이브러리를 사용해 바이그램을 확인하기 위해 다음 코드를 추가한다.

```
from textblob import TextBlob
blob = TextBlob("The cute little boy is playing with the kitten.")
blob.ngrams(n=2)
```

이 코드는 다음과 같은 출력을 생성한다.

```
[WordList(['The', 'cute']),
 WordList(['cute', 'little']),
 WordList(['little', 'boy']),
 WordList(['boy', 'is']),
 WordList(['is', 'playing']),
 WordList(['playing', 'with']),
 WordList(['with', 'the']),
 WordList(['the', 'kitten'])]
```

그림 2.11 바이그램

8. TextBlob 라이브러리를 사용해 트라이그램을 확인하기 위해 다음 코드를 추가한다.

```
blob.ngrams(n=3)
```

이 코드는 다음과 같은 출력을 생성한다.

```
[WordList(['The', 'cute', 'little']),
 WordList(['cute', 'little', 'boy']),
 WordList(['little', 'boy', 'is']),
 WordList(['boy', 'is', 'playing']),
 WordList(['is', 'playing', 'with']),
 WordList(['playing', 'with', 'the']),
 WordList(['with', 'the', 'kitten'])]
```

그림 2.12 트라이그램

케라스Keras와 TextBlob은 다양한 NLP 작업을 수행하는 데 가장 많이 사용되는 파이썬 라이브러리다. TextBlob은 간단하고 사용하기 쉬운 인터페이스를 제공하고, 케라스는 주로 딥러닝 기반 NLP 작업을 수행하는 데 사용된다. 다음 절에서는 케라스와 TextBlob 라이브러리를 사용해 텍스트를 토큰화하는 예제를 수행한다.

예제 14: 다른 패키지로 텍스트 토큰화 – 케라스와 TextBlob

이 예제에서는 케라스와 TextBlob을 사용해 텍스트를 토큰화한다. 이 예제를 구현하기 위해 다음 과정을 따라가보자.

1. 주피터 노트북을 열고, 새 셀을 삽입한 후 변수 sentence를 선언한다.

```
sentence = 'Sunil tweeted, "Witnessing 70th Republic Day of India from Rajpath,
\
New Delhi. Mesmerizing performance by Indian Army! Awesome airshow! @ india_
official \
@indian_army #India #70thRepublic_Day. For more photos ping me sunil@
photoking.com :)"'
```

2. keras와 textblob 라이브러리를 불러온다.

```
from keras.preprocessing.text import text_to_word_sequence
from textblob import TextBlob
```

3. keras 라이브러리를 사용해서 토큰화하기 위해 다음 코드를 추가해야 한다.

```
text_to_word_sequence(sentence)
```

이 코드를 실행한 결과는 다음과 같다.

```
['sunil',
 'tweeted',
 'witnessing',
 '70th',
 'republic',
 'day',
 'of',
 'india',
 'from',
 'rajpath',
 'new',
 'delhi',
 'mesmerizing',
 'performance',
 'by',
 'indian',
 'army',
 'awesome',
 'airshow',
 'india',
 'official',
 'indian',
 'army',
 'india',
 '70threpublic',
 'day',
 'for',
 'more',
 'photos',
 'ping',
 'me',
 'sunil',
 'photoking',
 'com']
```

그림 2.13 케라스를 사용한 토큰화

4. TextBlob 라이브러리를 사용해 토큰화하려면 다음 코드를 추가해야 한다.

```
blob = TextBlob(sentence)
blob.words
```

이 코드를 실행한 결과는 다음과 같다.

```
WordList(['Sunil', 'tweeted', 'Witnessing', '70th', 'Republic', 'Day', 'of', 'India', 'from', 'Rajpath', 'New', 'Delhi', 'Mesme
rizing', 'performance', 'by', 'Indian', 'Army', 'Awesome', 'airshow', 'india_official', 'indian_army', 'India', '70thRepublic_D
ay', 'For', 'more', 'photos', 'ping', 'me', 'sunil', 'photoking.com'])
```

그림 2.14 TextBlob을 사용한 토큰화

케라스와 TextBlob 라이브러리를 사용해 텍스트를 토큰화하는 방법을 배웠다. 다음 절에서는 다양한 유형의 토크나이저를 설명한다.

토크나이저의 종류

특정 작업별로 유용한 다양한 유형의 토크나이저가 있다. 여기서 하나씩 살펴보자.

- **트윗 토크나이저**^{tweet tokenizer}: 트윗 토큰화를 위해 특별히 고안됐다. 트위터에서 널리 사용되는 감성의 표현과 감정을 다룰 수 있다.
- **MWE 토크나이저**: MWE는 Multi-Word Expression의 약어다. 이 토크나이저 에서는 'United States of America', 'People's Republic of China', 'not only', 'but also' 같이 여러 단어로 이뤄진 특정 그룹들을 토큰화 과정에서 한 개체로 취급한다.
- **정규식 토크나이저**: 이 토크나이저는 정규식을 사용해 개발됐다. 문장은 특정 패턴의 발생에 따라 분할된다.
- **공백 문자 토크나이저**^{whitespace tokenizer}: 이 토크나이저는 공백, 탭, 줄 바꿈 문자 가 있을 때마다 문자열을 분할한다.
- **워드 펑크 토크나이저**^{word punkt tokenizer}: 텍스트를 알파벳 문자, 숫자, 알파벳 이외 의 문자 리스트로 분할한다.

이제 다양한 유형의 토크나이저를 배웠으므로 다음 절에서는 그 개념을 좀 더 이해할 수 있게 해주는 예제를 해결해보자.

예제 15: 다양한 토크나이저를 사용한 텍스트 토큰화

이 예제에서는 다양한 토크나이저를 사용해 텍스트를 토큰화한다. 이 예제를 구현하기 위해 다음 과정을 따라가보자.

1. 주피터 노트북을 연다.

2. 변수 sentence를 선언하기 위해 새 셀과 다음 코드를 삽입하자.

```
sentence = 'Sunil tweeted, "Witnessing 70th Republic Day of India from Rajpath, \
New Delhi. Mesmerizing performance by Indian Army! Awesome airshow! @ india_official \
@indian_army #India #70thRepublic_Day. For more photos ping me sunil@photoking.com :)"'
```

3. 트윗 토크나이저를 사용해 텍스트를 토큰화하기 위해 다음 코드를 추가하자.

```
from nltk.tokenize import TweetTokenizer
tweet_tokenizer = TweetTokenizer()
tweet_tokenizer.tokenize(sentence)
```

이 코드의 출력은 다음과 같다.

```
['Sunil',
 'tweeted',
 ',',
 '"',
 'Witnessing',
 '70th',
 'Republic',
 'Day',
 'of',
 'India',
 'from',
 'Rajpath',
 ',',
 'New',
 'Delhi',
 '.',
 'Mesmerizing',
 'performance',
 'by',
 'Indian',
 'Army',
 '!',
 'Awesome',
 'airshow',
 '!',
 '@india_official',
 '@indian_army',
 '#India',
 '#70thRepublic_Day',
 '.',
 'For',
 'more',
 'photos',
 'ping',
 'me',
 'sunil@photoking.com',
 ':)',
 '"']
```

그림 2.15 트윗 토크나이저를 사용한 토큰화

4. MWE 토크나이저를 사용해 텍스트를 토큰화하기 위해 다음 코드를 추가하자.

```
from nltk.tokenize import MWETokenizer
mwe_tokenizer = MWETokenizer([('Republic', 'Day')]) mwe_tokenizer.add_
mwe(('Indian', 'Army')) mwe_tokenizer.tokenize(sentence.split())
```

이 코드의 출력은 다음과 같다.

```
['Sunil',
 'tweeted,',
 '"Witnessing',
 '70th',
 'Republic_Day',
 'of',
 'India',
 'from',
 'Rajpath,',
 'New',
 'Delhi.',
 'Mesmerizing',
 'performance',
 'by',
 'Indian',
 'Army!',
 'Awesome',
 'airshow!',
 '@india_official',
 '@indian_army',
 '#India',
 '#70thRepublic_Day.',
 'For',
 'more',
 'photos',
 'ping',
 'me',
 'sunil@photoking.com',
 ':)"']
```

그림 2.16 MWE 토크나이저를 사용한 토큰화

5. 위 그림에서 'Indian'과 'Army!'라는 단어가 한 개체로 처리되길 원했지만, 분리된 결과를 얻었다. 이는 ('Army'가 아닌) 'Army!'를 토큰으로 취급했기 때문이다. 다음 단계에서 이를 어떻게 해결하는지 살펴보자.

6. 이전 단계의 문제를 해결하기 위해 다음 코드를 추가하자.

```
mwe_tokenizer.tokenize(sentence.replace('!','').split())
```

이 코드의 출력은 다음과 같다.

```
['Sunil',
 'tweeted,',
 '"Witnessing',
 '70th',
 'Republic_Day',
 'of',
 'India',
 'from',
 'Rajpath,',
 'New',
 'Delhi.',
 'Mesmerizing',
 'performance',
 'by',
 'Indian_Army',
 'Awesome',
 'airshow',
 '@india_official',
 '@indian_army',
 '#India',
 '#70thRepublic_Day.',
 'For',
 'more',
 'photos',
 'ping',
 'me',
 'sunil@photoking.com',
 ':)"']
```

그림 2.17 '!'를 제거한 후 MME 토크나이저를 사용한 토큰화

7. 정규식 토크나이저를 사용해 텍스트를 토큰화하려면 다음 코드를 추가하면 된다.

```
from nltk.tokenize import RegexpTokenizer
reg_tokenizer = RegexpTokenizer('\w+|\$[\d\.]+|\S+')
reg_tokenizer.tokenize(sentence)
```

이 코드의 출력은 다음과 같다.

```
['Sunil',
 'tweeted',
 ',',
 '"Witnessing',
 '70th',
 'Republic',
 'Day',
 'of',
 'India',
 'from',
 'Rajpath',
 ',',
 'New',
 'Delhi',
 '.',
 'Mesmerizing',
 'performance',
 'by',
 'Indian',
 'Army',
 '!',
 'Awesome',
 'airshow',
 '!',
 '@india_official',
 '@indian_army',
 '#India',
 '#70thRepublic_Day.',
 'For',
 'more',
 'photos',
 'ping',
 'me',
 'sunil',
 '@photoking.com',
 ':)"']
```

그림 2.18 정규식 토크나이저를 사용한 토큰화

8. 공백 토크나이저를 사용해서 텍스트를 토큰화하기 위해 다음 코드를 추가하자.

```
from nltk.tokenize import WhitespaceTokenizer
wh_tokenizer = WhitespaceTokenizer()
wh_tokenizer.tokenize(sentence)
```

이 코드의 출력은 다음과 같다.

```
['Sunil',
 'tweeted,',
 '"Witnessing',
 '70th',
 'Republic',
 'Day',
 'of',
 'India',
 'from',
 'Rajpath,',
 'New',
 'Delhi.',
 'Mesmerizing',
 'performance',
 'by',
 'Indian',
 'Army!',
 'Awesome',
 'airshow!',
 '@india_official',
 '@indian_army',
 '#India',
 '#70thRepublic_Day.',
 'For',
 'more',
 'photos',
 'ping',
 'me',
 'sunil@photoking.com',
 ':)"']
```

그림 2.19 공백 토크나이저를 사용한 토큰화

9. 워드 펑크 토크나이저를 사용해 텍스트를 토큰화하려면 다음 코드를 추가한다.

```
from nltk.tokenize import WordPunctTokenizer
wp_tokenizer = WordPunctTokenizer()
wp_tokenizer.tokenize(sentence)
```

이 코드는 다음과 같은 출력을 생성한다.

```
['Sunil',
 'tweeted',
 ',',
 '"',
 'Witnessing',
 '70th',
 'Republic',
 'Day',
 'of',
 'India',
 'from',
 'Rajpath',
 ',',
 'New',
 'Delhi',
 '.',
 'Mesmerizing',
 'performance',
 'by',
 'Indian',
 'Army',
 '!',
 'Awesome',
 'airshow',
 '!',
 '@',
 'india_official',
 '@',
 'indian_army',
 '#',
 'India',
 '#',
 '70thRepublic_Day',
 '.',
 'For',
 'more',
 'photos',
 'ping',
 'me',
 'sunil',
 '@',
 'photoking',
 '.',
 'com',
 ':)"']
```

그림 2.20 워드 펑크 토크나이저를 사용한 토큰화

각기 다른 토크나이저를 사용해 텍스트를 토큰화하는 방법을 배웠다.

토큰화의 이슈들

토큰화는 쉬운 일처럼 보이지만 실제로는 그렇지 않다. 이것은 주로 공백과 하이픈이 있어서 발생하는 모호성 때문이다. 또한 중국어와 일본어 같은 특정 언어의 문장에는 공백으로 구분된 단어가 없으므로 이를 토큰화하기가 어렵다. 다음 절에서는 또 다른 전처리 단계인 어간 추출을 설명한다.

어간 추출

영어와 같은 언어에서는 단어의 원래 형태가 문장에서 사용될 때 변경된다. 원래 형태의 단어를 복원하는 과정을 어간 추출(형태소 분석)이라고 한다. 그렇지 않으면 컴파일러와 컴퓨팅 머신은 동일한 의미를 가지더라도 동일한 단어가 가진 둘 이상의 다른 형태를 다른 코퍼스로 취급하기 때문에 단어를 기본 형태로 다시 복원하는 것이 필수적이다. RegexpStemmer와 포터 형태소 분석기Porter stemmer가 가장 널리 사용되는 형태소 분석기stemmer다. 이들을 하나씩 배워보자.

RegexpStemmer

RegexpStemmer는 정규식을 사용해 형태적 또는 구조적 접두사나 접미사가 있는지 확인한다. 예를 들어, 많은 경우 동사의 형태('ing'으로 끝나는 형태)는 끝에서 'ing'을 제거해야 기본 동사 형태로 되돌릴 수 있다. 예를 들어 'playing' → 'play'로 변환해준다.

RegexpStemmer 사용에 관한 실습 경험을 위해 다음 예제를 풀어보자.

예제 16: RegexpStemmer를 사용해 진행형 형태의 단어를 기본 단어로 변환

이 예제에서는 텍스트에 RegexpStemmer를 사용해서 'ing'으로 끝나는 단어를 기본 형식으로 변환한다. 이 예제를 구현하기 위해 다음 과정을 따라가보자.

1. 주피터 노트북을 연다.

2. 변수 sentence를 선언하기 위해 새 셀과 다음 코드를 삽입하자.

```
sentence = "I love playing football"
```

3. 이제 regex_stemmer를 사용해 sentence 변수의 각 단어를 어간 추출한다. 이를 위해 다음 코드를 추가하자.

```
from nltk.stem import RegexpStemmer
regex_stemmer = RegexpStemmer('ing$', min=4)
' '.join([regex_stemmer.stem(wd) for wd in sentence.split()])
```

이 코드의 출력은 다음과 같다.

```
'I love play football'
```

그림 2.21 RegexpStemmer를 사용한 어간 추출

다음 절에서는 포터 형태소 분석기를 설명한다.

포터 형태소 분석기

포터 형태소 분석기는 영어 단어에 대한 가장 일반적인 형태소 분석기로, 영어 단어에서 다양한 형태와 어미 끝부분(예: 접미사와 접두사)을 제거한다. 이렇게 하면 변형에서 단어의 기본 형태를 추출하는 데 도움이 된다. 이에 대한 이해를 돕기 위해 다음 절에서 예제를 살펴보자.

예제 17: 포터 형태소 분석기

이 예제에서는 포터 형태소 분석기를 일부 텍스트에 적용한다. 이 예제를 구현하기 위

해 다음 과정을 따라가보자.

1. 주피터 노트북을 연다.

2. nltk와 관련 패키지를 불러오고 sentence 변수를 선언한다. 이를 위해 다음 코드를 추가하자.

```
sentence = "Before eating, it would be nice to sanitize your hands with a
sanitizer"
from nltk.stem.porter import *
```

3. 이제 sentence 변수의 각 단어를 형태소 분석하기 위해 포터 형태소 분석 함수를 사용해본다.

```
ps_stemmer = PorterStemmer()
' '.join([ps_stemmer.stem(wd) for wd in sentence.split()])
```

이 코드의 출력은 다음과 같다.

```
'befor eating, it would be nice to sanit your hand with a sanit'
```

그림 2.22 포터 형태소 분석기를 사용한 형태소 분석

다음 절에서는 또 다른 전처리 단계인 표제어 추출을 학습한다.

표제어 추출

형태소 분석 중에는 종종 형태소 단어가 의미를 갖지 않는 문제가 발생한다. 예를 들어 'independence'라는 단어에 포터 형태소 분석기를 적용하면 'independ'가 된다. 하지만 영어 사전에는 'independ'라는 단어가 없으며, 어떠한 의미도 갖고 있지 않다. 표제어 추출은 실제 사용하는 어휘와 단어의 형태를 분석해 처리한다. 즉, 사전에서 실제로 찾을 수 있는 기본 형태의 단어를 반환한다. 이 내용을 좀 더 명확하게 이해할

수 있도록 다음 절에서 예제를 살펴보자.

예제 18: 표제어 추출

이 예제에서는 표제어 추출을 사용해 지정한 텍스트를 표제어 추출한다. 이 예제를 구현하기 위해 다음 과정을 따라가보자.

1. 주피터 노트북을 연다.

2. nltk와 관련 패키지를 불러오고 sentence 변수를 선언한다. 이를 위해 다음 코드를 추가하자.

```
import nltk
from nltk.stem import WordNetLemmatizer
from nltk import word_tokenize
nltk.download('wordnet')
lemmatizer = WordNetLemmatizer()
sentence = "The products produced by the process today are far better than
what it produces generally."
```

3. 문장에서 추출한 토큰을 표제어 추출하기 위해 다음 코드를 추가하자.

```
' '.join([lemmatizer.lemmatize(word) for word in word_tokenize(sentence)])
```

이 코드의 출력은 다음과 같다.

```
'The product produced by the process today are far better than what it produce generally .'
```

그림 2.23 WordNet 표제어 추출기를 사용한 표제어 추출

다음 절에서는 단어의 단수화와 복수화를 살펴보면서 다른 종류의 단어 변형을 다룬다. TextBlob은 단어를 단수화하고 복수화하는 훌륭한 기능을 제공한다. 다음 절에서 이 작업을 수행하는 방법을 살펴보자.

예제 19: 단어의 단수화와 복수화

이 예제에서는 TextBlob 라이브러리를 사용해 주어진 텍스트의 단어를 단수화하고 복수화한다. 이 예제를 구현하기 위해 다음 과정을 따라가보자.

1. 주피터 노트북을 연다.

2. TextBlob을 불러오고 나서 sentence 변수를 선언한다. 이를 위해 다음 코드를 추가하자.

```
from textblob import TextBlob
sentence = TextBlob('She sells seashells on the seashore')
```

문장의 단어 리스트를 확인하려면 다음 코드를 입력한다.

```
sentence.words
```

이 코드의 출력은 다음과 같다.

```
WordList(['She', 'sells', 'seashells', 'on', 'the', 'seashore'])
```

그림 2.24 TextBlob을 사용해 문장에서 단어를 추출

3. 주어진 문장에서 두 번째 단어를 단수화하기 위해 다음 코드를 입력하자.

```
sentence.words[2].singularize()
```

이 코드의 출력은 다음과 같다.

```
'seashell'
```

그림 2.25 TextBlob을 사용해 단어를 단수화

4. 주어진 문장에서 다섯 번째 단어를 복수화하기 위해 다음 코드를 입력하자.

```
sentence.words[5].pluralize()
```

이 코드의 출력은 다음과 같다.

```
'seashores'
```

그림 2.26 TextBlob을 사용해 단어를 복수화

다음 절에서는 또 다른 전처리 작업인 언어 번역^{language translation}을 알아본다.

언어 번역

서로 다른 언어가 종종 무언가를 전달하기 위해 함께 사용된다. 이러한 경우에는 전체 텍스트를 단일 언어로 번역하는 것이 텍스트를 분석하기 위한 필수 전처리 작업이 된다. 다음 절에서는 예제를 통해 알아보자.

예제 20: 언어 번역

이 예제에서는 TextBlob 라이브러리를 사용해 문장을 스페인어에서 영어로 번역한다. 이 예제를 구현하기 위해 다음 과정을 따라가보자.

1. 주피터 노트북을 연다.
2. TextBlob 라이브러리를 불러온다.

```
from textblob import TextBlob
```

3. TextBlob의 translate 함수를 사용해 입력 텍스트를 스페인어에서 영어로 번역해보자. 이를 위해 다음 코드를 추가한다.

```
en_blob = TextBlob(u'muy bien')
en_blob.translate(from_lang='es', to='en')
```

이 코드의 출력은 다음과 같다.

```
TextBlob("very well")
```
그림 2.27 TextBlob을 사용한 언어 번역

다음 절에서는 또 다른 전처리 작업인 불용어 제거를 살펴본다.

불용어 제거

'am', 'the', 'are'와 같은 불용어들은 단어와 문장의 구성을 지원한다. 불용어들은 문장을 만들도록 도와준다. 하지만 불용어는 속해 있는 문장의 의미에 영향을 미치지 않는다. 따라서 불용어의 존재를 안전하게 무시할 수 있다. 이 내용을 좀 더 명확하게 이해할 수 있도록 다음 절의 예제를 살펴보자.

예제 21: 불용어 제거

이 예제에서는 주어진 텍스트에서 불용어를 제거하는 방법을 알아본다. 이 예제를 구현하기 위해 다음 과정을 따라가보자.

1. 주피터 노트북을 연다.
2. nltk를 import해서 해당 텍스트로 sentence 변수를 선언한다.

```
from nltk import word_tokenize
sentence = "She sells seashells on the seashore"
```

3. 불용어의 사용자 지정 리스트를 정의하고 다음 코드 줄을 실행하자.

```
custom_stop_word_list = ['she', 'on', 'the', 'am', 'is', 'not']
' '.join([word for word in word_tokenize(sentence) if word.lower() not in
custom_stop_word_list])
```

이 코드의 출력은 다음과 같다.

```
'sells seashells seashore'
```

그림 2.28 사용자 정의 불용어 세트를 제거

주어진 문장에서 불용어를 제거하는 방법을 배웠다. 다음 절에서는 텍스트에 대한 피처 추출 개념을 살펴본다.

▌ 텍스트에서 피처 추출

실제 예제를 통해 피처 추출을 이해해보자. 피처는 사람이나 사물의 특성을 나타낸다. 이러한 특성은 사람이나 사물을 고유하게 나타내거나 나타내지 않을 수 있다. 예를 들어 귀, 손, 다리의 수와 같이 사람의 일반적인 특성으로는 그 사람을 고유하게 식별해 내기가 어렵다. 그러나 지문과 DNA 염기 서열 같은 특성은 그 사람을 고유하게 식별하는 데 사용될 수 있다. 이와 마찬가지로, 피처 추출에서는 텍스트를 고유하게 나타내는 텍스트로부터 속성을 추출하려고 한다. 이러한 특성을 '피처feature'라고 한다. 머신 러닝 알고리즘은 수치형 피처만을 입력으로 사용한다. 따라서 텍스트를 수치 형식으로 표현하는 것이 가장 중요하다. 텍스트를 다룰 때는 일반적인 피처와 특수한 피처를 모두 추출한다. 때때로, 텍스트를 구성하는 개별 단어는 텍스트 언어와 총 단어 개수 같은 일부 피처에 직접 영향을 미치지 않는다. 이러한 특징을 '일반적인 피처general feature'라 하고, 특수한 피처에는 텍스트의 단어 모음(BoW)과 TF-IDF 표현이 포함된다. 다음 절에서 이 개념들을 이해해보자.

원시 텍스트에서 일반적인 피처 추출

일반적인 피처는 단어 개수, 각 품사 발생 횟수, 대문자 및 소문자 개수와 같이 텍스트 코퍼스를 구성하는 개별 토큰에 직접적으로 의존하지 않는 피처들을 말한다.

'The sky is blue.'와 'The pillar is yellow.'라는 두 문장을 생각해보자. 이 두 문장은 모두 같은 수의 단어(일반적인 피처), 즉 4를 갖는다. 하지만 개별 구성 토큰은 다르다. 이것을 좀 더 명확히 이해하기 위해 예제를 해결해보자.

예제 22: 원시 텍스트에서 일반적인 피처 추출

이 예제에서는 입력 텍스트에서 일반적인 피처를 추출한다. 이러한 일반적인 피처에는 단어 개수, 'wh-' 단어의 존재('wh'로 시작하는 단어, 혹은 의문사), 극성polarity, 주관성 subjectivity, 텍스트를 작성한 언어 등이 있다. 다음 과정을 따라 예제를 구현해보자.

1. 주피터 노트북을 연다.
2. pandas 라이브러리를 불러와 네 개의 문장으로 데이터프레임(DataFrame)을 만든다. 이를 구현하기 위해 다음 코드를 추가한다.

```
import pandas as pd
df = pd.DataFrame([['The interim budget for 2019 will be announced on 1st
February.'], ['Do you know how much expectation the middle-class working
population is having from this budget?'], ['February is the shortest month in
a year.'], ['This financial year will end on 31st March.']])
df.columns = ['text']
df
```

이 코드는 그림 2.29와 같은 출력을 생성한다.

그림 2.29 네 문장으로 구성된 데이터프레임

3. apply 함수를 사용해 각 행의 text 열에 대해 반복하면서 TextBlob 객체로 변환한 후 단어를 추출한다. 이를 구현하기 위해 다음 코드를 작성한다.

```
from textblob import TextBlob
df['number_of_words'] = df['text'].apply(lambda x : len(TextBlob(str(x)).
words))
df['number_of_words']
```

이 코드의 출력은 다음과 같다.

```
0    11
1    15
2     8
3     8
Name: number_of_words, dtype: int64
```

그림 2.30 각 문장 내 단어 개수

4. 다시 apply 함수를 사용해 각 행의 text 열에 대해 반복하면서 TextBlob 객체로 변환하고, 선언한 'wh-' 단어 리스트에 속하는 단어가 있는지 확인하기 위해 단어를 추출하는 코드를 작성한다.

```
wh_words = set(['why', 'who', 'which', 'what', 'where', 'when', 'how'])
df['is_wh_words_present'] = df['text'].apply(lambda x : True if \
    len(set(TextBlob(str(x)). words).intersection(wh_words))>0 else False)
df['is_wh_words_present']
```

이 코드의 출력은 다음과 같다.

```
0     False
1      True
2     False
3     False
Name: is_wh_words_present, dtype: bool
```

그림 2.31 wh 단어들의 존재 확인

5. apply 함수를 사용해 각 행의 text 열에 대해 반복하면서 TextBlob 객체로 변환 한 후 감성 점수를 추출한다.

```
df['polarity'] = df['text'].apply(lambda x : TextBlob(str(x)).sentiment.
polarity)
df['polarity']
```

이 코드의 출력은 다음과 같다.

```
0    0.000
1    0.200
2    0.000
3    0.000
Name: polarity, dtype: float64
```

그림 2.32 각 문장의 극성

6. apply 함수를 사용해 각 행의 text 열에 대해 반복하면서 TextBlob 객체로 변환한 후 주관성 점수를 추출한다.

```
df['subjectivity'] = df['text'].apply(lambda x : TextBlob(str(x)).sentiment.
subjectivity)
df['subjectivity']
```

이 코드의 출력은 다음과 같다.

```
0    0.000
1    0.200
2    0.000
3    0.000
Name: subjectivity, dtype: float64
```

그림 2.33 각 문장의 주관성

참고

주관성(subjectivity)과 극성(polarity) 같은 감성 점수는 8장, '감성 분석'에서 자세히 설명한다.

7. apply 함수를 사용해 각 행의 text 열에 대해 반복하면서 TextBlob 객체로 변환 한 후 작성한 언어를 감지한다.

```
df['language'] = df['text'].apply(lambda x : TextBlob(str(x)).detect_
language())
df['language']
```

이 코드의 출력은 다음과 같다.

```
0       en
1       en
2       en
3       en
Name: language, dtype: object
```

그림 2.34 각 문장의 언어 감지

지금까지 주어진 텍스트에서 일반적인 피처를 추출하는 방법을 배웠다. 다음 절에서는 이 방법을 좀 더 명확히 이해할 수 있도록 실습을 수행해본다.

실습 2: 텍스트에서 일반적인 피처 추출하기

이 실습에서는 문서 내에 있는 다양한 일반적인 피처를 추출한다. 사용할 데이터셋은 무작위 문장으로 구성된다. 목표는 문장 부호, 대문자 및 소문자, 문자, 숫자, 단어 및 공백 같은 다양한 일반적인 피처를 찾는 것이다.

> **참고**
>
> 이 실습에서 사용될 data.csv 데이터셋은 다음 링크에서 찾을 수 있다.
> https://bit.ly/2CIkCa4.

실습을 구현하기 위해 다음 순서를 따라가보자.

1. 주피터 노트북을 연다.

2. pandas, nltk와 기타 필요한 라이브러리를 불러온다.

3. 판다스의 read_csv 함수를 사용해 data.csv를 불러온다.

4. help/tagsets/upenn_tagset.pickle에서 nltk가 제공하는 품사(PoS)를 불러와 PoS의 각 발생 횟수를 찾는다.

5. 문장 부호의 개수를 찾는다.

6. 대문자와 소문자의 개수를 찾는다.

7. 문자 개수를 찾는다.

8. 숫자 개수를 찾는다.

9. 단어 개수를 찾는다.

10. 각 문장의 공백 개수를 찾는다.

> **참고**
>
> 이 실습과 관련된 솔루션은 부록의 실습 2에서 살펴볼 수 있다.

주어진 텍스트에서 일반적인 피처를 추출하는 방법을 배웠다. 다음 절에서는 주어진 텍스트에서 추출할 수 있는 특수한 피처를 살펴본다.

단어 모음

단어 모음(BoW) 모델은 원본 텍스트에서 피처를 추출하는 가장 보편적인 방법 중 하나다. 일련의 텍스트 문서에 대해 모델의 출력은 행렬이다. 행렬의 각 열은 어휘의 단어를 나타내며, 각 행은 텍스트 문서 중 하나에 해당한다. 여기서 '어휘^{vocabulary}'는 문서에 존재하는 고유한 단어 집합을 나타낸다. 이해를 돕기 위해 예를 들어 두 개의 텍스트 문서가 있다고 가정하자.

문서 1: I like detective Byomkesh Bakshi.
문서 2: Byomkesh Bakshi is not a detective, he is a truth seeker.

해당 BoW 표현은 다음과 같다.

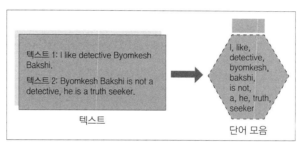

그림 2.35 BoW 모델 그림

BoW 모델의 표 형식은 그림 2.36과 같다.

	i	like	detective	byomkesh	bakshi	is	not	a	he	truth	seeker
Text-1	1	1	1	1	1	0	0	0	0	0	0
Text-2	0	0	1	1	1	2	1	2	1	1	1

그림 2.36 BoW 모델의 표 형식 표현

파이썬을 사용해 BoW를 구현하는 방법을 살펴보자.

예제 23: BoW 생성

이 예제에서는 문서의 모든 용어에 대해 BoW 표현을 작성하고 가장 자주 나오는 용어 열 개를 확인한다. 이 예제를 구현하기 위해 다음 과정을 따라가보자.

1. 주피터 노트북을 연다.

2. 필요한 라이브러리를 불러오고, corpus 리스트를 선언한다. 이를 구현하기 위해 다음 코드를 추가하자.

```
import pandas as pd
from sklearn.feature_extraction.text import CountVectorizer
corpus = [ 'Data Science is an overlap between Arts and Science', 'Generally,
Arts graduates are right-brained and Science graduates are left-brained',
'Excelling in both Arts and Science at a time becomes difficult', 'Natural
Language Processing is a part of Data Science' ]
```

3. CountVectorizer 함수를 사용해 BoW 모델을 만든다. 이를 위해 다음 코드를 추가한다.

```
bag_of_words_model = CountVectorizer()
print(bag_of_words_model.fit_transform(corpus).todense())
bag_of_word_df = pd.DataFrame(bag_of_words_model.fit_transform(corpus).
todense())
bag_of_word_df.columns = sorted(bag_of_words_model.vocabulary_)
bag_of_word_df.head()
```

이 코드의 출력은 다음과 같다.

	an	and	are	arts	at	becomes	between	both	brained	data	...	language	left	natural	of	overlap	part	processing	right	science	time
0	1	1	0	1	0	0	1	0	0	1	...	0	0	0	0	1	0	0	0	2	0
1	0	1	2	1	0	0	0	0	2	0	...	0	1	0	0	0	0	0	1	1	0
2	0	1	0	1	1	1	0	1	0	0	...	0	0	0	0	0	0	0	0	1	1
3	0	0	0	0	0	0	0	0	0	1	...	1	0	1	1	0	1	1	0	1	0

그림 2.37 BoW 모델의 출력 데이터프레임

4. 이제 가장 자주 나오는 용어 열 개에 대한 BoW 모델을 만들어보자. 이를 구현하기 위해 다음 코드를 추가하자.

```
bag_of_words_model_small = CountVectorizer(max_features=10)
bag_of_word_df_small = pd.DataFrame(bag_of_words_model_small.fit_
transform(corpus).todense())
bag_of_word_df_small.columns = sorted(bag_of_words_model_small.vocabulary_)
bag_of_word_df_small.head()
```

이 코드의 출력은 다음과 같다.

	an	and	are	arts	brained	data	graduates	is	right	science
0	1	1	0	1	0	1	0	1	0	2
1	0	1	2	1	2	0	2	0	1	1
2	0	1	0	1	0	0	0	0	0	1
3	0	0	0	0	0	1	0	1	0	1

그림 2.38 열 개의 가장 자주 나오는 용어에 대한 BoW 모델 출력 데이터프레임

지프의 법칙

지프의 법칙Zipf's law에 따르면, '자연어 발화natural language utterance에 대한 주어진 코퍼스에서 특정 단어의 빈도는 빈도표의 순위에 반비례한다.' 간단히 말해, 코퍼스에 있는 단어를 발생 빈도의 내림차순으로 정렬하는 경우에는 i번째 순위의 단어 빈도가 1/i에 비례한다. 이 내용을 좀 더 명확하게 이해할 수 있도록 다음 절의 예제를 살펴보자.

예제 24: 지프의 법칙

이 예제에서는 지프의 법칙을 사용해 예측한 순위, 빈도와 함께 실제 토큰의 순위, 빈도를 시각화한다. 사이킷런 라이브러리에서 제공하는 20개의 뉴스 그룹 데이터셋을 사용할 것이다. 이 예제를 구현하기 위해 다음 과정을 따라가보자.

1. 주피터 노트북을 연다.

2. 필요한 라이브러리를 불러오고 newsgroups_data_sample 변수를 선언한 후 사이킷런에서 제공하는 데이터셋(fetch_20newsgroups)을 가져온다. 이를 위해 다음 코드를 추가한다.

```
from pylab import *
import nltk
nltk.download('stopwords')
from sklearn.datasets import fetch_20newsgroups
from nltk import word_tokenize
from nltk.corpus import stopwords
import matplotlib.pyplot as plt
%matplotlib inline
import re
import string
from collections import Counter
newsgroups_data_sample = fetch_20newsgroups(subset='train')
```

3. 불용어 리스트를 가져오기 위해 각각의 출력 가능한 문자를 추가한다. 이를 구현하기 위해 다음 코드를 추가한다.

```
stop_words = stopwords.words('english')
stop_words = stop_words + list(string.printable)
```

4. 코퍼스를 토큰화하기 위해 다음 코드를 추가한다.

```
tokenized_corpus = [word.lower() for sentence in newsgroups_data_
```

```
sample['data'] \
    for word in word_tokenize(re.sub(r'([^\s\w]|_)+', ' ', sentence))\
        if word.lower() not in stop_words]
```

5. 각 토큰의 빈도를 계산하기 위해 다음 코드를 추가한다.

```
token_count_di = Counter(tokenized_corpus)
token_count_di.most_common(50)
```

이 코드의 출력은 다음과 같다.

```
[('ax', 62412),
 ('edu', 21321),
 ('subject', 12265),
 ('com', 12134),
 ('lines', 11835),
 ('organization', 11233),
 ('one', 9017),
 ('would', 8910),
 ('writes', 7844),
 ('article', 7438),
 ('people', 5977),
 ('like', 5868),
 ('university', 5589),
 ('posting', 5507),
 ('know', 5134),
 ('get', 4998),
 ('host', 4996),
 ('nntp', 4814),
 ('max', 4776),
 ('think', 4583),
 ('also', 4308),
 ('use', 4187),
 ('time', 4102),
 ('new', 3986),
 ('good', 3759),
 ('ca', 3546),
 ('could', 3511),
 ('well', 3480),
 ('us', 3364),
 ('may', 3313),
 ('even', 3280),
 ('see', 3065),
 ('cs', 3041),
```

그림 2.39 가장 자주 출현하는 코퍼스 내 50개 단어

6. 이제 지프의 법칙에 따라 예측한 순위, 빈도와 함께 실제 토큰 순위, 빈도를 시각화하기 위해 다음 코드를 추가한다.

```python
frequencies = [b for (a,b) in token_count_di.most_common(10000)]
tokens = [a for (a,b) in token_count_di.most_common(10000)]
ranks = range(1, len(frequencies)+1)

plt.figure(figsize=(8,8))
plt.ylim(1,10**4)
plt.xlim(1,10**4)

# 실제 순위와 빈도
obtained_line, = loglog(ranks, frequencies, marker=".", label="Line obtained
from the Text Corpus")
obtained_legend = plt.legend(handles=[obtained_line], loc=1)
ax = plt.gca().add_artist(obtained_legend)

# 지프의 법칙에 따라 예측한 순위와 빈도
expected_line, = plt.plot([1,frequencies[0]],[frequencies[0],1],color='r',labe
l="Line expected as per Zipf's Law")
plt.legend(handles=[expected_line], loc=4)

title("Plot stating Zipf law's in log-log scale")
xlabel("Rank of token in descending order of frequency of occurrence")
ylabel("Frequency of ocurrence of token")
grid(True)
```

이 코드의 출력은 다음과 같다.

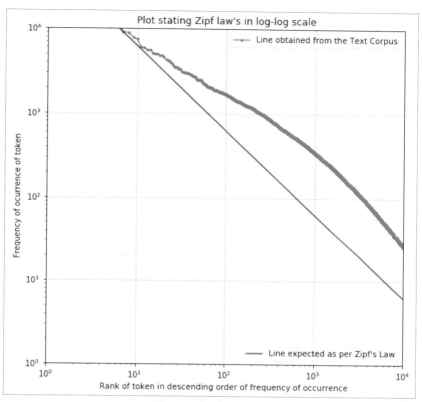

그림 2.40 지프의 법칙 시각화

TF-IDF

앞서 BoW 모델을 살펴봤다. 이 모델에는 한 가지 중대한 단점이 있는데, 토큰 발생 빈도가 문서에 대한 정보의 양을 완전히 나타내지 못한다는 점이다. 많은 문서에서 여러 번 나오는 용어가 꼭 많은 정보를 전달하지는 않기 때문이다. 자주 출현하지 않는 용어가 문서에 담긴 훨씬 많은 정보를 전달할 수 있다. TF-IDF^Term Frequency-Inverse Document Frequency는 주어진 문서에서 이러한 용어가 갖고 있는 정보의 양을 정량화시키는 숫자를 사용해 텍스트 형식을 행렬 형식(행-열/테이블 형식)으로 표현하는 방법이다.

BoW 모델과 마찬가지로 각 행 i는 해당 텍스트 문서 세트 중 한 텍스트 문서를 나타낸다. 각 열 j는 어휘 중 단어에 해당한다.

즉, 문서 i에서 주어진 용어 j에 대한 용어 빈도(TF)는 용어 j가 문서 i에서 나타나는 횟수와 같다. 드물게 발생하는 용어는 자주 발생하는 일반 용어보다 더 많은 정보를 담고 있다. 이를 설명하기 위해 또 다른 값 T를 곱해야 한다. 이 요소 T는 해당 용어가 주어진 문서에 얼마나 특별한 용어인지를 나타낸다. 이것을 IDF^{Inverse Document Frequency}라고 한다.

주어진 용어의 IDF는 다음 공식으로 나타낼 수 있다.

$$\textbf{term } j \textbf{ (idf}_j\textbf{) = log}_{10} \textbf{ (N/df}_j\textbf{)}$$

여기서 df_j는 용어 j를 갖는 문서 수를 나타낸다. N은 총 문서 개수다. 따라서 문서 i에서 용어 j의 TF-IDF 점수는 다음과 같이 계산할 수 있다.

$$a_{ij} = \textbf{tf-idf}_j = \textbf{tf}_{ij} \times \textbf{idf}_j = \textbf{tf}_{ij} \times \textbf{log}_{10} \textbf{ (N/df}_j\textbf{)}$$

다음 절에 있는 예제에서 파이썬으로 TF-IDF를 구현하는 방법을 배워보자.

예제 25: TF-IDF 표현

이 예제에서는 주어진 코퍼스의 모든 용어에 대해 입력 텍스트의 TF-IDF 표현을 작성하고 가장 자주 나타나는 용어 열 개를 식별한다. 이 예제를 구현하기 위해 다음 과정을 따라가보자.

1. 주피터 노트북을 연다.
2. 필요한 모든 라이브러리를 불러오기 위해 문장으로 구성된 데이터프레임을 만든다. 이를 구현하려면 다음 코드를 추가한다.

```
import pandas as pd
from sklearn.feature_extraction.text import TfidfVectorizer
corpus = [
 'Data Science is an overlap between Arts and Science',
 'Generally, Arts graduates are right-brained and Science graduates are left-
brained',
 'Excelling in both Arts and Science at a time becomes difficult',
 'Natural Language Processing is a part of Data Science'
 ]
```

3. TF−IDF 모델을 만들기 위해 다음 코드를 작성한다.

```
tfidf_model = TfidfVectorizer()
print(tfidf_model.fit_transform(corpus).todense())
```

이 코드의 출력은 다음과 같다.

```
[[0.40332811 0.25743911 0.          0.25743911 0.          0.
  0.40332811 0.          0.          0.31798852 0.          0.
  0.          0.          0.          0.31798852 0.          0.
  0.          0.          0.40332811 0.          0.          0.
  0.42094668 0.                     ]
 [0.          0.159139   0.49864399 0.159139   0.          0.
  0.          0.          0.49864399 0.          0.          0.
  0.24932199 0.49864399 0.          0.          0.          0.24932199
  0.          0.          0.          0.          0.          0.24932199
  0.13010656 0.                     ]
 [0.          0.22444946 0.          0.22444946 0.35164346 0.35164346
  0.          0.35164346 0.          0.          0.35164346 0.35164346
  0.          0.          0.35164346 0.          0.          0.
  0.          0.          0.          0.          0.          0.
  0.18350214 0.35164346]
 [0.          0.          0.          0.          0.          0.
  0.          0.          0.          0.30887228 0.          0.
  0.          0.          0.          0.30887228 0.39176533 0.
  0.39176533 0.39176533 0.          0.39176533 0.39176533 0.
  0.2044394  0.         ]]
```

그림 2.41 행렬 형태의 코퍼스에 대한 TF−IDF 표현

4. 생성한 TF-IDF 행렬에서 데이터프레임을 만들기 위해 다음 코드를 작성한다.

```
tfidf_df = pd.DataFrame(tfidf_model.fit_transform(corpus).todense())
tfidf_df.columns = sorted(tfidf_model.vocabulary_)
tfidf_df.head()
```

이 코드의 출력은 다음과 같다.

an	and	are	arts	at	becomes	between	both	brained	data	...	language	left	natural	of	overlap	p
403328	0.257439	0.000000	0.257439	0.000000	0.000000	0.403328	0.000000	0.000000	0.317989	...	0.000000	0.000000	0.000000	0.000000	0.403328	0.0000
000000	0.159139	0.498644	0.159139	0.000000	0.000000	0.000000	0.000000	0.498644	0.000000	...	0.000000	0.249322	0.000000	0.000000	0.000000	0.0000
000000	0.224449	0.000000	0.224449	0.351643	0.351643	0.000000	0.351643	0.000000	0.000000	...	0.000000	0.000000	0.000000	0.000000	0.000000	0.0000
000000	0.000000	0.000000	0.000000	0.000000	0.000000	0.000000	0.000000	0.000000	0.308872	...	0.391765	0.000000	0.391765	0.391765	0.000000	0.3917

그림 2.42 데이터프레임 형태의 코퍼스에 대한 TF-IDF 표현

5. 이제 가장 자주 나타나는 열 개의 용어에 대한 TF-IDF 행렬로 데이터프레임을 만든다. 이를 구현하려면 다음 코드를 추가한다.

```
tfidf_model_small = TfidfVectorizer(max_features=10)
tfidf_df_small = pd.DataFrame(tfidf_model_small.fit_transform(corpus).todense())
tfidf_df_small.columns = sorted(tfidf_model_small.vocabulary_)
tfidf_df_small.head()
```

이 코드의 출력은 다음과 같다.

	an	and	are	arts	brained	data	graduates	is	right	science
0	0.491042	0.313426	0.000000	0.313426	0.000000	0.387143	0.000000	0.387143	0.000000	0.512492
1	0.000000	0.170061	0.532867	0.170061	0.532867	0.000000	0.532867	0.000000	0.266433	0.139036
2	0.000000	0.612172	0.000000	0.612172	0.000000	0.000000	0.000000	0.000000	0.000000	0.500491
3	0.000000	0.000000	0.000000	0.000000	0.000000	0.640434	0.000000	0.640434	0.000000	0.423897

그림 2.43 가장 자주 출현하는 열 개 용어에 대한 TF-IDF 표현

다음 절에서는 텍스트에서 특수한 피처를 추출하는 실습을 수행한다.

실습 3: 텍스트에서 특수한 피처 추출하기

이 실습에서는 데이터셋에 있는 텍스트에서 특수한 피처를 추출한다. 여기서 사용할 데이터셋은 사이킷런 라이브러리에서 제공하는 `fetch_20newsgroups`다. 이 실습을 구현하기 위해 다음 과정을 따라가보자.

1. 필요한 패키지를 불러온다.
2. 사이킷런에 있는 `fetch_20newsgroup` 데이터셋을 가져오고 데이터를 데이터프레임에 저장한다.
3. 데이터프레임에 있는 데이터를 정제한다.
4. BoW 모델을 만든다.
5. TF–IDF 모델을 만든다.
6. 가장 자주 발생하는 20개 단어를 기준으로 두 모델을 비교하자.

> **참고**
>
> 이 실습과 관련된 솔루션은 부록의 실습 3에서 살펴볼 수 있다.

BoW와 TF–IDF 모델을 비교하는 방법을 배웠다. 다음 절에서는 피처 엔지니어링을 자세히 알아보자.

▌ 피처 엔지니어링

피처 엔지니어링feature engineering은 기존 피처에서 새 피처를 추출하는 방법을 의미한다. 이러한 새로운 피처는 데이터의 가변성을 효과적으로 설명하는 경향이 있기 때문에 추출한다. 피처 엔지니어링의 한 가지 응용 사례는 서로 다른 텍스트 일부가 얼마나 유사한지 계산하는 것이다. 두 텍스트 사이의 유사도를 계산하는 방법에는 여러 가지가 있다. 가장 널리 사용되는 방법은 코사인 유사도와 자카드 유사도다. 이들 각각을 배워보자.

- **코사인 유사도** cosine similarity : 두 텍스트 사이의 코사인 유사도는 벡터 표현 사이의 각도에 대한 코사인 값을 사용한다. BoW와 TF-IDF 행렬은 텍스트에 대한 벡터 표현으로 활용할 수 있다.
- **자카드 유사도** Jaccard similarity : 두 텍스트 문서 사이에 공통된 용어의 수와 해당 텍스트에 존재하는 총 고유 용어 수의 비율을 사용한다.

  예시를 통해 자카드 유사도를 이해해보자. 두 개의 텍스트가 있다고 가정한다.

  텍스트 1 : I like detective Byomkesh Bakshi.

  텍스트 2 : Byomkesh Bakshi is not a detective, he is a truth seeker.

  공통적인 용어는 'Byomkesh', 'Bakshi', 'detective'다.

  텍스트에서 공통으로 나타나는 용어는 모두 세 개다.

  텍스트에서 나오는 고유한(겹치지 않는) 용어는 'I', 'like', 'is', 'not', 'a', 'he', 'is', 'truth', 'seeker'다.

  고유 용어는 모두 아홉 개다.

  따라서 자카드 유사도는 3/9 = 0.3이다.

텍스트 유사도를 더 명확히 이해하기 위해 다음 절에서 예제를 수행해본다.

예제 26: 피처 엔지니어링(텍스트 유사도)

이 예제에서는 주어진 텍스트 쌍에 대한 자카드 유사도와 코사인 유사도를 계산한다. 이 예제를 구현하기 위해 다음 과정을 따라가보자.

1. 주피터 노트북을 연다.
2. 새로운 셀을 삽입하고 다음 코드를 추가해 필요한 패키지를 불러온다.

```
from nltk import word_tokenize
from nltk.stem import WordNetLemmatizer
from sklearn.feature_extraction.text import TfidfVectorizer
from sklearn.metrics.pairwise import cosine_similarity
lemmatizer = WordNetLemmatizer()
```

3. 이제 다음과 같이 pair1, pair2, pair3 변수를 선언한다.

```
pair1 = ["What you do defines you","Your deeds define you"]
pair2 = ["Once upon a time there lived a king.", "Who is your queen?"]
pair3 = ["He is desperate", "Is he not desperate?"]
```

4. 한 쌍의 문장 사이에서 자카드 유사도를 추출하는 함수를 만들어보자. 이를 위해 다음 코드를 추가한다.

```
def extract_text_similarity_jaccard (text1, text2):
    words_text1 = [lemmatizer.lemmatize(word.lower()) for word in word_tokenize(text1)]
    words_text2 = [lemmatizer.lemmatize(word.lower()) for word in word_tokenize(text2)]
    nr = len(set(words_text1).intersection(set(words_text2)))
    dr = len(set(words_text1).union(set(words_text2)))
    jaccard_sim = nr/dr
    return jaccard_sim
```

5. pair1의 문장들 사이의 자카드 유사도를 확인하기 위해 다음 코드를 작성하자.

```
extract_text_similarity_jaccard(pair1[0],pair1[1])
```

이 코드의 출력은 다음과 같다.

```
0.14285714285714285
```

그림 2.44 자카드 유사도 계수

6. pair2의 문장들 사이의 자카드 유사도를 확인하기 위해 다음 코드를 작성한다.

```
extract_text_similarity_jaccard(pair2[0],pair2[1])
```

이 코드의 출력은 다음과 같다.

0.0

그림 2.45 자카드 유사도 계수

7. pair3의 문장들 사이의 자카드 유사도를 확인하려면 다음 코드를 작성한다.

```
extract_text_similarity_jaccard(pair3[0],pair3[1])
```

이 코드의 출력은 다음과 같다.

0.6

그림 2.46 자카드 유사도 계수

8. 코사인 유사도를 확인하기 위해 먼저 pair1, pair2, pair3의 텍스트를 갖는 코퍼스를 만든다. 이를 위해 다음 코드를 추가하자.

```
tfidf_model = TfidfVectorizer()
corpus = [pair1[0], pair1[1], pair2[0], pair2[1], pair3[0], pair3[1]]
```

9. 이제 pair1, pair2, pair3 텍스트의 TF-IDF 표현을 tfidf_results 변수에 저장한다. 이를 위해 다음 코드를 추가한다.

```
tfidf_results = tfidf_model.fit_transform(corpus).todense()
```

10. 처음 두 개의 텍스트 간 코사인 유사도를 확인하기 위해 다음 코드를 작성한다.

```
cosine_similarity(tfidf_results[0],tfidf_results[1])
```

이 코드의 출력은 다음과 같다.

```
array([[0.3082764]])
```

그림 2.47 코사인 유사도

11. 세 번째와 네 번째 텍스트 사이의 코사인 유사도를 확인하기 위해 다음 코드를 작성한다.

```
cosine_similarity(tfidf_results[2],tfidf_results[3])
```

이 코드의 출력은 다음과 같다.

```
array([[0.]])
```

그림 2.48 코사인 유사도

12. 다섯 번째와 여섯 번째 텍스트 사이의 코사인 유사도를 확인하기 위해 다음 코드를 작성한다.

```
cosine_similarity(tfidf_results[4],tfidf_results[5])
```

이 코드의 출력은 다음과 같다.

```
array([[0.80368547]])
```

그림 2.49 코사인 유사도

단어 구름

숫자 데이터의 경우와 달리, 텍스트 데이터를 시각적으로 표현할 수 있는 방법은 거의 없다. 텍스트 데이터를 시각화하는 가장 일반적인 방법은 단어 구름을 사용하는 것이다. 단어 구름은 토큰(단어)의 크기가 발생한 횟수를 나타내는 텍스트 모음에 대한 시각화를 말한다.

아래 예제를 살펴보자.

예제 27: 단어 구름

이 예제에서는 단어 구름을 사용해 사이킷런의 `fetch_20newsgroups` 텍스트 데이터셋에서 처음 열 개의 기사를 시각화한다. 이 예제를 구현하기 위해 다음 과정을 따라가보자.

1. 주피터 노트북을 연다.

2. 필요한 라이브러리와 데이터셋을 불러온다. 이를 위해 다음 코드를 추가한다.

```
import matplotlib.pyplot as plt
from sklearn.datasets import fetch_20newsgroups
newsgroups_data_sample = fetch_20newsgroups(subset='train')
```

3. 데이터를 제대로 불러왔는지 확인하려면 다음 코드를 입력한다.

```
newsgroups_data_sample['data'][:10]
```

이 코드의 출력은 다음과 같다.

["From: lerxst@wam.umd.edu (where's my thing)\nSubject: WHAT car is this!?\nNntp-Posting-Host: rac3.wam.umd.edu\nOrganizatio
n: University of Maryland, College Park\nLines: 15\n\n I was wondering if anyone out there could enlighten me on this car I s
aw\nthe other day. It was a 2-door sports car, looked to be from the late 60s/\nearly 70s. It was called a Bricklin. The door
s were really small. In addition,\nthe front bumper was separate from the rest of the body. This is \nall I know. If anyone c
an tellme a model name, engine specs, years\nof production, where this car is made, history, or whatever info you\nhave on th
is funky looking car, please e-mail.\n\nThanks,\n- IL\n   ---- brought to you by your neighborhood Lerxst ----\n\n\n\n\n",
 "From: guykuo@carson.u.washington.edu (Guy Kuo)\nSubject: SI Clock Poll - Final Call\nSummary: Final call for SI clock repor
ts\nKeywords: SI,acceleration,clock,upgrade\nArticle-I.D.: shelley.1qvfo9INNc3s\nOrganization: University of Washington\nLine
s: 11\nNNTP-Posting-Host: carson.u.washington.edu\n\nA fair number of brave souls who upgraded their SI clock oscillator have
\nshared their experiences for this poll. Please send a brief message detailing\nyour experiences with the procedure. Top spe
ed attained, CPU rated speed,\nadd on cards and adapters, heat sinks, hour of usage per day, floppy disk\nfunctionality with
800 and 1.4 m floppies are especially requested.\n\nI will be summarizing in the next two days, so please add to the network
\nknowledge base if you have done the clock upgrade and haven't answered this\npoll. Thanks.\n\nGuy Kuo <guykuo@u.washington.
edu>\n",

그림 2.50 사이킷런 데이터셋의 샘플

4. 이제 다음 코드를 추가해 단어 구름을 만든다.

```
other_stopwords_to_remove = ['\\n', 'n', '\\', '>', 'nLines', 'nI',"n'"]
STOPWORDS = STOPWORDS.union(set(other_stopwords_to_remove))
stopwords = set(STOPWORDS)
text = str(newsgroups_data_sample['data'][:10])
wordcloud = WordCloud(width = 800, height = 800,
                background_color ='white',
                max_words=200,
                stopwords = stopwords,
                min_font_size = 10).generate(text)
plt.imshow(wordcloud, interpolation='bilinear')
plt.axis("off")
plt.show()
```

이 코드의 출력은 다음과 같다.

그림 2.51 상위 열 개 기사에 대한 단어 구름 표현

다음 절에서는 종속성 구문 분석 트리와 개체명^{named entity} 같은 다른 시각화 방법을 살펴본다.

다른 시각화 방법들

단어 구름 외에도 텍스트를 시각화하는 다양한 방법이 있다. 가장 인기 있는 방법 중 일부를 소개하면 다음과 같다.

- **종속성 구문 분석 트리를 사용한 문장 시각화**: 일반적으로 문장을 구성하는 문구는 서로 다르다. 종속성 구문 분석 트리^{dependency parse tree}로 알려진 트리 구조를 사용해 이러한 종속성을 표현한다. 예를 들어, 'God helps those who help themselves'라는 문장에서 'helps'라는 단어는 다른 두 단어에 의존한다. 이 단어들은 'God'(도움이 되는 사람)과 'those'(도움을 받는 사람)다.
- **텍스트 모음에서 개체명 시각화**: 이 경우에는 텍스트에서 개체명을 추출하고 다른 색상을 사용해 강조 표시한다.

이 내용을 좀 더 명확하게 이해할 수 있도록 다음 예제를 살펴보자.

예제 28: 다양한 시각화(종속 구문 분석 트리와 개체명)

이 예제에서는 종속 구문 분석 트리와 개체명 사용 같은 다른 시각화 방법을 살펴본다. 이 예제를 구현하기 위해 다음 과정을 따라가보자.

1. 주피터 노트북을 연다.

2. 새 셀을 삽입하고 다음 코드를 추가해 필요한 라이브러리를 불러오자.

```
import spacy
from spacy import displacy
import en_core_web_sm
nlp = en_core_web_sm.load()
```

3. 이제 종속 구문 분석 트리를 사용해 'God helps those who help themselves.'라는 문장을 시각화해본다. 이를 구현하기 위해 다음 코드를 입력하자.

```
doc = nlp('God helps those who help themselves.')
displacy.render(doc, style='dep', jupyter=True)
```

이 코드의 출력은 다음과 같다.

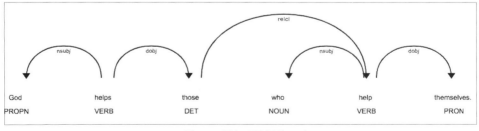

그림 2.52 종속 구문 분석 트리

4. 텍스트 코퍼스의 개체명을 시각화한다. 이를 구현하기 위해 다음 코드를 추가하자.

```
text = 'Once upon a time there lived a saint named Ramakrishna Paramahansa. \
    His chief disciple Narendranath Dutta also known as Swami Vivekananda \
        is the founder of Ramakrishna Mission and Ramakrishna Math.'
doc2 = nlp(text)
displacy.render(doc2, style='ent', jupyter=True)
```

이 코드의 출력은 다음과 같다.

그림 2.53 개체명

이제 다양한 시각화 방법을 배웠으므로, 다음 절에서는 시각화를 기반으로 한 실습을 수행하면서 좀 더 명확히 이해해보자.

실습 4: 텍스트 시각화

이 실습에서는 데이터셋에서 가장 자주 나오는 50개 단어에 대한 단어 구름을 만들어본다. 사용할 데이터셋은 정제되지 않은 임의의 문장들로 구성돼 있다. 먼저, 이것들을 정제하고 자주 발생하는 고유한 단어 집합을 만들어야 한다.

> **참고**
> 이 실습에 사용된 text_corpus.txt 데이터셋은 https://bit.ly/2HQ2luS에서 찾을 수 있다.

이 실습을 구현하기 위해 다음 과정을 따라가보자.

1. 필요한 라이브러리들을 불러온다.

2. 데이터셋을 불러온다.

3. 가져온 데이터에 대해 텍스트 정제, 토큰화, 불용어 제거, 표제어 추출, 형태소 분석과 같은 전처리 단계를 수행한다.

4. 가장 자주 발생하는 50개 단어에 대한 빈도와 함께 고유한 단어 집합을 만든다.

5. 상위 50개 단어에 대한 단어 구름을 만든다.

6. 단어 구름과 계산한 단어 빈도를 비교한다.

> **참고**
>
> 이 실습과 관련된 솔루션은 부록의 실습 3에서 살펴볼 수 있다.

요약

이 장에서는 다양한 유형의 데이터와 비정형 텍스트 데이터를 처리하는 방법을 배웠다. 텍스트 데이터는 일반적으로 어수선하므로 정제하고 전처리해야 한다. 전처리 단계는 주로 토큰화, 어간 추출(형태소 분석), 표제어 추출, 불용어 제거로 구성된다. 전처리 후 BoW와 TF-IDF 같은 다양한 방법을 사용해 텍스트에서 피처를 추출한다. 이 단계는 비정형 텍스트 데이터를 정형 수치 데이터로 변환한다. 피처 엔지니어링이라는 기술을 사용해 기존 피처에서 새 피처를 만들 수 있다. 이 장의 마지막 부분에서는 단어 구름과 같이 텍스트 데이터를 시각화하는 다양한 방법을 살펴봤다.

다음 장에서는 이 장에서 추출한 피처를 사용해 텍스트를 분류하기 위해 머신러닝 모델을 개발하는 방법을 배운다. 또한 다양한 샘플링 기법과 모델 평가 파라미터도 소개한다.

3

텍스트 분류기 개발

이 장에서 다루는 내용은 다음과 같다.

- 다양한 유형의 머신러닝 알고리즘을 설명한다.
- 비지도 학습 방법론과 지도 학습 방법론의 차이를 설명한다.
- 분류와 회귀 문제를 구분한다.
- 다양한 샘플링 기법을 설명한다.
- 엔드 투 엔드$^{end-to-end}$ 텍스트 분류기를 개발한다.
- 정확도, 정밀도, 재현율 등과 같은 지표를 사용해 모델을 평가할 수 있다.
- NLP 프로젝트 간소화를 위해 파이프라인을 구축할 수 있다.
- 모델을 저장하고 불러온다.

이 장에서는 다양한 유형의 머신러닝 알고리즘을 배우고, 이를 활용해 분류기를 개발한다.

▍ 소개

이전 장에서는 정형화되지 않은 텍스트에 대해 피처를 추출하는 데 사용하는 토큰화, 어간 추출, 표제어 추출, 불용어 제거 등과 같은 다양한 추출 방법을 배웠다. 또한 단어 모음(BoW)과 TF-IDF도 다뤘다.

이 장에서는 이러한 추출된 피처를 사용해 머신러닝 모델을 개발하는 방법을 배운다. 이 모델들은 텍스트로 전달되는 감성이 긍정인지 부정인지를 알아내고, 이메일이 스팸인지 아닌지를 예측하는 등 현실적 문제를 해결할 수 있다. 또한 지도 학습과 비지도 학습, 분류와 회귀, 데이터 샘플링 및 분할 같은 개념을 살펴보고, 모델의 성능을 자세히 평가하는 것을 다룰 것이다. 이 장에서는 향후에 사용하기 위해 이러한 모델을 불러오고 저장하는 방법도 다룬다.

▍ 머신러닝

머신러닝machine learning은 데이터셋에 존재하는 패턴을 이해하는 과정을 말한다. 이는 기계가 주어진 데이터로부터 학습하고 명시적으로 프로그래밍하지 않고도 적절한 결과를 도출하는 데 사용한다. 기본적으로 머신러닝 알고리즘은 이들이 작업하고 모델을 만들 수 있는 많은 양의 데이터를 공급받는다. 이 모델은 나중에 기업들이 미래에 대한 분석과 전략을 수립하는 데 도움이 되는 솔루션을 개발하기 위해 사용한다.

머신러닝은 지도 학습과 비지도 학습으로 분류된다. 다음 절에서 이들을 자세히 알아보자.

비지도 학습

비지도 학습은 레이블^{label}이 없는 데이터 내에서 알고리즘이 패턴을 학습하는 방법이다. 레이블(지도)이 없기 때문에 비지도 학습이라고 부른다. 비지도 학습에서는 피처 데이터를 알고리즘에 전달하고, 이 알고리즘은 데이터로부터 스스로 패턴을 배운다.

비지도 학습은 클러스터링^{clustering}과 연관성 분석으로 좀 더 나눠볼 수 있다.

- **클러스터링**

  비지도 학습에 사용하는 데이터는 레이블이 달려 있지 않다. 예를 들어 그들의 속성에 따라 나눠야 하는 학생이 50명이라면, 어떤 특정 속성(또는 속성들)을 사용해 그룹을 만들지 않는다. 오히려 그 속성에 내재된 숨겨진 패턴을 학습해서 이에 따라 나누려고 한다. 이 과정은 클러스터 분석^{cluster analysis} 또는 클러스터링(비지도 학습에서 가장 자주 사용하는 유형 중 하나)으로 알려져 있다. 텍스트 문서 집합을 받았을 때, 이것들은 클러스터링을 사용해 유사한 그룹들로 나눌 수 있다. 클러스터링의 실제 예제는 구글과 같은 검색 엔진에서 무언가를 검색할 때 유사한 페이지나 링크를 추천해주는 것이다. 이러한 추천은 문서 클러스터링으로 동작한다.

- **연관성 분석**

  비지도 학습의 또 다른 유형은 연관 규칙 마이닝^{association rule mining}이다. 자주 함께 발생하는 항목들의 그룹을 얻기 위해 연관 규칙 마이닝을 사용한다. 연관 규칙 마이닝의 가장 일반적인 사용 사례는 고객의 구매 패턴을 찾아내는 것이다. 예를 들어, 특정 슈퍼마켓에서 우유와 빵을 사는 경향이 있는 고객들은 일반적으로 치즈를 사는 경향이 있다고 하자. 그렇다면, 이와 같은 정보는 슈퍼마켓 배치를 설계하는 데 사용할 수 있다. 이러한 알고리즘을 이론적으로 상세히 설명하는 내용은 이 장의 범위를 벗어난다.

비지도 학습의 개념과 유형을 알아봤으므로, 다음 절에서는 다양한 유형의 클러스터링을 다룰 것이다.

계층적 클러스터링

이 알고리즘에서는 요구 사항에 따라 클러스터 개수를 변경할 수 있다. 먼저, 각 인스턴스 쌍(데이터 포인트) 사이의 거리로 구성된 행렬을 만든다. 그런 다음, 덴드로그램 dendrogram을 구성하기 위해 병합agglomerative(상향bottom-up) 또는 분할divisive(하향top-down)이라는 두 가지 접근 방식 중 하나를 따른다. 덴드로그램은 클러스터 사이의 거리를 기준으로 트리(나무) 형태의 클러스터를 나타낸 것이다. 필요한 클러스터 개수에 해당하는 위치에서 트리를 자른다.

예를 들어 열 개의 문서가 있는 경우, 그 속성(포함된 단어 개수, 단락 수, 문장 부호 개수, 기타 등)에 따라 여러 범주로 그룹화하는 경우, 어떤 고정된 개수의 범주를 모르는 경우, 계층적 클러스터링을 활용한다. 먼저 열 개의 문서 집합에서 각 문서 쌍 사이의 거리를 계산한다. 거리는 문서 간 유사도의 역수라고 할 수 있다. 이어서 덴드로그램을 만들기 위해 병합(상향) 또는 분할(하향)을 사용한다. 마지막으로, 적절한 수의 클러스터를 얻기 위해 여러 위치에서 덴드로그램을 잘라낸다.

다음 절에서는 계층적 클러스터링hierarchical clustering을 좀 더 명확하게 이해시켜주는 예제를 살펴본다.

예제 29: 계층적 클러스터링

이 예제에서는 sklearn의 fetch_20newsgroups 데이터셋에 있는 텍스트 문서에서 네 개의 클러스터를 만들어본다. 계층적 클러스터링을 활용할 것이며, 클러스터를 생성하면 실제 범주와 비교해볼 것이다. 이 예제를 구현하기 위해 다음 과정을 따라가보자.

1. 주피터 노트북을 연다.
2. 필요한 라이브러리를 불러오기 위해 새로운 셀을 삽입하고 다음 코드를 추가한다.

```
from sklearn.datasets import fetch_20newsgroups
from scipy.cluster.hierarchy import ward, dendrogram
import matplotlib as mpl
from scipy.cluster.hierarchy import fcluster
from sklearn.metrics.pairwise import cosine_similarity
import pandas as pd
import numpy as np
import matplotlib.pyplot as plt
%matplotlib inline
import re
import string
from nltk import word_tokenize
from nltk.corpus import stopwords
from nltk.stem import WordNetLemmatizer
from sklearn.feature_extraction.text import TfidfVectorizer
from collections import Counter
from pylab import *
import nltk
import warnings
warnings.filterwarnings('ignore')
```

3. 불용어 리스트와 nltk로부터 WordNet 코퍼스를 다운로드한다. 이를 구현하기 위해 새로운 셀을 삽입하고 다음 코드를 추가하자.

```
nltk.download('stopwords')
stop_words=stopwords.words('english')
stop_words=stop_words+list(string.printable)
nltk.download('wordnet')
lemmatizer=WordNetLemmatizer()
```

4. 불러오기를 원하는 뉴스 범주를 지정한다. 이를 위해 다음 코드를 추가하자.

```
categories= ['misc.forsale', 'sci.electronics', 'talk.religion.misc']
```

5. 데이터셋을 불러오기 위해 다음 코드를 사용한다.

```
news_data = fetch_20newsgroups(subset='train', categories=categories,shuffle=T
rue, random_state=42, download_if_missing=True)
```

6. 불러온 내용에서 데이터를 확인하기 위해 다음 코드를 추가한다.

```
news_data['data'][:5]
```

이 코드를 실행한 결과는 다음과 같다.

```
['From: Steve@Busop.cit.wayne.edu (Steve Teolis)\nSubject: Re: *** TurboGrafx System For SALE ***\nOrganiz
ation: Wayne State University\nLines: 38\nDistribution: na\nNNTP-Posting-Host: 141.217.75.24\n\n\nTurboGraf
x-16 Base Unit (works like new) with:\n>          1 Controller\n>          AC Adapter\n>          Antenna hookup\n>
* Games:\n>          Kieth Courage\n>          Victory Run\n>          Fantasy Zone\n>          Military Madne
ss\n>          Battle Royal\n>          Legendary Axe\n>          Blazing Lasers\n>          Bloody Wolf\n>\n>
----------------------------\n>* Will sell games separatley at $25 each\n> ------------------------
----------------\n\nYour kidding, $210.00, man o man, you can buy the system new for $49.00 at \nElectro
nic Boutique and those games are only about $15 - $20.00 brand new.  \nMaybe you should think about that p
rice again if you REALLY need the money.\n\n\n\n\n\n\n
-=-=-=-=-=-=-\n          \n          Wayne State University          \n
\n                    Steve Teolis          \n          6050 Cass Ave. #
238       \n          Detroit, MI  48202          \n          \n
\n          Steve@Busop.cit.wayne.edu          \n -=-=-=-=-=-=-=-=-=-=-
-=-=-=-\n',
```

그림 3.1 처음 다섯 개의 뉴스 기사

7. 뉴스 기사의 범주를 확인하기 위해 새로운 셀을 삽입하고 다음 코드를 추가하자.

```
news_data.target
```

이 코드를 실행한 결과는 다음과 같다.

```
array([0, 0, 1, ..., 0, 1, 0])
```

그림 3.2 뉴스 데이터에 해당하는 정답(타깃)

여기서 0은 'misc.forsale', 1은 'sci.electronics', 2는 'talk.religion.misc'
범주를 나타낸다.

8. 다룰 범주를 확인하기 위해 다음 코드를 추가하자.

```
news_data.target_names
```

이 코드를 실행한 결과는 다음과 같다.

```
['misc.forsale', 'sci.electronics', 'talk.religion.misc']
```

그림 3.3 뉴스 데이터에 해당하는 정답(타깃) 이름들

9. news_data와 해당 범주들을 판다스 데이터프레임에 저장하고 확인하기 위해 다음 코드를 작성한다.

```
news_data_df = pd.DataFrame({'text' : news_data['data'], 'category': news_data.target})
news_data_df.head()
```

이 코드를 실행한 결과는 다음과 같다.

	text	category
0	From: Steve@Busop.cit.wayne.edu (Steve Teolis)...	0
1	From: jks2x@holmes.acc.Virginia.EDU (Jason K. ...	0
2	From: wayne@uva386.schools.virginia.edu (Tony ...	1
3	From: lihan@ccwf.cc.utexas.edu (Bruce G. Bostw...	1
4	From: myoakam@cis.ohio-state.edu (micah r yoak...	0

그림 3.4 데이터프레임에 저장된 범주에 해당하는 뉴스 데이터 텍스트 코퍼스

10. 데이터셋에서 각 범주가 몇 번 나타났는지 확인하기 위해 다음 코드를 작성한다.

```
news_data_df['category'].value_counts()
```

이 코드를 실행한 결과는 다음과 같다.

```
1      591
0      585
2      377
Name: category, dtype: int64
```

그림 3.5 각 범주에 속한 뉴스 기사 개수

11. 다음 단계에서는 람다^{lambda} 함수를 사용해 news_data_df 데이터프레임에 있는 각 text에서 토큰들을 추출하고, 이러한 토큰이 불용어인지 여부를 확인해 표제어 추출하고, 나란히 연결한다. 단어 리스트를 하나의 문장으로 연결하기 위해 join 함수를 사용한다. 알파벳, 숫자, 공백 문자^{whitespace}가 아닌 다른 것을 빈 공간^{blank space}으로 대체하기 위해 정규 표현식(re)을 사용한다. 이를 위해 다음 코드를 추가하자.

```
news_data_df['cleaned_text'] = news_data_df['text'].apply(\
lambda x : ' '.join([lemmatizer.lemmatize(word.lower()) \
    for word in word_tokenize(re.sub(r'([^\s\w]|_)+', ' ', str(x))) if word.
lower() not in stop_words]))
```

12. TF-IDF 행렬을 생성하고 데이터프레임으로 변환한다. 이를 위해 다음 코드를 추가하자.

```
tfidf_model = TfidfVectorizer(max_features=200)
tfidf_df = pd.DataFrame(tfidf_model.fit_transform(news_data_df['cleaned_
text']).todense())
tfidf_df.columns = sorted(tfidf_model.vocabulary_)
tfidf_df.head()
```

이 코드를 실행한 결과는 다음과 같다.

	00	10	100	12	14	15	16	20	25	30	...	well	wire	wiring	without	word	work	world	would	
0	0.435655	0.0	0.000000	0.0	0.000000	0.127775	0.136811	0.127551	0.133311	0.0	...	0.0	0.0	0.0	0.0	0.0	0.113042	0.000000	0.000000	0.
1	0.000000	0.0	0.000000	0.0	0.000000	0.294937	0.000000	0.000000	0.000000	0.0	...	0.0	0.0	0.0	0.0	0.0	0.000000	0.000000	0.000000	0.
2	0.000000	0.0	0.000000	0.0	0.000000	0.000000	0.000000	0.000000	0.000000	0.0	...	0.0	0.0	0.0	0.0	0.0	0.000000	0.000000	0.000000	0.
3	0.000000	0.0	0.000000	0.0	0.000000	0.000000	0.000000	0.000000	0.000000	0.0	...	0.0	0.0	0.0	0.0	0.0	0.000000	0.142267	0.106317	0.
4	0.000000	0.0	0.207003	0.0	0.191897	0.182138	0.000000	0.000000	0.000000	0.0	...	0.0	0.0	0.0	0.0	0.0	0.000000	0.000000	0.000000	0.

5 rows × 200 columns

그림 3.6 데이터프레임으로 변환된 TF–IDF 표현

13. 이 단계에서는 문서들의 TF–IDF 표현에 대한 코사인 유사도를 1에서 빼서 거리 행렬을 만들 것이다. ward 함수는 계층적 클러스터링에 사용하는 연결 linkage 행렬을 만드는 데 사용한다. 이를 위해 다음 코드를 추가하자.

```
dist = 1 - cosine_similarity(tfidf_df)
linkage_matrix = ward(dist)
```

14. 이제 마지막 네 개의 클러스터만 남기기 위해 덴드로그램을 자를 것이다. 덴드로그램의 잎leaf은 데이터 포인트인 개별 인스턴스instance를 가리키고, leaf_rotation은 잎 레이블을 회전시키는 각도를 나타낸다. 또한 leaf_font_size는 잎 레이블의 글꼴 크기를 나타낸다. 이를 구현하기 위해 다음 코드를 추가하자.

```
# 마지막 네 개 클러스터만 보기 위해 덴드로그램 자르기
plt.title('Hierarchical Clustering using truncated Dendrogram')
plt.xlabel('clustered documents')
plt.ylabel('distance')
dendrogram(
    linkage_matrix,
    truncate_mode='lastp', # 병합한 후에 마지막 p개 클러스터만 출력
    p=4, # p는 병합한 후에 남겨놓을 클러스터 개수
    leaf_rotation=90.,
    leaf_font_size=12.
    )
plt.show()
```

이 코드를 실행한 결과는 다음과 같다.

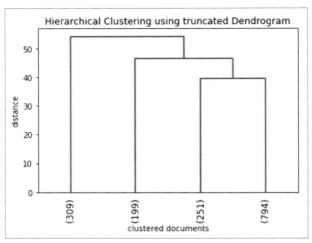

그림 3.7 잘라낸 덴드로그램

15. 계층적 클러스터링으로 얻은 범주 레이블을 얻기 위해 `fcluster()` 함수를 사용한다.

```
k=4
clusters = fcluster(linkage_matrix, k, criterion='maxclust')
clusters
```

이 코드를 실행한 결과는 다음과 같다.

```
array([3, 3, 3, ..., 4, 4, 1], dtype=int32)
```

그림 3.8 예측한 클러스터 레이블

16. 마지막으로, 결과로 얻은 클러스터와 실제 뉴스 기사의 범주를 비교하기 위해 `crosstab` 함수를 사용한다. 이를 구현하기 위해 다음 코드를 추가한다.

```
news_data_df['obtained_clusters'] = clusters
pd.crosstab(news_data_df['category'].replace({0:'misc.forsale', 1:'sci.
electronics', 2:'talk.religion.misc'}),\
    news_data_df['obtained_clusters'].\
```

```
        replace({1 : 'cluster_1', 2 : 'cluster_2', 3 : 'cluster_3', 4:
'cluster_4'}))
```

이 코드를 실행한 결과는 다음과 같다.

obtained_clusters	cluster_1	cluster_2	cluster_3	cluster_4
category				
misc.forsale	155	0	230	200
sci.electronics	110	1	19	461
talk.religion.misc	44	198	2	133

그림 3.9 실제 범주와 얻은 클러스터 사이의 빈도표

계층적 클러스터링을 활용한 클러스터 생성 방법을 배웠다. 다음 절에서는 또 다른 클러스터링 구조인 K-평균 클러스터링K-means clustering을 살펴본다.

K-평균 클러스터링

이 알고리즘에서는 주어진 인스턴스(데이터 포인트data point)를 k개의 그룹으로 구분한다 (여기서 k는 자연수다). 먼저 k개의 센트로이드centroid(중심점)들을 선택한다. 각 인스턴스를 가장 가까운 센트로이드에 할당해 k개의 그룹을 만든다. 이 과정이 할당 단계다. 다음으로 업데이트 단계가 이어진다.

업데이트 단계에서는 이 k개의 그룹 각각에 대한 새로운 센트로이드가 계산된다. 데이터 포인트들은 가장 가까운 새로 계산한 중심점에 재할당된다. 데이터 포인트의 할당이 더 이상 변경되지 않을 때까지 할당 단계와 업데이트 단계를 반복적으로 진행한다.

예를 들어, 열 개의 문서를 갖고 있다고 가정하자. 문서에 포함된 단어 개수, 문단이나 문장 부호 등의 개수를 속성으로 사용해 세 가지 범주로 그룹화할 경우, k는 3이다. 먼저 세 개의 센트로이드(중심점)를 선택해야 한다. 초기화 단계에서 이 열 개의 문서를 각각 이 세 개의 범주 중 하나에 할당해 세 개의 그룹을 만든다. 업데이트 단계에서는 새로 형성된 세 개 그룹의 센트로이드를 계산한다. 최적의 클러스터 개수, 즉 k를 정하기 위해 여러 k 값에 대해 k-means 클러스터링을 실행하고 그 성능을 기록한다(오차 제곱합). 가장 낮은 오차 제곱합을 갖는 k를 선택한다. 이 방법을 팔꿈치 방법^{elbow method}이라고 한다.

다음 절에서는 k-평균 클러스터링을 좀 더 명확히 이해하기 위해 예제를 살펴본다.

예제 30: K-평균 클러스터링

이 예제에서는 k-평균 클러스터링을 사용해 사이킷런의 `fetch_20newsgroups` 텍스트 데이터셋에 있는 텍스트 문서를 네 개의 클러스터로 만들 것이다. 이 클러스터들을 실제 범주와 비교해보고 팔꿈치 방법을 사용해 최적의 클러스터 수를 얻어본다. 이 예제를 구현하기 위해 다음 과정을 따라가보자.

1. 주피터 노트북을 연다.

2. 필요한 라이브러리를 불러오기 위해 새로운 셀을 열고 다음 코드를 추가하자.

```python
import pandas as pd
from sklearn.datasets import fetch_20newsgroups
import matplotlib.pyplot as plt
%matplotlib inline
import re
import string
from nltk import word_tokenize
from nltk.corpus import stopwords
from nltk.stem import WordNetLemmatizer
from sklearn.feature_extraction.text import TfidfVectorizer
from collections import Counter
from pylab import *
import nltk
import warnings
warnings.filterwarnings('ignore')
import seaborn as sns;
sns.set()
```

```
import numpy as np
from scipy.spatial.distance import cdist
from sklearn.cluster import KMeans
```

3. 영어에 대한 불용어만 사용해보자. 또한 표제어 추출을 위해 WordNet 코퍼스를 사용할 것이다. 이를 구현하기 위해 다음 코드를 추가한다.

```
stop_words = stopwords.words('english')
stop_words = stop_words + list(string.printable)
lemmatizer = WordNetLemmatizer()
```

4. 가져온 뉴스 기사의 범주를 지정하기 위해 다음 코드를 추가한다.

```
categories= ['misc.forsale', 'sci.electronics', 'talk.religion.misc']
```

5. 데이터셋을 불러오기 위해 다음 코드를 추가한다.

```
news_data = fetch_20newsgroups(subset='train', categories=categories,
    shuffle=True, random_state=42, download_if_missing=True)
```

6. 이제 news_data_df 데이터프레임에 있는 각 text로부터 토큰을 추출하기 위해 lambda 함수를 사용할 것이다. 또한 이 토큰들이 불용어인지 확인하고, 표제어를 추출한 후 차례대로 이어 붙인다. 단어들의 리스트를 하나의 문장으로 연결하기 위해 join 함수를 사용한다. 알파벳, 숫자, 공백 문자 이외의 것을 빈 공간으로 대체하기 위해 정규 표현식(re)을 사용할 것이다. 이를 구현하기 위해 다음 코드를 추가하자.

```
news_data_df['cleaned_text'] = news_data_df['text'].apply(\
    lambda x : ' '.join([lemmatizer.lemmatize(word.lower()) \
        for word in word_tokenize(re.sub(r'([^\s\w]|_)+', ' ', str(x))) if
word.lower() not in stop_words]))
```

7. 다음 코드는 TF-IDF 행렬을 만들고 데이터프레임으로 변환하는 데 사용한다.

```
tfidf_model=TfidfVectorizer(max_features=200)
tfidf_df=pd.DataFrame(tfidf_model.fit_transform(news_data_df['cleaned_text']).
todense())
tfidf_df.columns=sorted(tfidf_model.vocabulary_)
tfidf_df.head()
```

이 코드의 출력은 다음과 같다.

	00	10	100	12	14	15	16	20	25	30	...	well	wire	wiring	without	word
0	0.435655	0.0	0.000000	0.0	0.000000	0.127775	0.136811	0.127551	0.133311	0.0		0.0	0.0	0.0	0.0	0.0
1	0.000000	0.0	0.000000	0.0	0.000000	0.294937	0.000000	0.000000	0.000000	0.0		0.0	0.0	0.0	0.0	0.0
2	0.000000	0.0	0.000000	0.0	0.000000	0.000000	0.000000	0.000000	0.000000	0.0		0.0	0.0	0.0	0.0	0.0
3	0.000000	0.0	0.000000	0.0	0.000000	0.000000	0.000000	0.000000	0.000000	0.0		0.0	0.0	0.0	0.0	0.0
4	0.000000	0.0	0.207003	0.0	0.191897	0.182138	0.000000	0.000000	0.000000	0.0		0.0	0.0	0.0	0.0	0.0

5 rows × 200 columns

그림 3.10 데이터프레임 형태의 TF-IDF 표현

8. 이 단계에서는 뉴스 기사에 대한 TF-IDF 표현으로부터 네 개의 클러스터를 만들기 위해 사이킷런의 KMeans 함수를 사용한다. 이를 위해 다음 코드를 추가하자.

```
kmeans = KMeans(n_clusters=4)
kmeans.fit(tfidf_df)
y_kmeans = kmeans.predict(tfidf_df)
news_data_df['obtained_clusters'] = y_kmeans
```

9. 뉴스 기사에서 얻은 실제 범주와 클러스터를 비교하고자 판다스의 crosstab 함수를 사용한다. 이를 위해 다음 코드를 추가한다.

```
pd.crosstab(news_data_df['category'].replace({0:'misc.forsale', 1:'sci.
electronics', 2:'talk.religion.misc'}),\
    news_data_df['obtained_clusters'].replace({0 : 'cluster_1', 1: 'cluster_2',
2 : 'cluster_3', 3: 'cluster_4'}))
```

이 코드의 출력은 다음과 같다.

obtained_clusters	cluster_1	cluster_2	cluster_3	cluster_4
category				
misc.forsale	350	1	98	136
sci.electronics	9	0	420	162
talk.religion.misc	0	230	69	78

그림 3.11 실제 범주와 결과로 얻은 클러스터 간의 빈도표

10. 마지막으로 최적의 k 값, 즉 클러스터 개수를 얻기 위해 k 값을 1부터 6까지 변경해가면서 k-평균 알고리즘을 실행한다. 각 k 값에 대해 오차, 즉 가장 가까운 클러스터의 중심에서 문서까지 거리들의 평균을 저장한다. 그림에서 기울기가 빠르게 변하는 k 값을 찾는다. 이를 구현하기 위해 다음 코드를 추가하자.

```
distortions = []
K = range(1,6)
for k in K:
    kmeanModel = KMeans(n_clusters=k)
    kmeanModel.fit(tfidf_df)
    distortions.append(sum(np.min(cdist(tfidf_df, kmeanModel.cluster_centers_,
'euclidean'), \
        axis=1)) / tfidf_df.shape[0])

plt.plot(K, distortions, 'bx-')
plt.xlabel('k')
plt.ylabel('Distortion')
plt.title('The Elbow Method showing the optimal number of clusters')
plt.show()
```

이 코드의 출력은 다음과 같다.

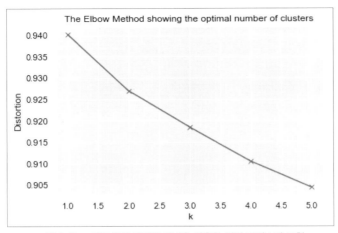

그림 3.12 그래프에서 팔꿈치 방법을 사용한 최적 클러스터 표현

위 그림에서 최적의 클러스터 개수는 두 개라고 결론을 내릴 수 있다. k-평균 클러스터링을 활용해 클러스터를 생성하고 최적의 클러스터 개수를 찾는 방법을 배웠다. 다음 절에서는 지도 학습^{supervised learning}을 배우겠다.

지도 학습

지도 학습 알고리즘은 레이블이 있는 데이터가 필요하며, 제공된 데이터의 다양한 특징을 분석해 레이블을 자동으로 생성하거나 값을 예측하는 방법을 학습한다. 이미 휴대폰에 중요한 문자 메시지를 표시해뒀다고 가정했을 때, 중요하다고 생각돼 이미 표시한 것을 활용해서 매일 모든 메시지에 대해 중요한 메시지를 표시하는 작업을 자동화한다면 이는 지도 학습에 대한 사용 사례가 된다. 여기서 이전에 표시된 메시지를 레이블이 지정된 데이터로 사용할 수 있다. 이 데이터를 사용해 다음과 같은 두 가지 유형의 모델을 만들 수 있다.

- 새 메시지가 중요한지 여부를 분류할 수 있는 기능
- 새 메시지가 중요할 가능성을 예측하는 기능

첫 번째 유형을 분류^{classification}라 하고, 두 번째 유형을 회귀^{regression}라 한다. 다음 절에서 이들을 좀 더 자세히 다루겠다.

분류

두 가지 종류의 음식, 즉 단맛을 내는 유형 1과 짠맛을 내는 유형 2가 있다고 가정할 때 색깔, 향기, 모양, 재료와 같은 음식의 다양한 특성을 이용해 미지의 음식이 어떤 맛을 낼지 결정해야 한다면, 이것은 분류의 한 예가 될 수 있다.

여기서 단맛은 클래스 1이고, 짠맛은 클래스 2다. 이 분류에서 사용되는 피처는 색, 향기, 요리를 준비하는 데 사용되는 성분 등이 있다. 이러한 피처들을 독립변수^{independent variable}라고 한다. 이 클래스(맛이 단지 짠지 여부)를 종속변수^{dependent variable}라고 한다.

이론적으로 분류 알고리즘은 알려지지 않은 데이터셋의 클래스를 결정하기 위해 주어진 데이터셋에서 패턴을 학습하는 알고리즘이다. 가장 널리 사용되는 분류 알고리즘 중 일부는 로지스틱 회귀, 나이브 베이즈, K-최근접 이웃, 트리^{tree} 기반 방법이다. 다음 절에서 각각을 배워보자.

로지스틱 회귀

'회귀'라는 용어가 포함돼 있지만, 로지스틱 회귀^{logistic regression}는 확률적 분류에 사용한다. 이 경우 결과인 종속변수는 정성적^{qualitative}이다. 일반적으로 이 값은 0이나 1로 나타낼 수 있다. 예를 들어, 이메일이 스팸인지 아닌지를 결정해야 한다고 가정하자. 여기서 결정 값(종속변수, 즉 결과)은 이메일이 스팸인 경우 1로 지정할 수 있고, 그렇지 않으면 0이 된다. 독립변수(즉, 피처들)는 특정 키워드의 발생 횟수 등과 같은 이메일의 다양한 속성으로 구성된다.

나이브 베이즈 분류기

로지스틱 회귀처럼 나이브 베이즈 분류기Naive Bayes classifier도 또 다른 확률 분류기의 유형이다. 이는 다음과 같은 베이즈 정리를 기반으로 한다.

$$P(A/B) = \frac{P(B/A)P(A)}{P(B)}$$

이 식에서, A와 B는 사건이고 P(B)는 0이 아니다. P(A/B)는 사건 B가 사실인 경우 사건 A가 발생할 확률이다. P(B)는 사건 B의 발생 확률이다.

학생들이 등록하고 선택 과목에 예약하는 온라인 플랫폼이 있고 이 활동들을 두 부서에서 처리한다고 가정한다면, 학생들은 이 두 단계 중 한 단계로 인해 어려움을 겪을 수 있다. 학생들이 겪는 문제는 원시 텍스트 형태이며, 담당 부서에 할당하기 위해 두 개의 클래스, 즉 등록 이슈와 예약 관련 이슈로 분류해야 한다. 이는 나이브 베이즈 분류기의 한 사용 사례다.

K-최근접 이웃

K-최근접 이웃K-Nearest Neighbor(KNN)은 비모수적 인스턴스를 기반으로 하는 '게으른 학습lazy learning'의 일종이다. '유유상종'이라는 말이 있다. 이는 관심사가 비슷한 사람들끼리 친하게 지내면서 집단을 형성하는 것을 선호한다는 뜻이며, 이러한 특징을 동질성homophily이라고 부른다. 이 사실을 분류에 이용할 수 있다.

미지의 객체를 분류하기 위해 해당 객체와 가장 근접한 k개의 다른 객체의 클래스 레이블을 조사한다. 이들 중 대다수로 발생하는 클래스를 미지의 클래스를 갖는 대상에 배정한다. 텍스트 데이터를 처리할 때 주어진 문서에 대한 '최근접 이웃'은 이 문서와 가장 유사한 다른 문서들로 해석한다.

지금까지 다양한 종류의 분류를 살펴봤으므로, 다음 절에서는 텍스트 분류에 대한 예제를 살펴보자.

예제 31: 텍스트 분류(로지스틱 회귀, 나이브베이즈, KNN)

이 예제에서는 로지스틱 회귀, 나이브 베이즈, KNN과 같은 다양한 분류 알고리즘을 활용해 아마존에 게시된 악기 관련 리뷰들을 분류해본다. 이 예제를 구현하기 위해 다음 과정을 따라가보자.

1. 주피터 노트북을 연다.

2. 필요한 패키지들을 불러오기 위해 새로운 셀을 삽입하고 다음 코드를 추가하자.

```
import pandas as pd
import matplotlib.pyplot as plt
%matplotlib inline
import re
import string
from nltk import word_tokenize
from nltk.stem import WordNetLemmatizer
from sklearn.feature_extraction.text import TfidfVectorizer
from collections import Counter
from pylab import *
import nltk
import warnings
warnings.filterwarnings('ignore')
```

3. 판다스를 사용해 JSON 형식의 데이터 파일을 불러온다. 이를 구현하기 위해 다음 코드를 추가하자.

```
review_data = pd.read_json('data_ch3/reviews_Musical_Instruments_5.json',
    lines=True)
review_data[['reviewText', 'overall']].head()
```

이 코드의 출력은 다음과 같다.

그림 3.13 데이터프레임에 저장된 데이터

4. 람다 함수를 이용해 이 데이터프레임에 있는 각 reviewText에서 토큰들을 추출한 후 이것들을 표제어 추출하고 나란히 연결한다. 단어 리스트를 하나의 문장으로 연결하기 위해 join 함수를 사용한다. 알파벳, 숫자, 공백 문자가 아닌 다른 것을 빈 공간으로 대체하기 위해 정규 표현식(re)을 사용한다. 이를 구현하기 위해 다음 코드를 추가하자.

```
lemmatizer = WordNetLemmatizer()
review_data['cleaned_review_text'] = review_data['reviewText'].apply(\
    lambda x : ' '.join([lemmatizer.lemmatize(word.lower()) \
        for word in word_tokenize(re.sub(r'([^\s\w]|_)+', ' ', str(x)))]))
```

5. reviewText를 정제한 결과로 TF-IDF 행렬 표현을 만들어 데이터프레임을 생성하자. 이를 구현하기 위해 다음 코드를 추가하자.

```
review_data[['cleaned_review_text', 'reviewText', 'overall']].head()
```

이 코드의 출력은 다음과 같다.

그림 3.14 정제하기 이전과 정제한 이후의 리뷰 텍스트와 전체 점수

134

6. 이제 TF-IDF 행렬을 만들고 데이터프레임으로 변환하자. 이를 위해 다음 코드를 추가하자.

```
tfidf_model = TfidfVectorizer(max_features=500)
tfidf_df = pd.DataFrame(tfidf_model.fit_transform(review_data['cleaned_review_
text']).todense())
tfidf_df.columns = sorted(tfidf_model.vocabulary_)
tfidf_df.head()
```

이 코드의 출력은 다음과 같다.

	10	100	12	20	34	able	about	accurate	acoustic	actually	...	won	work	worked	worth	would	wrong	year	yet	you	you
0	0.0	0.0	0.0	0.0	0.0	0.000000	0.159684	0.0	0.0	0.0	...	0.0	0.134327	0.0	0.0	0.000000	0.0	0.0	0.0	0.000000	0.00000
1	0.0	0.0	0.0	0.0	0.0	0.000000	0.000000	0.0	0.0	0.0	...	0.0	0.085436	0.0	0.0	0.000000	0.0	0.0	0.0	0.067074	0.00000
2	0.0	0.0	0.0	0.0	0.0	0.000000	0.000000	0.0	0.0	0.0	...	0.0	0.000000	0.0	0.0	0.115312	0.0	0.0	0.0	0.079880	0.11198
3	0.0	0.0	0.0	0.0	0.0	0.339573	0.000000	0.0	0.0	0.0	...	0.0	0.000000	0.0	0.0	0.000000	0.0	0.0	0.0	0.000000	0.00000
4	0.0	0.0	0.0	0.0	0.0	0.000000	0.000000	0.0	0.0	0.0	...	0.0	0.000000	0.0	0.0	0.000000	0.0	0.0	0.0	0.303608	0.00000

그림 3.15 데이터프레임 형태의 TF-IDF 표현

7. 다음 코드는 overall 파라미터가 4보다 작으면 0, 4보다 크면 1을 갖는 target이라는 새로운 열을 만드는 데 사용한다. 이를 구현하기 위해 다음 코드를 추가하자.

```
review_data['target'] = review_data['overall'].apply(lambda x : 0 if x<=4 else
1)
review_data['target'].value_counts()
```

이 코드의 출력은 다음과 같다.

```
1    6938
0    3323
Name: target, dtype: int64
```

그림 3.16 각 target 값에 대한 발생 빈도

8. 정제한 리뷰들로 만든 TF-IDF 표현에 대해 로지스틱 회귀 모델을 적합[fit]시키

기 위해 사이킷런의 LogisticRegression() 함수를 사용한다. 이를 구현하기 위해 다음 코드를 추가하자.

```
from sklearn.linear_model import LogisticRegression
logreg = LogisticRegression()
logreg.fit(tfidf_df,review_data['target'])
predicted_labels = logreg.predict(tfidf_df)
logreg.predict_proba(tfidf_df)[:,1]
```

이 코드의 출력은 다음과 같다.

```
array([0.57128804, 0.68592538, 0.56024427, ..., 0.65982122, 0.55011385,
       0.21210023])
```

그림 3.17 로지스틱 회귀의 출력

9. 나아가 판다스의 crosstab 함수를 사용해 분류 모델의 결과와 리뷰의 실제 클래스(이 예제에서는 target)를 비교한다. 이를 위해 다음 코드를 추가하자.

```
review_data['predicted_labels'] = predicted_labels
pd.crosstab(review_data['target'], review_data['predicted_labels'])
```

이 코드를 실행한 결과는 다음과 같다.

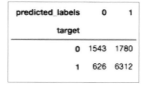

그림 3.18 실제 target 값과 예측한 레이블 사이의 빈도표

10. 이 단계에서는 정제한 후의 리뷰에 대한 TF-IDF 표현에 가우시안 나이브 베이즈Gaussian Naive Bayes 모델을 적합시키기 위해 사이킷런의 GaussianNB() 함수를 사용할 것이다. 이를 위해 다음 코드를 추가하자.

```
from sklearn.naive_bayes import GaussianNB
nb = GaussianNB()
nb.fit(tfidf_df,review_data['target'])
predicted_labels = nb.predict(tfidf_df)
nb.predict_proba(tfidf_df)[:,1]
```

이 코드를 실행한 결과는 다음과 같다.

```
array([9.97730158e-01, 3.63599675e-09, 9.45692105e-07, ...,
       2.46001047e-02, 3.43660991e-08, 1.72767906e-27])
```

그림 3.19 나이브 베이즈 모델을 사용해 예측한 값

11. 나아가 판다스의 crosstab 함수를 사용해 분류 모델의 결과와 리뷰의 실제 클래스(이 예제에서는 target)를 비교한다. 이를 위해 다음 코드를 추가하자.

```
review_data['predicted_labels_nb'] = predicted_labels
pd.crosstab(review_data['target'], review_data['predicted_labels_nb'])
```

이 코드를 실행한 결과는 다음과 같다.

predicted_labels_nb	0	1
target		
0	2333	990
1	2380	4558

그림 3.20 실제 target 값과 예측한 레이블 사이의 빈도표

12. 정제한 후의 리뷰에 대한 TF-IDF 표현에 3-최근접 이웃 모델을 적합시키기 위해 사이킷런의 KNeighborsClassifier() 함수를 사용할 것이다. 나아가 판다스의 crosstab 함수를 사용해 분류 모델의 결과와 리뷰의 실제 클래스(이 예제에서는 target)를 비교한다.

```
from sklearn.neighbors import KNeighborsClassifier
knn = KNeighborsClassifier(n_neighbors=3)
knn.fit(tfidf_df,review_data['target'])
review_data['predicted_labels_knn'] = knn.predict(tfidf_df)
pd.crosstab(review_data['target'], review_data['predicted_labels_knn'])
```

이 코드를 실행한 결과는 다음과 같다.

predicted_labels_knn	0	1
target		
0	2594	729
1	375	6563

그림 3.21 실제 target 값과 KNN으로 예측한 레이블 사이의 빈도표

여기서 target 레이블을 0으로 정확하게 분류한 2,594개의 인스턴스와 잘못 분류한 729개의 인스턴스를 확인할 수 있다. 또한 target 레이블이 1인 6,563개의 인스턴스는 정확하게 분류했지만, 375개의 인스턴스는 잘못 분류했다.

다양한 분류 알고리즘을 활용해 텍스트 분류를 수행하는 방법을 방금 배웠다. 다음 절에서는 또 다른 유형의 지도 학습인 회귀분석을 다룬다.

회귀

실례를 들어 회귀를 이해해보자. 여러 사람의 사진과 그들의 나이 데이터를 갖고 있으며 사진을 통해 여러 사람들의 나이를 예측해야 한다면, 이것은 회귀의 사용 사례라 할 수 있다.

회귀의 경우 종속변수, 즉 이 예시에서 나이는 연속적이다. 독립변수, 즉 피처들은 각 픽셀의 색 강도와 같은 영상의 속성들로 구성된다. 이론적으로 회귀분석은 피처나 예측변수(입력)와 종속변수(출력)를 연관시키는 매핑 함수를 학습시키는 과정을 말한다.

회귀에는 단변량 회귀univariate regression, 다변량 회귀multivariate regression, 단순 회귀simple regression, 다중 회귀multiple regression, 선형 회귀linear regression, 비선형 회귀non-linear regression, 다항식 회귀polynomial regression, 단계적 회귀stepwise regression, 리지(능형) 회귀ridge regression, 라소 회귀lasso regression, 일래스틱 넷 회귀elastic net regression 등과 같은 다양한 유형이 있다.

만약 하나의 종속변수가 있다면, 그것은 단변량 회귀라 부른다. 한편 두 개 이상의 종속변수는 다변량 회귀분석을 구성한다. 단순 회귀분석은 예측변수, 즉 피처를 하나만 갖고 있다. 다변량 회귀분석은 둘 이상의 예측변수를 갖는다. 다음 절에서는 선형 회귀분석을 자세히 다룬다.

선형 회귀

'선형'이라는 용어가 무엇을 의미하는지 이해해보자. 여기서 '선형'이라는 용어는 파라미터(모수)의 선형성을 나타낸다. 파라미터(모수)는 선형 회귀식의 예측변수에 대한 계수다. 다음 식은 선형 회귀식을 나타낸다.

$$y = \beta_0 + \beta_1 X + \epsilon$$

여기서 y는 종속변수(출력)라고 하며 연속형이다. X는 독립변수 또는 피처(입력)다. β_0과 β_1은 파라미터(모수)다. ε은 오차 구성 요소이며, 실제 값과 y의 예측 값 간의 차이다. 다음 절에서는 회귀분석을 더 명확히 이해하기 위해 예제 문제를 해결해보자.

예제 32: 텍스트 데이터를 사용한 회귀분석

이 예제에서는 아마존에 게시된 악기 관련 리뷰의 전체 점수를 예측하기 위해 회귀를 사용할 것이다. 이 예제를 구현하기 위해 다음 과정을 따라가보자.

1. 주피터 노트북을 연다.

2. 필요한 패키지를 불러오기 위해 새로운 셀을 삽입하고 다음 코드를 추가하자.

```
import pandas as pd
import matplotlib.pyplot as plt
%matplotlib inline
import re
import string
from nltk import word_tokenize
from nltk.stem import WordNetLemmatizer
from sklearn.feature_extraction.text import TfidfVectorizer
from collections import Counter
from pylab import *
import nltk
import warnings
warnings.filterwarnings('ignore')
```

3. 이제 JSON 형식으로 구성된 주어진 데이터 파일을 pandas를 활용해 읽어올 것이다. 이를 구현하기 위해 다음 코드를 추가하자.

```
review_data = pd.read_json('data_ch3/reviews_Musical_Instruments_5.json',
lines=True)
review_data[['reviewText', 'overall']].head()
```

이 코드를 실행한 결과는 다음과 같다.

그림 3.22 데이터프레임 형태로 저장된 악기 관련 리뷰

4. 람다 함수를 이용해 데이터프레임의 각 reviewText에서 토큰들을 추출하고, 토큰들을 표제어 추출한 후 차례대로 결합한다. 단어 리스트를 하나의 문장으

로 연결하기 위해 join 함수를 사용한다. 알파벳, 숫자, 공백 문자가 아닌 다른 것을 빈 공간으로 대체하기 위해 정규 표현식(re)을 사용한다. 이를 구현하기 위해 다음 코드를 추가하자.

```
lemmatizer = WordNetLemmatizer()
review_data['cleaned_review_text'] = review_data['reviewText'].apply(\
    lambda x : ' '.join([lemmatizer.lemmatize(word.lower()) \
        for word in word_tokenize(re.sub(r'([^\s\w]|_)+', ' ', str(x)))]))
review_data[['cleaned_review_text', 'reviewText', 'overall']].head()
```

이 코드를 실행한 결과는 다음과 같다.

	cleaned_review_text	reviewText	overall
0	not much to write about here but it doe exacti...	Not much to write about here, but it does exac...	5
1	the product doe exactly a it should and is qui...	The product does exactly as it should and is q...	5
2	the primary job of this device is to block the...	The primary job of this device is to block the...	5
3	nice windscreen protects my mxl mic and preven...	Nice windscreen protects my MXL mic and preven...	5
4	this pop filter is great it look and performs ...	This pop filter is great. It looks and perform...	5

그림 3.23 정제하기 이전과 정제한 이후의 리뷰 텍스트와 전체 점수

5. 정제한 reviewText에 대한 TF–IDF 행렬 표현으로 데이터프레임을 생성한다. 이를 위해 다음 코드를 추가하자.

```
tfidf_model = TfidfVectorizer(max_features=500)
tfidf_df = pd.DataFrame(tfidf_model.fit_transform(review_data['cleaned_review_
text']).todense())
tfidf_df.columns = sorted(tfidf_model.vocabulary_)
tfidf_df.head()
```

이 코드를 실행한 결과는 다음과 같다.

	10	100	12	20	34	able	about	accurate	acoustic	actually	...	won	work	worked	worth	would	wrong	year	yet	you	you.
0	0.0	0.0	0.0	0.0	0.0	0.000000	0.159684	0.0	0.0	0.0	...	0.0	0.134327	0.0	0.0	0.000000	0.0	0.0	0.0	0.000000	0.00000
1	0.0	0.0	0.0	0.0	0.0	0.000000	0.000000	0.0	0.0	0.0	...	0.0	0.085436	0.0	0.0	0.000000	0.0	0.0	0.0	0.067074	0.00000
2	0.0	0.0	0.0	0.0	0.0	0.000000	0.000000	0.0	0.0	0.0	...	0.0	0.000000	0.0	0.0	0.115312	0.0	0.0	0.0	0.079880	0.11198
3	0.0	0.0	0.0	0.0	0.0	0.339573	0.000000	0.0	0.0	0.0	...	0.0	0.000000	0.0	0.0	0.000000	0.0	0.0	0.0	0.000000	0.00000
4	0.0	0.0	0.0	0.0	0.0	0.000000	0.000000	0.0	0.0	0.0	...	0.0	0.000000	0.0	0.0	0.000000	0.0	0.0	0.0	0.303608	0.00000

5 rows × 500 columns

그림 3.24 데이터프레임 형태의 TF-IDF 표현

6. 이 TF-IDF 데이터프레임에 대해 선형 회귀 모델을 적합시키기 위해 사이킷
   런의 LinearRegression() 함수를 사용해본다. 이를 위해 다음 코드를 추가하자.

```
from sklearn.linear_model import LinearRegression
linreg = LinearRegression()
linreg.fit(tfidf_df,review_data['overall'])
linreg.coef_
```

이 코드를 실행한 결과는 다음과 같다.

```
array([-1.93271993e-01,  5.65226131e-01,  5.63243687e-01, -1.84418658e-01,
       -6.32257431e-02,  3.05320627e-01,  4.95264614e-01,  5.21333693e-01,
        2.65736989e-02,  4.00058256e-01,  5.64020424e-01,  7.56022958e-01,
        1.00174846e-02, -3.06429115e-01, -3.12104234e-01,  3.38294736e-01,
       -6.05747380e-01, -1.04123996e-01,  5.58669738e-02, -1.13320890e-01,
        4.79471129e-01,  1.49528459e-01,  7.79094545e-01, -3.63399268e-01,
        1.25993539e-01, -6.29415006e-02,  4.94517373e-01, -3.34989132e-01,
        2.55374355e-01,  8.84676972e-02, -3.68013360e-01, -1.09910777e-01,
       -7.09777794e-03, -5.15547511e-02,  1.17415090e-01, -8.89213726e-02,
        1.06398798e+00, -1.19791236e+00, -1.14906460e+00,  1.55215016e-01,
       -5.05283241e-01,  2.43200389e-01,  8.56413437e-02, -3.74044994e-02,
       -7.31390217e-03,  9.63911076e-01, -7.82062558e-02,  1.50616236e-01,
       -9.35299622e-02,  1.87239631e-02,  9.34145997e-02,  1.18038260e+00,
       -3.79855115e-01,  4.51076351e-01,  1.11808544e-01,  7.22506502e-03,
        3.60057791e-01,  2.35459334e-01,  1.15359278e-01, -2.48993670e-01,
        1.34437898e-01, -2.99424905e-01, -1.00687767e-01, -3.10436924e-01,
        2.44420457e-02,  1.34593395e-01,  1.52613968e-01,  1.14304224e-01,
        8.46643557e-02, -9.06292369e-02,  1.88909690e-01,  1.71488133e-01,
       -1.37036225e+00,  3.67418288e-01,  3.00925842e-01,  3.45914386e-01,
```

그림 3.25 선형 회귀 모델의 계수

7. 선형 회귀의 절편[intercept]을 확인하기 위해 다음 코드를 입력한다.

```
linreg.intercept_
```

이 코드를 실행한 결과는 다음과 같다.

```
4.218882428983381
```

그림 3.26 선형 회귀 모델의 절편

8. TF–IDF 데이터프레임에 대한 예측을 확인하기 위해 다음 코드를 작성한다.

```
linreg.predict(tfidf_df)
```

```
array([4.19200071, 4.25771652, 4.23084868, ..., 4.40384767, 4.49036403,
       4.14791976])
```

그림 3.27 선형 회귀 모델의 예측

9. 마지막으로, overall 점수를 예측하기 위해 이 모델을 사용해서 predicted_score_from_linear_regression이라는 열에 저장한다. 이를 구현하기 위해 다음 코드를 추가하자.

```
review_data['predicted_score_from_linear_regression'] = linreg.predict(tfidf_
df)
review_data[['overall', 'predicted_score_from_linear_regression']].head(10)
```

이 코드를 실행한 결과는 다음과 같다.

	overall	predicted_score_from_linear_regression
0	5	4.192001
1	5	4.257717
2	5	4.230849
3	5	4.085927
4	5	4.851061
5	5	4.955069
6	5	4.446274
7	3	3.888593
8	5	4.941788
9	5	4.513824

그림 3.28 선형 회귀 모델의 예측 값과 실제 점수

위 표를 통해 다양한 인스턴스에 대한 실제 점수와 예측한 점수가 어떻게 다른지 확인할 수 있다. 나중에 이 표를 사용해 모델의 성능을 평가할 것이다.

주어진 데이터에 대해 회귀분석을 수행하는 방법을 방금 배웠다. 다음 절에서는 트리기반 방법을 다룬다.

트리 기반 방법

분류 형태와 회귀 형태를 모두 갖춘 몇 가지 알고리즘이 있다. 트리 기반 방법은 이러한 경우의 예다. 여기서 '트리(나무)'는 무엇을 의미하는가? 머신러닝의 맥락에서 트리는 의사 결정을 돕는 구조를 말한다. 따라서 '의사 결정 트리decision tree'로 알려져 있다.

앞 예시와 같이 학생들이 등록하고 선택 과목에 예약하는 온라인 플랫폼이 있으며, 이 활동들을 두 부서에서 처리한다고 가정하면 학생들은 이 두 단계 중 한 단계로 인해 어려움을 겪을 수 있다. 학생들이 겪는 문제는 원시 텍스트 형태로, 담당 부서에 할당하기 위해 두 개의 클래스, 즉 등록 이슈와 예약 관련 이슈로 분류해야 한다. 다음 그림은 의사 결정 트리를 나타낸다.

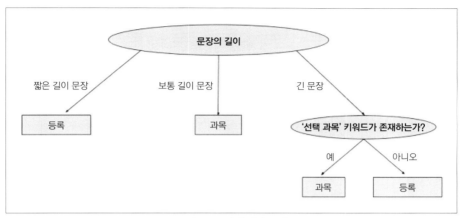

그림 3.29 의사 결정 트리

위 그림에서 첫 번째 판단은 문장의 길이에 따라 이뤄진다. 문장의 길이가 짧으면 등록으로 분류하고, 중간이면 과정으로 분류한다. 마찬가지로 길이가 길면 그 안에 있는 키워드를 찾는다. '선택 과목' 키워드가 존재하면 과정에 속하고, 그렇지 않으면 등록에 속한다.

랜덤 포레스트

특정한 대학에 입학할지 말지를 결정해야 한다고 상상해보자. 한 가지 시나리오에서는 오직 한 사람에게 대학에서 제공하는 교육의 질을 묻는다. 또 다른 시나리오에서는 몇몇 직업 상담사와 학자들에게 이 사항을 물어본다. 어느 시나리오가 더 좋고 가장 안정적인 결정을 내리는 데 도움이 된다고 생각하는가? 두 번째 시나리오다. 그렇지 않은가? 첫 번째 시나리오에서는 상담하고 있는 유일한 사람이 편향을 가질 수도 있기 때문이다. '군중의 지혜'는 편향을 없애는 경향이 있으므로 더 나은 의사 결정에 도움이 된다.

일반적으로 '숲(포레스트forest)'은 다양한 종류의 나무(트리)들이 모인 집합이다. 머신러닝의 경우에도 같은 정의가 적용된다. 예측을 위해 하나의 의사 결정 트리를 사용하는 대신에 이 트리들 중 몇 개를 사용한다.

앞서 설명한 두 가지 시나리오에서 첫 번째 경우는 하나의 의사 결정 트리를 사용하는 것과 같고, 두 번째 경우는 여러 개를 사용하는 것, 즉 '숲(포레스트)'을 사용하는 것과 같다. 랜덤 포레스트에서는 개별 트리들의 투표가 최종 결정에 영향을 미친다. 의사 결정 트리와 마찬가지로 랜덤 포레스트는 분류와 회귀 작업을 수행할 수 있다.

랜덤 포레스트 알고리즘의 장점은 과적합overfitting을 방지하는 배깅bagging이라는 샘플링 기술을 사용한다는 점이다. 과적합은 모델이 학습 데이터셋을 너무 잘 학습해 검증/테스트 데이터셋을 일반화하거나 잘 수행할 수 없는 경우를 말한다. 또한 예측변수와 피처의 중요도를 이해하는 데 도움이 된다. 하지만 랜덤 포레스트를 학습시키는 것은 종종 엄청난 시간과 메모리를 필요로 한다.

GBM과 XGBoost

다른 트리 기반 알고리즘으로는 GBMGradient Boosting Machine과 XGBoosteXtreme Gradient Boosting 같은 다양한 알고리즘이 있다. GBM에서는 약한 학습기를 확인할 수 있다. GBM은 손실 함수와 의사 결정 트리 등과 같은 핵심 요소로 구성돼 있다. 여기서 손실 함수를 최적화해야 한다. 의사 결정 트리는 약한 학습기 역할을 한다. 기존 모델에 의사 결정 트리(약한 학습기)를 점점 더 추가하면 과적합이 되는 경우가 많다. 이를 피하기 위해 XGBoost라는 향상된 버전을 사용한다. XGBoost는 과적합을 방지하기 위해 다양한 일반화regularization 파라미터를 사용한다.

XGBoost가 자주 사용되는 이유는 다음과 같다.

- 결측치를 자동으로 처리할 수 있는 기능
- 빠른 실행 속도
- 적절히 학습한 경우에 높은 정확도를 나타냄
- 하둡Hadoop과 스파크Spark 같은 분산 프레임워크 지원

XGBoost는 학습 단계에서 약한 학습기들의 가중 조합을 사용한다. 다음 절에서는 모든 트리 기반 방법을 실제로 구현하는 예제를 살펴본다.

예제 33: 트리 기반 방법(의사 결정 트리, 랜덤 포레스트, GBM, XGBoost)

이번 예제에서는 의사 결정 트리, 랜덤 포레스트, GBM, XGBoost와 같은 트리 기반 방법을 사용해 아마존의 테라스, 잔디, 정원에 관련된 리뷰들의 전체 점수와 레이블을 예측한다. 이 예제를 구현하기 위해 다음 과정을 따라가보자.

1. 주피터 노트북을 연다.

2. 필요한 패키지를 불러오기 위해 새로운 셀을 삽입하고 다음 코드를 추가하자.

```
import pandas as pd
import matplotlib.pyplot as plt
%matplotlib inline
import re
import string
from nltk import word_tokenize
from nltk.stem import WordNetLemmatizer
from sklearn.feature_extraction.text import TfidfVectorizer
from collections import Counter
from pylab import *
import nltk
import warnings
warnings.filterwarnings('ignore')
```

3. 판다스를 사용해 JSON 형식으로 돼 있는 주어진 데이터 파일을 읽어오자. 이를 구현하기 위해 다음 코드를 추가하자.

```
data_patio_lawn_garden = pd.read_json('data_ch3/reviews_Patio_Lawn_and_
Garden_5.json', lines = True)
data_patio_lawn_garden[['reviewText', 'overall']].head()
```

이 코드의 출력은 다음과 같다.

	reviewText	overall
0	Good USA company that stands behind their prod...	4
1	This is a high quality 8 ply hose. I have had ...	5
2	It's probably one of the best hoses I've ever ...	4
3	I probably should have bought something a bit ...	5
4	I bought three of these 5/8-inch Flexogen hose...	5

그림 3.30 데이터프레임 형태로 저장된 리뷰들

4. 표제어 추출에 WordNet 코퍼스를 사용해본다. 이를 위해 다음 코드를 추가하자.

```
lemmatizer = WordNetLemmatizer()
```

5. 람다 함수를 사용해 news_data_df 데이터프레임에 있는 각 reviewText에서 토큰들을 추출하고, 이러한 토큰이 불용어인지 여부를 확인해 표제어 추출한 후 나란히 연결할 것이다. 단어 리스트를 하나의 문장으로 연결하기 위해 join 함수를 사용한다. 알파벳, 숫자, 공백 문자가 아닌 다른 것을 빈 공간으로 대체하기 위해 정규 표현식(re)을 사용한다. 이를 위해 다음 코드를 추가하자.

```
data_patio_lawn_garden['cleaned_review_text'] = data_patio_lawn_
garden['reviewText'].apply(\
    lambda x : ' '.join([lemmatizer.lemmatize(word.lower()) \
        for word in word_tokenize(re.sub(r'([^\s\w]|_)+', ' ', str(x)))]))
data_patio_lawn_garden[['cleaned_review_text', 'reviewText', 'overall']].
head()
```

이 코드의 출력은 다음과 같다.

	cleaned_review_text	reviewText	overall
0	good usa company that stand behind their produ...	Good USA company that stands behind their prod...	4
1	this is a high quality 8 ply hose i have had g...	This is a high quality 8 ply hose. I have had ...	5
2	it s probably one of the best hose i ve ever h...	It's probably one of the best hoses I've ever ...	4
3	i probably should have bought something a bit ...	I probably should have bought something a bit ...	5
4	i bought three of these 5 8 inch flexogen hose...	I bought three of these 5/8-inch Flexogen hose...	5

그림 3.31 정제하기 이전과 정제한 이후의 리뷰 텍스트와 전체 점수

6. reviewText의 정제된 버전으로 TF-IDF 행렬 표현을 만들고, 이로부터 데이터 프레임을 생성해본다. 이를 위해 다음 코드를 추가하자.

```
tfidf_model = TfidfVectorizer(max_features=500)
tfidf_df = pd.DataFrame(tfidf_model.fit_transform(data_patio_lawn_
garden['cleaned_review_text']).todense())
tfidf_df.columns = sorted(tfidf_model.vocabulary_)
tfidf_df.head()
```

이 코드의 출력은 다음과 같다.

	10	20	34	8217	able	about	actually	add	after	again	...	work	worked	working	worth	would	yard	year	yet	you	you
0	0.0	0.0	0.0	0.0	0.0	0.000000	0.0	0.0	0.120566	0.0	...	0.0	0.0	0.0	0.0	0.0	0.000000	0.0	0.000000	0.161561	0.00000
1	0.0	0.0	0.0	0.0	0.0	0.000000	0.0	0.0	0.000000	0.0	...	0.0	0.0	0.0	0.0	0.0	0.000000	0.0	0.000000	0.000000	0.00000
2	0.0	0.0	0.0	0.0	0.0	0.000000	0.0	0.0	0.000000	0.0	...	0.0	0.0	0.0	0.0	0.0	0.116566	0.0	0.216988	0.000000	0.04935
3	0.0	0.0	0.0	0.0	0.0	0.000000	0.0	0.0	0.000000	0.0	...	0.0	0.0	0.0	0.0	0.0	0.000000	0.0	0.000000	0.000000	0.00000
4	0.0	0.0	0.0	0.0	0.0	0.064347	0.0	0.0	0.070857	0.0	...	0.0	0.0	0.0	0.0	0.0	0.083019	0.0	0.000000	0.000000	0.00000

5 rows × 500 columns

그림 3.32 데이터프레임 형태의 TF-IDF 표현

7. 다음 코드는 새로운 target 열을 만드는 데 사용한다. target 열은 overall 파라미터가 4보다 작으면 0을, 그렇지 않으면 1을 갖는다.

```
data_patio_lawn_garden['target'] = data_patio_lawn_garden['overall'].
apply(lambda x : 0 if x<=4 else 1)
data_patio_lawn_garden['target'].value_counts()
```

이 코드의 출력은 다음과 같다.

```
1     7037
0     6235
Name: target, dtype: int64
```

그림 3.33 각 target 값에 따른 발생 빈도

8. 앞서 만든 TF–IDF 데이터프레임에 대해 의사 결정 트리 분류 모델을 적합시키기 위해 사이킷런의 tree() 함수를 사용할 것이다. 이를 위해 다음 코드를 추가하자.

```
from sklearn import tree
dtc = tree.DecisionTreeClassifier()
dtc = dtc.fit(tfidf_df, data_patio_lawn_garden['target'])
data_patio_lawn_garden['predicted_labels_dtc'] = dtc.predict(tfidf_df)
```

9. 작성한 분류 모델의 결과와 리뷰의 실제 클래스(이 예제에서는 target)를 비교하기 위해 판다스의 crosstab 함수를 사용한다. 이를 위해 다음 코드를 추가하자.

```
pd.crosstab(data_patio_lawn_garden['target'], data_patio_lawn_
garden['predicted_labels_dtc'])
```

이 코드의 출력은 다음과 같다.

predicted_labels_dtc	0	1
target		
0	6227	8
1	1	7036

그림 3.34 실제 target 값과 예측한 레이블 간의 빈도표

target 레이블 0으로 제대로 분류된 6,627개의 인스턴스와 잘못 분류된 여덟 개의 인스턴스를 확인할 수 있다. 게다가 7,036개의 인스턴스가 target 레이블 1로 제대로 분류됐지만, 한 개의 인스턴스만 잘못 분류됐다.

10. 정제한 후의 리뷰들에 대한 TF–IDF 표현에 대해 의사 결정 트리 회귀 모델을

적합시키기 위해 사이킷런의 tree() 함수를 사용한다. 이 모델을 사용해 전체 점수를 예측할 것이다. 이를 위해 다음 코드를 추가하자.

```
from sklearn import tree
dtr = tree.DecisionTreeRegressor()
dtr = dtr.fit(tfidf_df, data_patio_lawn_garden['overall'])
data_patio_lawn_garden['predicted_values_dtr'] = dtr.predict(tfidf_df)
data_patio_lawn_garden[['predicted_values_dtr', 'overall']].head(10)
```

이 코드의 출력은 다음과 같다.

	predicted_values_dtr	overall
0	4.0	4
1	5.0	5
2	4.0	4
3	5.0	5
4	5.0	5
5	5.0	5
6	5.0	5
7	5.0	5
8	5.0	5
9	4.0	4

그림 3.35 전체 점수와 예측한 값

위 표를 통해 실제 점수와 예측 점수가 다양한 인스턴스에 대해 어떻게 다른 지 확인할 수 있다. 나중에 이 표를 사용해 모델의 성능을 평가해본다.

11. 모든 분류기 모델에 대한 일반적인 함수를 정의해본다. 이를 위해 다음 코드 를 추가하자.

```
def clf_model(model_type, X_train, y):
    model = model_type.fit(X_train,y)
    predicted_labels = model.predict(tfidf_df)
    return predicted_labels
```

12. 랜덤 포레스트, GBM, XGBoost 등과 같은 세 종류의 분류기 모델을 학습시킨다. 랜덤 포레스트의 경우, 주어진 리뷰 텍스트 세트에 대해 클래스 레이블을 예측하고, crosstab을 사용해 이 레이블을 실제 클래스인 target과 비교한다. 이를 위해 다음 코드를 추가하자.

```
from sklearn.ensemble import RandomForestClassifier
rfc = RandomForestClassifier(n_estimators=20,max_depth=4,max_
features='sqrt',random_state=1)
data_patio_lawn_garden['predicted_labels_rfc'] = clf_model(rfc, tfidf_df,
data_patio_lawn_garden['target'])
pd.crosstab(data_patio_lawn_garden['target'], data_patio_lawn_
garden['predicted_labels_rfc'])
```

이 코드의 출력은 다음과 같다.

그림 3.36 실제 target 값과 예측한 레이블 간의 빈도표

여기서 target 레이블이 0인 3,302개의 인스턴스가 올바르게 분류돼 있고, 2,933개의 인스턴스가 잘못 분류돼 있는 것을 확인할 수 있다. 또한 target 레이블이 1인 5,480개의 인스턴스는 정확하게 분류했지만 1,557개의 인스턴스는 잘못 분류했다.

13. GBM을 사용해 주어진 reviewTexts 데이터셋의 클래스 레이블을 예측하고 실제 클래스, 즉 target과 crosstab을 사용해 비교한다. 이를 위해 다음 코드를 추가하자.

```
from sklearn.ensemble import GradientBoostingClassifier
gbc = GradientBoostingClassifier(n_estimators=2,max_depth=3,max_
features='sqrt',random_state=1)
data_patio_lawn_garden['predicted_labels_gbc'] = clf_model(gbc, tfidf_df,
```

```
data_patio_lawn_garden['target'])
pd.crosstab(data_patio_lawn_garden['target'], data_patio_lawn_
garden['predicted_labels_gbc'])
```

이 코드의 출력은 다음과 같다.

그림 3.37 GBM을 사용했을 때 실제 target 값과 예측한 레이블 간의 빈도표

여기서 target 레이블이 0인 101개의 인스턴스가 올바르게 분류돼 있고, 6,134개의 인스턴스가 잘못 분류돼 있는 것을 확인할 수 있다. 또한 target 레이블이 1인 7,011개의 인스턴스는 정확하게 분류했지만, 26개의 인스턴스는 잘못 분류했다.

14. XGBoost를 사용해 주어진 reviewTexts 데이터셋의 클래스 레이블을 예측하고 실제 클래스, 즉 target과 crosstab을 사용해 비교한다. 이를 위해 다음 코드를 추가하자.

```
from xgboost import XGBClassifier
xgb_clf=XGBClassifier(n_estimators=20,learning_rate=0.03,max_
depth=5,subsample=0.6,colsample_bytree=0.6,reg_alpha=10,seed=42)
data_patio_lawn_garden['predicted_labels_xgbc'] = clf_model(xgb_clf, tfidf_df,
data_patio_lawn_garden['target'])
pd.crosstab(data_patio_lawn_garden['target'], data_patio_lawn_
garden['predicted_labels_xgbc'])
```

이 코드의 출력은 다음과 같다.

그림 3.38 XGBoost를 사용했을 때 실제 target 값과 예측한 레이블 간의 빈도표

여기서 target 레이블이 0인 4,222개의 인스턴스가 올바르게 분류돼 있고 2,013개의 인스턴스가 잘못 분류돼 있는 것을 확인할 수 있다. 또한 target 레이블이 1인 4,949개의 인스턴스는 정확하게 분류했지만, 2,088개의 인스턴스는 잘못 분류했다.

15. 이제 모든 회귀 모델에 대해 일반적인 함수를 작성하자. 이를 위해 다음 코드를 추가하자.

```
def reg_model(model_type, X_train, y):
    model = model_type.fit(X_train,y)
    predicted_values = model.predict(tfidf_df)
    return predicted_values
```

16. 랜덤 포레스트, GBM, XGBoost 등과 같은 세 가지 회귀 모델을 학습시켜보자. 랜덤 포레스트를 사용해 주어진 리뷰 텍스트 데이터셋의 전체 점수를 예측해본다. 이를 위해 다음 코드를 추가하자.

```
from sklearn.ensemble import RandomForestRegressor
rfg = RandomForestRegressor(n_estimators=20,max_depth=4,max_
features='sqrt',random_state=1)
data_patio_lawn_garden['predicted_values_rfg'] = reg_model(rfg, tfidf_df,
data_patio_lawn_garden['overall'])
data_patio_lawn_garden[['overall', 'predicted_values_rfg']].head(10)
```

이 코드의 출력은 다음과 같다.

	overall	predicted_values_rfg
0	4	4.236717
1	5	4.341767
2	4	4.219413
3	5	4.134852
4	5	4.147218
5	5	4.252751
6	5	4.190971
7	5	4.251688
8	5	4.251610
9	4	4.262498

그림 3.39 랜덤 포레스트 회귀를 사용해 예측한 전체 점수와 실제 전체 점수

위 표를 통해 다양한 인스턴스에 대해 실제 점수와 예측 점수가 어떻게 다른지 확인할 수 있다. 나중에 이 표를 사용해 모델의 성능을 평가할 것이다.

17. GBM을 사용해 주어진 reviewTexts 데이터셋의 전체 점수를 예측한다. 이를 위해 다음 코드를 추가하자.

```
from sklearn.ensemble import GradientBoostingRegressor
gbr = GradientBoostingRegressor(n_estimators=20,max_depth=4,max_
features='sqrt',random_state=1)
data_patio_lawn_garden['predicted_values_gbr'] = reg_model(gbr, tfidf_df,
data_patio_lawn_garden['overall'])
data_patio_lawn_garden[['overall', 'predicted_values_gbr']].head(10)
```

이 코드의 출력은 다음과 같다.

	overall	predicted_values_gbr
0	4	4.354611
1	5	4.441782
2	4	4.329691
3	5	4.060094
4	5	4.145767
5	5	4.162901
6	5	4.227398
7	5	4.146231
8	5	4.269629
9	4	4.136460

그림 3.40 그래디언트 부스팅 회귀를 사용했을 때의 실제 전체 점수와 예측한 전체 점수

위 표를 통해 다양한 인스턴스에 대해 실제 점수와 예측 점수가 어떻게 다른지 확인할 수 있다. 나중에 이 표를 사용해 모델의 성능을 평가해볼 것이다.

18. XGBoost를 사용해 주어진 reviewTexts 데이터셋의 전체 점수를 예측해보자. 이를 위해 다음 코드를 추가한다.

```
from xgboost import XGBRegressor
xgbr = XGBRegressor(n_estimators=20,learning_rate=0.03,max_
depth=5,subsample=0.6, colsample_bytree=0.6, reg_alpha= 10, seed=42)
data_patio_lawn_garden['predicted_values_xgbr'] = reg_model(xgbr, tfidf_df,
data_patio_lawn_garden['overall'])
data_patio_lawn_garden[['overall', 'predicted_values_xgbr']].head(2)
```

이 코드의 출력은 다음과 같다.

	overall	predicted_values_xgbr
0	4	2.220690
1	5	2.318871
2	4	2.235872
3	5	2.108017
4	5	2.108017
5	5	2.129134
6	5	2.193431
7	5	2.186514
8	5	2.178304
9	4	2.128875

그림 3.41 XGBoost 회귀를 사용했을 때의 실제 전체 점수와 예측한 전체 점수

위 표를 통해 다양한 인스턴스에 대해 실제 점수와 예측 점수가 어떻게 다른지 확인할 수 있다. 나중에 이 표를 사용해 모델의 성능을 평가해볼 것이다.

트리 기반 방법을 사용해 데이터의 점수를 예측하는 방법을 배웠다. 다음 절에서는 샘플링을 다룬다.

샘플링

샘플링sampling(추출법)은 주어진 인스턴스 집합에서 부분집합을 생성하는 과정이다. 기사에 1,000개의 문장이 있다고 가정해보자. 그중 100개의 문장을 분석하기 위해 선택하면, 100개 문장의 부분집합은 원래 기사의 샘플이라고 부른다. 이 과정을 샘플링이라고 한다. 샘플링 방법은 다음과 같이 다양하다.

- **단순 무작위 추출법**simple random sampling
  이 프로세스에서는 데이터셋의 각 인스턴스가 선택될 확률이 동일하다. 예를 들어, 한 상자 안에 열 가지 다른 색깔을 가진 열 개의 공이 있다고 가정해보자. 열 개의 공 가운데 네 개를 골라야 한다면, 각 공은 똑같이 선택될 가능성

이 있다. 이것은 간단한 랜덤^{random}(무작위) 샘플링의 한 예다.

- **층화 추출법**$^{stratified\ sampling}$

  이 샘플링 유형에서는 원래의 집합을 우선 주어진 조건에 근거해 '층^{strata}'이라 고 불리는 부분으로 나눈다. 무작위 샘플은 이 '층들^{stratum}'에서 각각 선택한다. 예를 들어, 100개의 문장이 있을 때 그중 80개는 풍자적이지 않고 20개는 풍 자적이라 가정하자. 열 개의 문장 샘플을 층화 추출하려면 80개의 풍자적이지 않은 문장 중에서 여덟 개를, 20개의 풍자적인 문장 중에서 두 개를 선택해야 한다. 이렇게 하면 풍자적이지 않은 문장과 풍자적인 문장의 비율, 즉 80:20 의 비율이 선택한 표본에서 변하지 않게 된다.

- **다단계 추출법**$^{multi\text{-}stage\ sampling}$

  현재 날씨와 관련된 특정 국가의 모든 사람들이 남긴 소셜 미디어 게시물을 분석하는 경우에는 텍스트 데이터가 서로 다른 도시의 날씨 조건들로 구성되 기 때문에 매우 클 것이다. 따라서 층화 추출법은 사용하기 어렵다. 이 경우에 는 우선 지역별로 층화 추출을 한 후에 지역 내에서, 즉 도시별로 추가로 표본 을 추출하는 것이 좋다. 이 방법은 기본적으로 각 단계별로 모든 단계에서 층 화 추출법을 수행하는 것이다.

다음 절에서는 샘플링(추출법)을 더 명확히 이해시켜주는 예제를 살펴본다.

예제 34: 샘플링(단순 무작위 추출법, 층화 추출법, 다단계 추출법)

이 예제에서는 단순 무작위 추출법, 층화 추출법, 다단계 추출법을 활용해서 온라인 소매 데이터셋에 대해 샘플을 추출해본다.

1. 주피터 노트북을 연다.
2. 판다스와 데이터셋을 불러오기 위해 새로운 셀을 삽입하고 다음 코드를 추가 하자.

```
import pandas as pd
data = pd.read_excel('data_ch3/Online Retail.xlsx')
data.head()
```

이 코드의 출력은 다음과 같다.

	InvoiceNo	StockCode	Description	Quantity	InvoiceDate	UnitPrice	CustomerID	Country
0	536365	85123A	WHITE HANGING HEART T-LIGHT HOLDER	6	2010-12-01 08:26:00	2.55	17850.0	United Kingdom
1	536365	71053	WHITE METAL LANTERN	6	2010-12-01 08:26:00	3.39	17850.0	United Kingdom
2	536365	84406B	CREAM CUPID HEARTS COAT HANGER	8	2010-12-01 08:26:00	2.75	17850.0	United Kingdom
3	536365	84029G	KNITTED UNION FLAG HOT WATER BOTTLE	6	2010-12-01 08:26:00	3.39	17850.0	United Kingdom
4	536365	84029E	RED WOOLLY HOTTIE WHITE HEART.	6	2010-12-01 08:26:00	3.39	17850.0	United Kingdom

그림 3.42 데이터프레임 형태의 온라인 소매 데이터

3. 데이터프레임에서 샘플을 추출하기 위해 판다스의 sample 함수를 사용하자. 이를 위해 다음 코드를 추가한다.

```
data_sample_random = data.sample(frac=0.1,random_state=42) # 데이터의 10%를 무작위
로 선택
data_sample_random.head()
```

이 코드의 출력은 다음과 같다.

	InvoiceNo	StockCode	Description	Quantity	InvoiceDate	UnitPrice	CustomerID	Country
209268	555200	71459	HANGING JAM JAR T-LIGHT HOLDER	24	2011-06-01 12:05:00	0.85	17315.0	United Kingdom
207108	554974	21128	GOLD FISHING GNOME	4	2011-05-27 17:14:00	6.95	14031.0	United Kingdom
167085	550972	21086	SET/6 RED SPOTTY PAPER CUPS	4	2011-04-21 17:05:00	0.65	14031.0	United Kingdom
471836	576652	22812	PACK 3 BOXES CHRISTMAS PANETTONE	3	2011-11-16 10:39:00	1.95	17198.0	United Kingdom
115865	546157	22180	RETROSPOT LAMP	2	2011-03-10 08:40:00	9.95	13502.0	United Kingdom

그림 3.43 온라인 소매 데이터에서 무작위 추출한 샘플

4. 이제 층화 추출을 하기 위해 사이킷런의 train_test_split 함수를 사용해본다. 이를 위해 다음 코드를 추가하자.

```
from sklearn.model_selection import train_test_split
X_train, X_valid, y_train, y_valid = train_test_split(data, data['Country'],
test_size=0.2, random_state=42, stratify = data['Country'])
data.shape
```

이 코드의 출력은 다음과 같다.

```
(541909, 8)
```

그림 3.44 전체 데이터의 형태

5. 학습 데이터의 형태를 확인하기 위해 다음 코드를 추가한다.

```
X_train.shape
```

이 코드의 출력은 다음과 같다.

```
(433527, 8)
```

그림 3.45 추출한 샘플의 형태

6. 여러 단계에서 데이터를 걸러내고 그 결과에서 무작위 샘플을 추출한다. 영국, 독일, 프랑스에서 발생한 국가별 거래 중 양이 2 이상인 데이터에서 2%의 무작위 샘플을 추출할 것이다. 이를 구현하기 위해 다음 코드를 추가하자.

```
data_ugf = data[data['Country'].isin(['United Kingdom', 'Germany', 'France'])]
data_ugf_q2 = data_ugf[data_ugf['Quantity']>=2]
data_ugf_q2_sample = data_ugf_q2.sample(frac=.02, random_state=42)
data_ugf_q2_sample.head()
```

이 코드의 출력은 다음과 같다.

	InvoiceNo	StockCode	Description	Quantity	InvoiceDate	UnitPrice	CustomerID	Country
224900	556579	22987	WRAP SUMMER ROSE DESIGN	25	2011-06-13 14:16:00	0.42	15069.0	United Kingdom
479100	577137	21137	BLACK RECORD COVER FRAME	96	2011-11-18 08:59:00	3.39	14110.0	United Kingdom
78507	542888	22476	EMPIRE UNION JACK TV DINNER TRAY	3	2011-02-01 13:15:00	4.95	15687.0	United Kingdom
499283	578664	22593	CHRISTMAS GINGHAM STAR	7	2011-11-24 16:59:00	0.85	15910.0	United Kingdom
153888	549831	16156S	WRAP PINK FAIRY CAKES	25	2011-04-12 13:10:00	0.42	14844.0	United Kingdom

그림 3.46 온라인 소매 데이터에서 다단계 추출한 샘플

▌텍스트 분류기 개발

텍스트 분류기는 내용을 기반으로 텍스트를 레이블링할 수 있는 머신러닝 모델이다. 예를 들어, 텍스트 분류기는 임의의 텍스트 문장이 풍자적인지 여부를 판단하는 데 도움을 준다. 현재 엄청난 양의 텍스트 데이터를 수동으로 분류하는 것은 불가능하므로 텍스트 분류기가 중요해지고 있다.

피처 추출

텍스트 데이터를 처리할 때 피처는 다양한 속성을 나타낸다. 일반적으로 피처는 텍스트에 대한 수치 표현이다. 2장에서 비정형 텍스트에서 추출하는 방법을 설명할 때 언급했듯이, 텍스트에 대한 TF–IDF 표현은 텍스트에서 피처를 추출하는 데 가장 자주 사용되는 방법 중 하나다.

피처 엔지니어링

피처 엔지니어링은 기존 피처에서 새로운 피처를 추출하는 기술이다. 데이터의 변동을 더 잘 포착하는 경향이 있는 새로운 피처를 추출하려면 적절한 도메인 전문 지식이 필요하다.

상관관계를 갖는 피처 제거

로지스틱 회귀분석을 포함한 회귀 모형은 피처 간 상관관계가 있을 때 잘 수행할 수 없다. 따라서 특정 임계치를 초과하는 상관관계가 있는 피처들을 제거해야 한다.

예제 35: 큰 상관관계를 갖는 피처(토큰) 제거

이 예제에서는 사이킷런의 fetch_20newsgroups 텍스트 데이터셋에 대한 TF–IDF 행렬 표현에서 큰 상관관계를 갖는 단어를 제거한다. 이 예제를 구현하기 위해 다음 과정을 따라가보자.

1. 주피터 노트북을 연다.

2. 필요한 패키지를 불러오기 위해 새로운 셀을 삽입하고 다음 코드를 추가한다.

```python
from sklearn.datasets import fetch_20newsgroups
import matplotlib as mpl
import pandas as pd
import numpy as np
import matplotlib.pyplot as plt
%matplotlib inline
import re
import string
from nltk import word_tokenize
from nltk.corpus import stopwords
from nltk.stem import WordNetLemmatizer
from sklearn.feature_extraction.text import TfidfVectorizer
from collections import Counter
from pylab import *
import nltk
import warnings
warnings.filterwarnings('ignore')
```

3. 영어에 대한 불용어만 사용할 것이며, WordNet은 표제어 추출기를 말한다. 이를 구현하기 위해 다음 코드를 추가한다.

```
stop_words = stopwords.words('english')
stop_words = stop_words + list(string.printable)
lemmatizer = WordNetLemmatizer()
```

4. 불러올 뉴스 기사의 범주를 지정하기 위해 다음 코드를 추가하자.

```
categories= ['misc.forsale', 'sci.electronics', 'talk.religion.misc']
```

5. 사이킷런의 `fetch_20newsgroups` 텍스트 데이터셋 중 앞에 언급한 범주에 해당하는 것만 불러오기 위해 다음 코드를 사용한다.

```
news_data = fetch_20newsgroups(subset='train', categories=categories,
shuffle=True, random_state=42, download_if_missing=True)
news_data_df = pd.DataFrame({'text' : news_data['data'], 'category': news_
data.target})
news_data_df.head()
```

이 코드의 출력은 다음과 같다.

	text	category
0	From: Steve@Busop.cit.wayne.edu (Steve Teolis)...	0
1	From: jks2x@holmes.acc.Virginia.EDU (Jason K. ...	0
2	From: wayne@uva386.schools.virginia.edu (Tony ...	1
3	From: lihan@ccwf.cc.utexas.edu (Bruce G. Bostw...	1
4	From: myoakam@cis.ohio-state.edu (micah r yoak...	0

그림 3.47 데이터프레임 형태의 뉴스 데이터 텍스트

6. 이제 람다 함수를 사용해 `news_data_df` 데이터프레임에 있는 각 text에서 토큰들을 추출한다. 이러한 토큰이 불용어인지 여부를 확인하고, 표제어 추출한 후 나란히 연결한다. 단어 리스트를 하나의 문장으로 연결하기 위해 join 함수

를 사용한다. 알파벳, 숫자, 공백 문자가 아닌 다른 것을 빈 공간으로 대체하기 위해 정규 표현식(re)을 사용한다. 이를 위해 다음 코드를 추가하자.

```python
news_data_df['cleaned_text'] = news_data_df['text'].apply(\
    lambda x : ' '.join([lemmatizer.lemmatize(word.lower()) \
        for word in word_tokenize(re.sub(r'([^\s\w]|_)+', ' ', str(x))) if
word.lower() not in stop_words]))
```

7. 다음 코드는 TF-IDF 행렬을 만들고 데이터프레임으로 변환하는 데 사용한다.

```python
tfidf_model = TfidfVectorizer(max_features=20)
tfidf_df = pd.DataFrame(tfidf_model.fit_transform(news_data_df['cleaned_
text']).todense())
tfidf_df.columns = sorted(tfidf_model.vocabulary_)
tfidf_df.head()
```

이 코드의 출력은 다음과 같다.

	00	article	com	edu	good	host	know	like	line	new	nntp	one	organization	posting	sale	subject
0	0.719664	0.000000	0.000000	0.191683	0.0	0.124066	0.000000	0.153294	0.066931	0.520927	0.124370	0.0	0.068809	0.120711	0.161624	0.066888
1	0.000000	0.000000	0.000000	0.219265	0.0	0.000000	0.353598	0.350704	0.153124	0.000000	0.000000	0.0	0.157421	0.000000	0.739523	0.153025
2	0.000000	0.000000	0.000000	0.853563	0.0	0.000000	0.000000	0.000000	0.298044	0.000000	0.000000	0.0	0.306407	0.000000	0.000000	0.297852
3	0.000000	0.267175	0.255208	0.567867	0.0	0.245034	0.000000	0.302760	0.132190	0.000000	0.245634	0.0	0.135900	0.238407	0.000000	0.132105
4	0.000000	0.000000	0.000000	0.411807	0.0	0.266541	0.000000	0.000000	0.143793	0.000000	0.267194	0.0	0.147828	0.259333	0.694459	0.143700

그림 3.48 데이터프레임 형태의 TF-IDF 표현

8. 이 TF-IDF 표현에 대해 상관 행렬correlation matrix을 계산해보자. 이를 구현하기 위해 다음 코드를 추가하자.

```python
correlation_matrix = tfidf_df.corr()
correlation_matrix.head()
```

이 코드의 출력은 다음과 같다.

	00	article	com	edu	good	host	know	like	line	new	nntp	one	organization	posting
00	1.000000	-0.113080	-0.081874	-0.116847	-0.053495	-0.078405	-0.096597	-0.084413	-0.161674	0.026696	-0.084632	-0.076635	-0.208121	-0.083772
article	-0.113080	1.000000	0.125853	0.076146	-0.008246	-0.055519	0.025570	-0.000201	-0.158956	-0.121483	-0.046249	0.029978	-0.201204	-0.038486
com	-0.081874	0.125853	1.000000	-0.471456	-0.016128	-0.178742	-0.036333	-0.037284	-0.110011	-0.071355	-0.175256	-0.037293	-0.084630	-0.168613
edu	-0.116847	0.076146	-0.471456	1.000000	-0.098067	0.242610	-0.100041	-0.103703	-0.043210	-0.059893	0.247395	-0.119432	0.023394	0.225912
good	-0.053495	-0.008246	-0.016128	-0.098067	1.000000	-0.098199	0.025899	0.045106	-0.186943	-0.046803	-0.098198	0.074548	-0.166908	-0.089622

그림 3.49 상관 행렬

9. 시본seaborn의 heatmap 함수를 사용해 상관 행렬을 그려보자. 이를 구현하기 위해 다음 코드를 추가하자.

```
import seaborn as sns
fig, ax = plt.subplots(figsize=(20, 20))
sns.heatmap(correlation_matrix,annot=True)
```

이 코드의 출력은 다음과 같다.

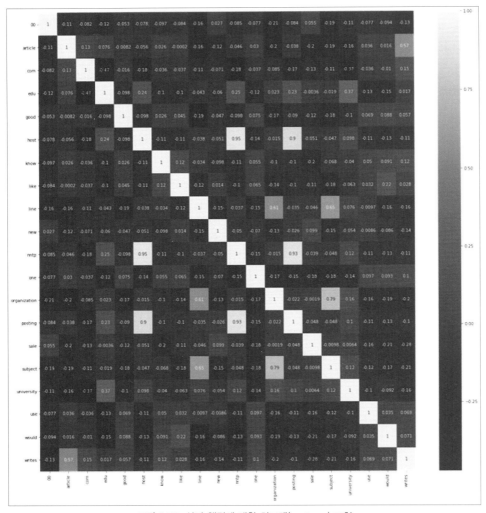

그림 3.50 상관 행렬에 대한 히트맵(heatmap) 표현

10. 상관관계가 큰 용어 쌍을 찾아내기 위해 상관 행렬에서 상위 삼각 행렬을 만든다. 이것으로부터 적층 배열^{stacked array}을 만든 후 살펴본다. 이를 위해 다음 코드를 추가하자.

```
import numpy as np
correlation_matrix_ut = correlation_matrix.where(np.triu(np.ones(correlation_
matrix.shape)).astype(np.bool))
correlation_matrix_melted = correlation_matrix_ut.stack().reset_index()
correlation_matrix_melted.columns = ['word1', 'word2', 'correlation']
correlation_matrix_melted[(correlation_matrix_melted['word1']!=\
    correlation_matrix_melted['word2']) & (correlation_matrix_melted
['correlation']>.7)]
```

이 코드의 출력은 다음과 같다.

	word1	word2	correlation
95	host	nntp	0.953828
98	host	posting	0.896666
158	nntp	posting	0.934923
177	organization	subject	0.793946

그림 3.51 상관관계가 큰 토큰들

11. 이 단계에서는 상관관계 계수가 0.7보다 큰 용어들을 제거하고 남은 용어들을 담고 있는 별도의 데이터프레임을 생성한다. 이를 위해 다음 코드를 추가하자.

```
tfidf_df_without_correlated_word = tfidf_df.drop(['nntp', 'posting',
'organization'], axis = 1)
tfidf_df_without_correlated_word.head()
```

이 코드의 출력은 다음과 같다.

	00	article	com	edu	good	host	know	like	line	new	one	sale	subject	university	use	would	writes
0	0.719664	0.000000	0.000000	0.191683	0.0	0.124066	0.000000	0.153294	0.066931	0.520927	0.0	0.161624	0.066888	0.255410	0.0	0.00000	0.000000
1	0.000000	0.000000	0.000000	0.219265	0.0	0.000000	0.353598	0.350704	0.153124	0.000000	0.0	0.739523	0.153025	0.292162	0.0	0.00000	0.000000
2	0.000000	0.000000	0.000000	0.853563	0.0	0.000000	0.000000	0.000000	0.298044	0.000000	0.0	0.000000	0.297852	0.000000	0.0	0.00000	0.000000
3	0.000000	0.267175	0.255208	0.567867	0.0	0.245034	0.000000	0.302760	0.132190	0.000000	0.0	0.000000	0.132105	0.252221	0.0	0.28648	0.270283
4	0.000000	0.000000	0.000000	0.411807	0.0	0.266541	0.000000	0.000000	0.143793	0.000000	0.0	0.694459	0.143700	0.274358	0.0	0.00000	0.000000

그림 3.52 상관관계를 갖는 토큰을 제거한 후의 데이터프레임

위 그림은 큰 상관관계를 갖는 단어들을 제거하고 나서 얻은 TF−IDF 데이터

프레임을 보여준다.

차원 축소

사례별로 수행하는 몇 가지 선택적 단계들이 있다. 예를 들어, 텍스트 코퍼스의 TF-IDF 행렬이나 단어 모음 표현이 너무 커서 메모리에 들어가지 않을 때도 있다. 이 경우에는 차원, 즉 피처 행렬에 있는 열의 개수를 줄여야 한다. 차원 축소에 가장 많이 사용되는 방법은 주성분 분석Principal Component Analysis(PCA)이다.

PCA는 직교 변환orthogonal transformation을 사용해 피처 리스트(서로 상관관계를 가질 수 있음)를 선형적으로 상관관계가 없는 변수 리스트로 변환한다. 이와 같이 선형적으로 상관관계가 없는 변수는 주성분principal component으로 알려져 있다. 이러한 주성분들은 데이터셋에서 포착한 분산량의 내림차순으로 배열된다. 다음 절에서는 이를 좀 더 명확히 이해할 수 있게 해주는 예제를 살펴보자.

예제 36: 차원 축소(PCA)

이 예제에서는 사이킷런의 `fetch_20newsgroups` 텍스트 데이터셋의 TF-IDF 행렬 표현 차원을 2로 줄인다. 이 문서들에 대한 산점도scatter plot를 그리며, 각 범주에 따라 다른 색상으로 표현한다. 이 예제를 구현하기 위해 다음 과정을 따라가보자.

1. 주피터 노트북을 연다.
2. 필요한 패키지를 불러오기 위해 새로운 셀을 삽입하고 다음 코드를 추가하자.

```
from sklearn.datasets import fetch_20newsgroups
import matplotlib as mpl
import pandas as pd
import numpy as np
import matplotlib.pyplot as plt
%matplotlib inline
```

```
import re
import string
from nltk import word_tokenize
from nltk.corpus import stopwords
from nltk.stem import WordNetLemmatizer
from sklearn.feature_extraction.text import TfidfVectorizer
from collections import Counter
from pylab import *
import nltk
import warnings
warnings.filterwarnings('ignore')
```

3. 영어에 대한 불용어만 사용할 것이며, WordNet은 사용할 표제어 추출기를 말한다. 이를 구현하기 위해 다음 코드를 추가하자.

```
stop_words = stopwords.words('english')
stop_words = stop_words + list(string.printable)
lemmatizer = WordNetLemmatizer()
```

4. 불러올 뉴스 기사 범주를 지정하기 위해 다음 코드를 추가한다.

```
categories= ['misc.forsale', 'sci.electronics', 'talk.religion.misc']
```

5. 앞서 언급한 범주에 해당하는 사이킷런의 데이터셋을 불러오기 위해 다음 코드를 사용한다.

```
news_data = fetch_20newsgroups(subset='train', categories=categories,
shuffle=True, random_state=42, download_if_missing=True)
news_data_df = pd.DataFrame({'text' : news_data['data'], 'category': news_
data.target})
news_data_df.head()
```

이 코드의 출력은 다음과 같다.

그림 3.53 뉴스 텍스트와 텍스트에 해당하는 범주

6. 람다 함수를 사용해 news_data_df 데이터프레임에 있는 각 text에서 토큰들을 추출한다. 이어서 이러한 토큰이 불용어인지 여부를 확인하고, 표제어 추출한 후에 나란히 연결한다. 단어 리스트를 하나의 문장으로 연결하기 위해 join 함수를 사용한다. 알파벳, 숫자, 공백 문자가 아닌 다른 것을 빈 공간으로 대체하기 위해 정규 표현식(re)을 사용한다. 이를 위해 다음 코드를 추가하자.

```
news_data_df['cleaned_text'] = news_data_df['text'].apply(\
    lambda x : ' '.join([lemmatizer.lemmatize(word.lower()) \
        for word in word_tokenize(re.sub(r'([^\s\w]|_)+', ' ', str(x))) if
word.lower() not in stop_words]))
```

7. 다음 코드는 TF–IDF 행렬을 만들고 데이터프레임으로 변환하는 데 사용한다.

```
tfidf_model = TfidfVectorizer(max_features=20)
tfidf_df = pd.DataFrame(tfidf_model.fit_transform(news_data_df['cleaned_
text']).todense())
tfidf_df.columns = sorted(tfidf_model.vocabulary_)
tfidf_df.head()
```

이 코드의 출력은 다음과 같다.

	00	10	100	12	14	15	16	20	25	30	...	well	wire	wiring	without
0	0.435655	0.0	0.000000	0.0	0.000000	0.127775	0.136811	0.127551	0.133311	0.0		0.0	0.0	0.0	0.0
1	0.000000	0.0	0.000000	0.0	0.000000	0.294937	0.000000	0.000000	0.000000	0.0		0.0	0.0	0.0	0.0
2	0.000000	0.0	0.000000	0.0	0.000000	0.000000	0.000000	0.000000	0.000000	0.0		0.0	0.0	0.0	0.0
3	0.000000	0.0	0.000000	0.0	0.000000	0.000000	0.000000	0.000000	0.000000	0.0		0.0	0.0	0.0	0.0
4	0.000000	0.0	0.207003	0.0	0.191897	0.182138	0.000000	0.000000	0.000000	0.0		0.0	0.0	0.0	0.0

그림 3.54 데이터프레임 형태의 TF-IDF 표현

8. 이 단계에서는 사이킷런의 PCA 함수를 사용해 이전 데이터에서 두 개의 주성분을 추출해본다. 이를 위해 다음 코드를 추가하자.

```
from sklearn.decomposition import PCA
pca = PCA(2)
pca.fit(tfidf_df)
reduced_tfidf = pca.transform(tfidf_df)
reduced_tfidf
```

이 코드의 출력은 다음과 같다.

```
array([[ 0.2425953 ,  0.13326504],
       [ 0.23828348,  0.11497239],
       [ 0.21681333, -0.20598645],
       ...,
       [ 0.09494134,  0.15853317],
       [ 0.01106213, -0.09250798],
       [ 0.21498839, -0.194826  ]])
```

그림 3.55 주성분

9. 주성분에 대해 각 범주를 서로 다른 색으로 표현해 산점도를 만들어본다. 이를 구현하기 위해 다음 코드를 추가하자.

```
plt.scatter(reduced_tfidf[:, 0], reduced_tfidf[:, 1], c=news_data_
df['category'], cmap='viridis')
plt.xlabel('dimension_1')
plt.ylabel('dimension_2')
plt.title('Representation of NEWS documents in 2D')
plt.show()
```

이 코드의 출력은 다음과 같다.

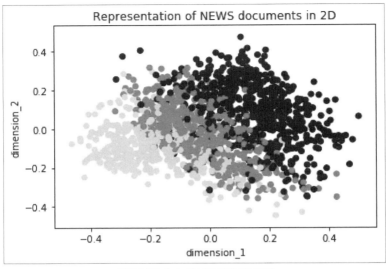

그림 3.56 뉴스 문서에 대한 2D 표현

위 그림에서 각 범주를 서로 다른 색으로 표현한 산점도를 확인할 수 있다.

모델 유형 결정

피처들의 집합(피처 세트)을 준비하고 나면, 문제를 처리하는 데 사용할 모델 유형을 결정해야 한다. 일반적으로 데이터에 레이블이 지정돼 있지 않을 때는 비지도 학습을 선택한다. 사전에 정의된 수의 클러스터를 염두에 두고 있다면 k−평균$^{k-means}$과 같은 알고리즘을 사용하지만, 그렇지 않다면 계층적 클러스터링을 선택한다. 레이블이 있는 데이터에 대해서는 일반적으로 회귀와 분류 같은 지도 학습 방법을 따른다.

결과가 연속적이고 수치형일 경우에는 회귀분석을 사용한다. 만약 결과가 이산형이거나 범주형이라면 분류를 사용한다. 나이브 베이즈 알고리즘은 간단한 분류 모델을 빨리 개발할 때 유용하다. 더 높은 정확도를 얻고자 할 때는 더 복잡한 트리 기반 방법(의사 결정 트리, 랜덤 포레스트 등)이 필요하다. 이러한 경우에는 때때로 모델의 설명 가능성

explainability과 모델을 개발하는 데 필요한 시간 사이에서 타협한다. 모델의 결과가 특정 클래스에 대한 발생 확률을 가져야 할 때는 로지스틱 회귀분석을 사용한다.

모델 성능 평가

일단 모델이 준비되면, 모델의 성능을 평가해야 한다. 벤치마킹하지 않는다면 얼마나 잘 작동하는지, 얼마나 제대로 작동하고 있는지 확신할 수 없기 때문이다. 모델의 효율성을 평가하지 않고 실무에 투입하는 것은 바람직하지 않다. 모델 성능을 평가하는 방법은 다양하다. 이것들을 하나하나 살펴보자.

- **혼동 행렬**

  주로 분류 모델의 성능을 평가하는 데 사용하는 2차원 행렬이다. 열은 예측 값으로 구성되고, 행은 실제 값으로 구성된다. 즉, 혼동 행렬confusion matrix은 실제 값과 예측 값 사이의 빈도표다. 각 셀의 항목은 예측한 값 중에서 실제 값과 일치하는 값과 그렇지 않은 값의 개수를 나타낸다.

- **단순 정확도**

  단순 정확도accuracy는 정확하게 분류된 인스턴스 개수와 전체 개수의 비율로 정의한다. 모델 평가를 위해 정확도를 사용할 때는 데이터가 클래스의 관점에서 균형을 유지해야 하는데, 이는 각 클래스가 거의 동일한 개수의 인스턴스를 가져야 한다는 것을 의미한다. 데이터셋이 불균형한 경우, 모델이 모든 인스턴스에 대해 발생 빈도가 가장 높은 클래스의 레이블로 예측한다면 매우 정확할 것이다. 하지만 이런 모델은 어떠한 목적으로도 활용할 수 없을 것이다.

- **정밀도와 재현율**

  정밀도precision와 재현율recall을 실례를 들어 설명해보자. 어머니가 부엌을 둘러보고 나서 구매해야 할 물건을 찾아 사오라고 할 경우, 시장에서 P개의 품목을 가져와 어머니에게 보여줄 것이다. 어머니는 P개 품목 중에서 Q개 품목이 적절하다고 생각할 것이다. 이때 Q/P 비율을 정밀도라고 한다. 하지만 이 시나리오에서 어머니는 여러분이 적절한 R개 품목을 가져오길 기대하고 있었다. 여기서 Q/R 비율은 재현율이라고 한다.

$$정밀도 = 참 긍정 / (참 긍정 + 거짓 긍정)$$

$$재현율 = 참 긍정 / (참 긍정 + 거짓 부정)$$

- **F1-점수**

주어진 분류 모델에서의 F1-점수$^{\text{F1-score}}$는 정밀도와 재현율의 조화평균이다.

$$F1-점수 = 2 * ((정밀도 * 재현율) / (정밀도 + 재현율))$$

- **수신자 조작 특성 곡선**

수신자 조작 특성$^{\text{Receiver Operating Characteristic}}$(ROC) 곡선을 이해하기 위해 참 긍정 비율$^{\text{True Positive Rate}}$(TPR)과 거짓 긍정 비율$^{\text{False Positive Rate}}$(FPR)을 숙지해야 한다.

$$TPR = 참 긍정 / (참 긍정 + 거짓 부정)$$

$$FPR = 거짓 긍정 / (거짓 긍정 + 참 부정)$$

분류 모델의 출력은 확률 값일 수 있다. 이 경우에는 이러한 확률 값으로부터 클래스를 얻기 위해 임계치를 설정해야 한다. ROC 곡선은 다양한 임계치에 대한 TPR과 FPR 사이의 그림이다. ROC 곡선(AUROC) 아래의 영역은 모델의 효율성을 나타낸다. AUROC가 높을수록 더 좋은 모델이다. AUROC의 최댓값은 1이다.

- **평균 제곱근 오차**

평균 제곱근 오차$^{\text{Root Mean Square Error}}$(RMSE)는 주로 회귀 모델의 정확도를 평가하는 데 사용한다. 다음 식에 나타낸 대로 정의한다.

$$RMSE = \sqrt{\frac{\sum (P_i - O_i)^2}{n}}$$

여기서 n은 샘플 개수, P_i는 i번째 관측치에 대한 예측 값, O_i는 i번째 관측에서의 관측치다.

- **평균 절대 백분율 오차**

  평균 절대 백분율 오차^{Mean Absolute Percentage Error}(MAPE)는 RMSE처럼 회귀 모델의 성능을 평가하는 또 다른 방법이다. 다음 식으로 나타낸다.

  $$MAPE = \left(\frac{1}{n}\sum\frac{|O_i - P_i|}{|O_i|}\right) * 100 \quad \text{(i는 1부터 n까지, 모든 i에 대해)}$$

  여기서 n은 샘플의 수, P_i는 i번째 관측치에 대한 예측 값, O_i는 i번째 관측에서의 관측치(즉, 실제 값)다.

예제 37: RMSE와 MAPE 계산

이 예제에서는 주어진 데이터셋에 대한 RMSE와 MAPE를 계산한다. 이 예제를 구현하기 위해 다음 과정을 따라가보자.

1. 주피터 노트북을 연다.

2. RMSE를 계산하기 위해 사이킷런의 mean_squared_error를 사용한다. 이를 구현하기 위해 다음 코드를 추가하자.

```
from sklearn.metrics import mean_squared_error
from math import sqrt
y_actual = [0,1,2,1,0]
y_predicted = [0.03,1.2,1.6,.9,0.1]
rms = sqrt(mean_squared_error(y_actual, y_predicted))
print('Root Mean Squared Error (RMSE) is:', rms)
```

이 코드의 출력은 다음과 같다.

```
Root Mean Squared Error (RMSE) is: 0.21019038988498018
```

그림 3.57 계산한 RMSE

3. MAPE를 계산하기 위해 사이킷런의 mean_absolute_error를 사용한다. 이를 구현하기 위해 다음 코드를 추가한다.

```
from sklearn.metrics import mean_absolute_error
y_actual = [0,1,2,1,0]
y_predicted = [0.03,1.2,1.6,.9,0.1]
mape = mean_absolute_error(y_actual, y_predicted) * 100
print('Mean Absolute Percentage Error (MAPE) is:', round(mape,2), '%')
```

이 코드의 출력은 다음과 같다.

```
Mean Absolute Percentage Error (MAPE) is: 16.6 %
```

그림 3.58 계산한 MAPE

다음 절에서는 텍스트 분류와 관련된 실습을 해보자.

실습 5: 엔드 투 엔드 텍스트 분류기 개발

이 실습에서는 위키피디아 기사의 코멘트를 분류하는 엔드 투 엔드 분류기를 만들어 본다. 이 분류기는 코멘트가 악의적인지 아닌지를 분류한다. 이 실습을 구현하기 위해 다음 과정을 따라가보자.

1. 필요한 패키지를 불러온다.

2. https://bit.ly/2TDWpri에서 데이터셋을 불러오고 정제한다.

3. 이 데이터셋으로 TF−IDF 행렬을 만든다.

4. 데이터를 학습 데이터셋과 검증 데이터셋으로 분할한다.

5. 로지스틱 회귀, 랜덤 포레스트, XGBoost를 사용해 분류기 모델을 만든다.

6. 혼동 행렬, 단순 정확도, 정밀도, 재현율, F1−점수, ROC 곡선과 같은 파라미터를 사용해 개발한 모델을 평가한다.

위에서 살펴봤듯이, 엔드 투 엔드 분류기 개발은 단계적으로 이뤄졌다. 먼저 텍스트 코퍼스를 정제하고 토큰화했으며, TF-IDF를 사용해 피처를 추출한 후에 데이터셋을 학습^{training} 데이터셋과 검증^{validation} 데이터셋으로 분할했다. 또한 분류 모델을 개발하기 위해 로지스틱 회귀분석, 랜덤 포레스트, XGBoost와 같은 몇 가지 머신러닝 알고리즘을 사용했다. 마지막으로 이들의 성능은 혼동 행렬, 정확도, 정밀도, 재현율, F1-점수, ROC 곡선과 같은 파라미터를 사용해 측정했다. 다음 절에서는 NLP 프로젝트를 위한 파이프라인을 구축하는 방법을 다룬다.

▌ NLP 프로젝트를 위한 파이프라인 구축

'파이프라인^{pipeline}'이란 단어는 무엇을 가리키는가? 일반적으로 파이프라인은 공기, 물, 또는 이와 유사한 것을 효율적으로 흐르게 하는 구조를 말한다. 이런 분야에서 파이프라인은 비슷한 의미를 가지며, NLP 프로젝트의 다양한 단계들을 간소화하는 데 도움을 준다.

NLP 프로젝트는 토큰화, 어간 추출, 피처 추출(TF-IDF 행렬 생성), 모델 작성 등 다양한 단계를 거쳐 이뤄진다. 각 단계를 따로 수행하는 대신에 이 모든 단계의 순서 목록을 작성한다. 이 목록을 파이프라인이라 한다. 다음 절에서는 파이프라인을 사용해 텍스트 분류 문제를 해결해보자.

예제 38: NLP 프로젝트를 위한 파이프라인 구축

이 예제에서는 사이킷런의 fetch_20newsgroups 텍스트 데이터셋에 대한 TF-IDF 행렬 표현을 만드는 파이프라인을 개발해본다. 이 예제를 구현하기 위해 다음 과정을 따라가보자.

1. 주피터 노트북을 연다.

2. 필요한 패키지를 불러오기 위해 새로운 셀을 삽입하고 다음 코드를 추가하자.

```python
from sklearn.pipeline import Pipeline
from sklearn.feature_extraction.text import TfidfTransformer
from sklearn import tree
from sklearn.datasets import fetch_20newsgroups
from sklearn.feature_extraction.text import CountVectorizer
import pandas as pd
```

3. 여기서 불러오길 원하는 뉴스 기사의 범주를 지정한다. 이를 위해 다음 코드를 추가하자.

```python
categories = ['misc.forsale', 'sci.electronics', 'talk.religion.misc']
```

4. 앞서 지정한 범주에 해당하는 사이킷런의 fetch_20newsgroups 데이터셋을 불러오기 위해 다음 코드를 사용한다.

```python
news_data = fetch_20newsgroups(subset='train', categories=categories,
shuffle=True, random_state=42, download_if_missing=True)
```

5. 여기서 CountVectorizer와 TfidfTransformer라는 두 단계로 구성된 파이프라인을 정의했다. 여기에 적합시키고 변환하기 위해 이전에 언급한 news_data를 사용한다. 이를 구현하기 위해 다음 코드를 추가하자.

```
text_classifier_pipeline = Pipeline([('vect', CountVectorizer()), ('tfidf',
TfidfTransformer())])
text_classifier_pipeline.fit(news_data.data, news_data.target)
pd.DataFrame(text_classifier_pipeline.fit_transform(news_data.data, news_data.
target).todense()).head()
```

이 코드의 출력은 다음과 같다.

	0	1	2	3	4	5	6	7	8	9	...	26016	26017	26018	26019	26020	26021	26022	26023	26024	26025
0	0.165523	0.000000	0.0	0.0	0.0	0.0	0.0	0.0	0.0	0.0	...	0.0	0.0	0.0	0.0	0.0	0.0	0.0	0.0	0.0	0.0
1	0.000000	0.000000	0.0	0.0	0.0	0.0	0.0	0.0	0.0	0.0	...	0.0	0.0	0.0	0.0	0.0	0.0	0.0	0.0	0.0	0.0
2	0.000000	0.000000	0.0	0.0	0.0	0.0	0.0	0.0	0.0	0.0	...	0.0	0.0	0.0	0.0	0.0	0.0	0.0	0.0	0.0	0.0
3	0.000000	0.000000	0.0	0.0	0.0	0.0	0.0	0.0	0.0	0.0	...	0.0	0.0	0.0	0.0	0.0	0.0	0.0	0.0	0.0	0.0
4	0.000000	0.081279	0.0	0.0	0.0	0.0	0.0	0.0	0.0	0.0	...	0.0	0.0	0.0	0.0	0.0	0.0	0.0	0.0	0.0	0.0

5 rows × 26026 columns

그림 3.59 파이프라인을 활용해 만든 데이터프레임 형태의 TF–IDF 표현

여기서는 카운트 벡터화기[vectorizer]와 TF–IDF 변환기[transformer]로 구성된 파이프라인을 만들었다. 이 파이프라인의 결과는 인자로 전달한 텍스트 데이터에 대한 TF–IDF 표현이다.

모델 저장 및 불러오기

모델을 만들고 나서 모델 성능이 기대치를 충족한다면, 모델을 향후 사용하기 위해 저장해야 할 수도 있다. 이 과정은 모델을 다시 만드는 데 필요한 시간을 줄인다. 모델은 joblib과 pickle을 사용해 하드디스크에 저장할 수 있다.

저장한 모델을 배포하려면 하드디스크에서 메모리로 불러와야 한다. 다음 절에서는 이를 바탕으로 한 예제를 살펴보면서 더 자세히 이해해보자.

예제 39: 모델 저장 및 불러오기

이 예제에서는 먼저 문장에 대한 TF-IDF 표현을 만들 것이다. 그런 다음 이 모델을 디스크에 저장하고, 나중에 디스크에서 불러올 것이다. 이 예제를 구현하기 위해 다음 과정을 따라가보자.

1. 주피터 노트북을 연다.

2. 필요한 패키지를 불러오기 위해 새로운 셀을 삽입하고 다음 코드를 추가하자.

```
import pickle
from joblib import dump, load
from sklearn.feature_extraction.text import TfidfVectorizer
```

3. 네 문장으로 이뤄진 코퍼스를 정의하기 위해 다음 코드를 추가한다.

```
corpus = [
'Data Science is an overlap between Arts and Science',
'Generally, Arts graduates are right-brained and Science graduates are left-
brained',
'Excelling in both Arts and Science at a time becomes difficult',
'Natural Language Processing is a part of Data Science'
]
```

4. 그런 다음, 이에 대해 TF-IDF 모델을 적합시키자. 이를 위해 다음 코드를 추가한다.

```
tfidf_model = TfidfVectorizer()
print(tfidf_model.fit_transform(corpus).todense())
```

이 코드의 출력은 다음과 같다.

```
[[0.40332811 0.25743911 0.         0.25743911 0.         0.
  0.40332811 0.         0.         0.31798852 0.         0.
  0.         0.         0.         0.31798852 0.         0.
  0.         0.         0.40332811 0.         0.         0.
  0.42094668 0.                    ]
 [0.         0.159139   0.49864399 0.159139   0.         0.
  0.         0.         0.49864399 0.         0.         0.
  0.24932199 0.49864399 0.         0.         0.         0.24932199
  0.         0.         0.         0.         0.         0.24932199
  0.13010656 0.                    ]
 [0.         0.22444946 0.         0.22444946 0.35164346 0.35164346
  0.         0.35164346 0.         0.         0.35164346 0.35164346
  0.         0.         0.35164346 0.         0.         0.
  0.         0.         0.         0.         0.         0.
  0.18350214 0.35164346]
 [0.         0.         0.         0.         0.         0.
  0.         0.         0.         0.30887228 0.         0.
  0.         0.         0.         0.30887228 0.39176533 0.
  0.39176533 0.39176533 0.         0.39176533 0.39176533 0.
  0.2044394  0.                    ]]
```

그림 3.60 행렬 형태의 TF-IDF 표현

5. 이 TF-IDF 모델을 디스크에 저장한다. 이를 위해 다음 코드를 추가하자.

```
dump(tfidf_model, 'tfidf_model.joblib')
```

6. 마지막으로, 이 모델을 디스크에서 불러온 후 사용해보자. 이를 위해 다음 코드를 추가한다.

```
tfidf_model_loaded = load('tfidf_model.joblib')
print(tfidf_model_loaded.fit_transform(corpus).todense())
```

이 코드의 출력은 다음과 같다.

```
[[0.40332811 0.25743911 0.         0.25743911 0.         0.
  0.40332811 0.         0.         0.31798852 0.         0.
  0.         0.         0.         0.31798852 0.         0.
  0.         0.         0.40332811 0.         0.         0.
  0.42094668 0.         ]
 [0.         0.159139   0.49864399 0.159139   0.         0.
  0.         0.         0.49864399 0.         0.         0.
  0.24932199 0.49864399 0.         0.         0.         0.24932199
  0.         0.         0.         0.         0.         0.24932199
  0.13010656 0.         ]
 [0.         0.22444946 0.         0.22444946 0.35164346 0.35164346
  0.         0.35164346 0.         0.         0.35164346 0.35164346
  0.         0.         0.35164346 0.         0.         0.
  0.         0.         0.         0.         0.         0.
  0.18350214 0.35164346]
 [0.         0.         0.         0.         0.         0.
  0.         0.         0.         0.30887228 0.         0.
  0.         0.         0.         0.30887228 0.39176533 0.
  0.39176533 0.39176533 0.         0.39176533 0.39176533 0.
  0.2044394  0.         ]]
```

그림 3.61 행렬 형태의 TF-IDF 표현

7. pickle을 사용해 이 TF-IDF 모델을 디스크에 저장한다. 이를 위해 다음 코드를 추가하자.

```
pickle.dump(tfidf_model, open("tfidf_model.pickle.dat", "wb"))
```

8. 이 모델을 디스크에서 모델로 불러온 후 사용하자. 이를 위해 다음 코드를 추가한다.

```
loaded_model = pickle.load(open("tfidf_model.pickle.dat", "rb"))
print(loaded_model.fit_transform(corpus).todense())
```

이 코드의 출력은 다음과 같다.

```
[[0.40332811 0.25743911 0.           0.25743911 0.           0.
  0.40332811 0.           0.           0.31798852 0.           0.
  0.          0.           0.           0.31798852 0.           0.
  0.          0.           0.40332811 0.           0.           0.
  0.42094668 0.                      ]
 [0.          0.159139    0.49864399 0.159139    0.           0.
  0.          0.           0.49864399 0.           0.           0.
  0.24932199 0.49864399 0.           0.           0.           0.24932199
  0.          0.           0.           0.           0.           0.24932199
  0.13010656 0.                      ]
 [0.          0.22444946 0.           0.22444946 0.35164346 0.35164346
  0.          0.35164346 0.           0.           0.35164346 0.35164346
  0.          0.           0.35164346 0.           0.           0.
  0.18350214 0.35164346]
 [0.          0.           0.           0.           0.           0.
  0.          0.           0.           0.30887228 0.           0.
  0.          0.           0.           0.30887228 0.           0.
  0.39176533 0.39176533 0.           0.30887228 0.39176533 0.
  0.2044394  0.                     ]]
```

그림 3.62 행렬 형태의 TF–IDF 표현

지금까지 모델을 저장하고 불러오는 방법을 배웠다.

▌ 요약

이 장에서는 지도 학습과 비지도 학습 같은 다양한 머신러닝 기법을 배웠다. K–최근접 이웃과 나이브 베이즈 분류기 등과 같은 다양한 유형의 지도 학습 알고리즘을 살펴봤으며, 주어진 데이터셋을 학습 데이터셋과 검증 데이터셋으로 분할하기 위한 다른 유형의 샘플링 기법도 예시를 들어 설명했다. 이 장에서는 텍스트 데이터에서 추출한 피처를 활용하는 머신러닝 모델을 개발하는 데 주로 초점을 맞췄다.

이 장을 진행하면서 이러한 모델들의 성능을 평가하는 데 사용하는 다양한 평가 지표metric를 소개했다. 마지막으로, 하드디스크에 모델을 저장한 후 나중에 사용할 수 있도록 메모리로 다시 불러오는 과정을 살펴봤다.

다음 장에서는 다양한 소스에서 데이터를 수집할 수 있는 몇 가지 기술을 다룬다.

4

웹에서 텍스트 데이터 수집하기

이 장에서 다루는 내용은 다음과 같다.

- 웹 페이지로부터 데이터를 추출하고 처리한다.
- JSON과 XML 같은 다양한 준정형 데이터의 종류를 알아본다.
- 애플리케이션 프로그래밍 인터페이스Application Programming Interface(API)를 사용해 실시간 데이터를 추출한다.
- 다양한 파일 형식으로부터 데이터를 추출한다.

이 장에서는 다양한 파일 형식으로부터 데이터를 수집하는 방법을 배운다.

소개

이전 장에서는 피처 추출 방법과 간단한 분류기 개발을 배웠으며, 지도 학습과 비지도 학습으로 나눌 수 있는 여러 알고리즘도 다뤘다. 이 장에서는 웹 페이지를 스크래핑하고 처리해 데이터를 수집하는 것을 학습한다. JSON과 XML 같은 다양한 준정형 데이터 유형을 처리하는 방법을 살펴보고, 애플리케이션 프로그래밍 인터페이스(API)를 사용해 데이터를 추출하는 다양한 방법을 다룬다. 다양한 파일 형식으로부터 데이터를 추출하는 여러 방법도 알아본다.

웹 페이지를 스크래핑해 데이터 수집하기

웹 페이지로부터 데이터를 수집하고 정보를 추출하는 과정은 웹 스크래핑web scraping이라 한다. 85% 이상의 웹사이트가 HTMLHypertext Markup Language을 사용해 만들어졌다. 마크업 언어는 태그 사이에 텍스트 내용이 포함된 언어다. 이 외에도 태그 내에 속성을 사용해 부가적인 정보를 추가할 수 있다. 웹 페이지는 HTML을 사용해 작성한 문서로 간주할 수 있다. 따라서 웹 페이지를 효과적으로 스크래핑하려면 HTML의 기본을 알아야 한다. 다음 그림은 HTML 태그에 포함된 엘리먼트들을 보여준다.

그림 4.1 HTML 태그와 애트리뷰트

위 그림에서 볼 수 있듯이, HTML 태그 안에 있는 다양한 엘리먼트들을 확인할 수 있다. 다음 절에서는 예제를 통해 HTML 파일에서 태그 기반 정보를 추출해본다.

예제 40: HTML 파일에서 태그 기반 정보 추출하기

이 예제에서는 sample_doc.html에 있는 주소, 인용, 굵은 서체로 쓴 텍스트, 테이블을 추출해볼 것이다. 이 예제를 구현하기 위해 다음 과정을 따라가보자.

1. 주피터 노트북을 연다.

2. BeautifulSoup 라이브러리를 불러오기 위해 새로운 셀을 삽입하고 다음 코드를 추가한다.

```
from bs4 import BeautifulSoup
```

3. 그런 다음, BeautifulSoup 클래스 객체를 생성할 때 HTML 파일의 위치를 전달한다.

```
soup = BeautifulSoup(open('data_ch4/sample_doc.html'), 'html.parser')
```

4. sample_doc.html 파일의 텍스트 내용을 확인하기 위해 다음 코드를 추가한다.

```
soup.text
```

이 코드의 출력은 다음과 같다.

```
'\n\n\n A sample HTML Page \n\n\nI am staying at  Mess on No. 72, Banamali Naskar Lane, Kolkata. \nSherlock  stays at
221B, Baker Street, London, UK. \nHamlet said to Horatio,  There are more things in heaven and earth, Horatio,  Than
are dreamt of in your philosophy. \n A table denoting details of students\n\n\nname\nqualification\nadditional qualif
ication\nother qualification\n\n\nGangaram\nB.Tech\nNA\nNA\n\n\nGanga\nB.A.\nNA\nNA\n\n\nRam\nB.Tech\nM.Tech\nNA\n\n
\nRamlal\nB.Music\nNA\nDiploma in Music\n\n\n\n'
```

그림 4.2 HTML 파일에 있는 텍스트 내용

5. address 태그를 확인하기 위해 새로운 셀을 삽입하고 다음 코드를 추가한다.

```
soup.find('address')
```

이 코드의 출력은 다음과 같다.

```
<address> Mess on No. 72, Banamali Naskar Lane, Kolkata.</address>
```

그림 4.3 address 태그의 내용

6. 주어진 내용에 있는 모든 address 태그를 찾기 위해 다음 코드를 작성한다.

```
soup.find_all('address')
```

이 코드의 출력은 다음과 같다.

```
[<address> Mess on No. 72, Banamali Naskar Lane, Kolkata.</address>,
 <address>221B, Baker Street, London, UK.</address>]
```

그림 4.4 모든 address 태그의 내용

7. 따옴표(인용문) 안에 있는 내용을 확인하기 위해 다음 코드를 작성한다.

```
soup.find_all('q')
```

이 코드의 출력은 다음과 같다.

```
[<q> There are more things in heaven and earth, Horatio, <br> Than are dreamt of in your philosophy. </br></q>]
```

그림 4.5 q 태그의 내용

8. 모든 굵은 서체(볼드체) 항목들을 확인하기 위해 다음 명령을 작성한다.

```
soup.find_all('b')
```

이 코드의 출력은 다음과 같다.

```
[<b>Sherlock </b>, <b>Hamlet</b>, <b>Horatio</b>]
```

그림 4.6 b 태그의 내용

9. 모든 table 태그 내용을 확인하기 위해 다음 명령을 작성한다.

```
table = soup.find('table')
```

이 코드의 출력은 다음과 같다.

```
<table>
<tr>
<th>name</th>
<th>qualification</th>
<th>additional qualification</th>
<th>other qualification</th>
</tr>
<tr>
```

그림 4.7 table 태그의 내용

10. 테이블 내부를 반복하면서 table의 내용을 확인해보자. 이를 구현하기 위해 새로운 셀을 삽입하고 다음 코드를 추가하자.

```
for row in table.find_all('tr'):
    columns = row.find_all('td')
    print(columns)
```

이 코드의 출력은 다음과 같다.

```
[]
[<td>Gangaram</td>, <td>B.Tech</td>, <td>NA</td>, <td>NA</td>]
[<td>Ganga</td>, <td>B.A.</td>, <td>NA</td>, <td>NA</td>]
[<td>Ram</td>, <td>B.Tech</td>, <td>M.Tech</td>, <td>NA</td>]
[<td>Ramlal</td>, <td>B.Music</td>, <td>NA</td>, <td>Diploma in Music</td>]
```

그림 4.8 테이블의 내용

11. 테이블의 특정한 내용을 지정할 수도 있다. 만약 세 번째 행의 두 번째 열을 확인하고자 한다면, 다음과 같이 명령을 작성한다.

```
table.find_all('tr')[3].find_all('td')[2]
```

이 코드의 출력은 다음과 같다.

```
<td>M.Tech</td>
```

그림 4.9 세 번째 행, 두 번째 열의 내용

HTML 파일에서 태그 기반 정보를 추출하는 방법을 알아봤다. 다음 절에서는 웹 페이지로부터 내용을 불러오는 데 초점을 맞춘다.

▌웹 페이지에서 내용 불러오기

웹 브라우저에서 웹 페이지를 방문할 때마다 실제로 해당 콘텐츠를 가져오기 위한 요청을 보낸다. 이 과정은 파이썬 스크립트를 사용해 수행할 수 있다. urllib3와 requests 같은 패키지를 사용한다. 이 개념을 더 명확히 이해하기 위해 예제를 살펴보자.

예제 41: 온라인 텍스트 데이터 수집

이 예제에서는 requests와 urllib3를 활용해 온라인 데이터를 수집해본다. 이 예제를 구현하기 위해 다음 과정을 따라가보자.

1. 온라인에 공개된 책의 내용을 요청하기 위해 다음 명령어와 같이 requests 라이브러리를 사용한다.

```
import requests
r = requests.post('https://www.gutenberg.org/files/766/766-0.txt')
```

```
r.status_code
```

이 코드의 실행 결과는 다음과 같다.

```
200
```

그림 4.10 HTTP 상태 코드

참고

여기서 200은 URL로부터 제대로 응답을 받았다는 것을 나타낸다.

2. 불러온 파일의 텍스트 내용을 가져오기 위해 다음 코드를 작성한다.

```
r.text[:1000]
```

이 코드의 실행 결과는 다음과 같다.

```
'\ufeffThe Project Gutenberg EBook of David Copperfield, by Charles Dickens\r\n\r\nThis eBook is for the use of anyone anywhere
at no cost and with\r\nalmost no restrictions whatsoever.  You may copy it, give it away or\r\nre-use it under the terms of the
Project Gutenberg License included\r\nwith this eBook or online at www.gutenberg.org\r\n\r\n\r\nTitle: David Copperfield\r\n\r
\nAuthor: Charles Dickens\r\n\r\n\nRelease Date: December, 1996  [Etext #766]\r\nPosting Date: November 24, 2009\r\nLast Updated:
September 25, 2016\r\n\r\n\nLanguage: English\r\n\r\n\r\nCharacter set encoding: UTF-8\r\n\r\n*** START OF THIS PROJECT GUTENBERG EBO
OK DAVID COPPERFIELD ***\r\n\r\n\r\n\r\n\r\nProduced by Jo Churcher\r\n\r\n\r\n\r\n\r\n\r\nDAVID COPPERFIELD\r\n\r\n\r\nBy Char
les Dickens\r\n\r\n\r\n                    AFFECTIONATELY INSCRIBED TO\r\n                        THE HON.  Mr. AND Mrs. RICHARD WATSO
N,\r\n                    OF ROCKINGHAM, NORTHAMPTONSHIRE.\r\n\r\n\r\nCONTENTS\r\n\r\n\r\n        I.        I Am Born\r\n        II.        I O
bserve\r\n        III.        I Have a Change\r\n        IV.        I Fall into Disgrace\r\n        V.        '
```

그림 4.11 파일의 텍스트 내용

3. 불러온 내용을 텍스트 파일에 써보자. 이를 구현하기 위해 다음 코드를 추가한다.

```
open("data_ch4/David_Copperfield.txt", 'w').write(r.text)
```

이 코드의 실행 결과는 다음과 같다.

그림 4.12 전체 라인 수

4. 온라인에 있는 책의 내용을 요청하기 위해 urllib3 라이브러리를 사용해본다.
   이를 위해 다음 코드를 추가한다.

```
import urllib3
http = urllib3.PoolManager()
rr = http.request('GET', 'https://www.gutenberg.org/files/766/766-0.txt')
rr.data[:1000]
```

이 코드의 실행 결과는 다음과 같다.

```
b'\xef\xbb\xbfThe Project Gutenberg EBook of David Copperfield, by Charles Dickens\r\n\r\nThis eBook is for the use of anyone a
nywhere at no cost and with\r\nalmost no restrictions whatsoever.  You may copy it, give it away or\r\nre-use it under the term
s of the Project Gutenberg License included\r\nwith this eBook or online at www.gutenberg.org\r\n\r\n\r\nTitle: David Copperfie
ld\r\n\r\nAuthor: Charles Dickens\r\n\r\nRelease Date: December, 1996  [Etext #766]\r\nPosting Date: November 24, 2009\r\nLast
Updated: September 25, 2016\r\n\r\nLanguage: English\r\n\r\nCharacter set encoding: UTF-8\r\n\r\n*** START OF THIS PROJECT GUTE
NBERG EBOOK DAVID COPPERFIELD ***\r\n\r\n\r\n\r\n\r\nProduced by Jo Churcher\r\n\r\n\r\n\r\n\r\nDAVID COPPERFIELD\r\n\r\n\r\n\r
\nBy Charles Dickens\r\n\r\n\r\n\r\n                AFFECTIONATELY INSCRIBED TO\r\n                                THE HON.  Mr. AND Mrs. RICHARD
WATSON,\r\n          OF ROCKINGHAM, NORTHAMPTONSHIRE.\r\n\r\n\r\n\r\nCONTENTS\r\n\r\n\r\n\r\n    I.      I Am Born\r\n    II.
I Observe\r\n    III.    I Have a Change\r\n    IV.     I Fall into Disgrace\r\n     V.
```

그림 4.13 온라인에 있는 책의 내용

5. 내용을 제대로 가져왔고, 이제 그 내용을 파일에 쓰기 위해 다음 코드를 사용
   한다.

```
open("data_ch4/David_Copperfield_new.txt", 'wb').write(rr.data)
```

이 코드의 실행 결과는 다음과 같다.

그림 4.14 전체 라인 수

방금 requests와 urllib3 라이브러리를 사용해 온라인 소스에 있는 데이터를 수집하는
방법을 배웠다.

예제 42: 주피터 노트북의 내용 분석하기(HTML 형식)

이 예제에서는 text_classifier.html의 내용을 분석한다. 여기서는 이미지 개수 세기, 불러온 패키지 나열, 모델 확인 및 성능 확인 등에 중점을 둔다. 이 예제를 구현하기 위해 다음 과정을 따라가보자.

1. 다음 명령어를 사용해 BeautifulSoup을 불러오고 주어진 HTML 파일의 위치를 전달한다.

```
from bs4 import BeautifulSoup
soup = BeautifulSoup(open('data_ch4/text_classifier.html'), 'html.parser')
soup.text[:100]
```

이 코드의 실행 결과는 다음과 같다.

```
'\n\n\nCh3_Activity7_Developing_end_to_end_Text_Classifiers\n\n\n\n     /*!\n*\n* Twitter Bootstrap\n*\n*/\n/*!\n *'
```

그림 4.15 HTML 파일의 텍스트 내용

2. 이미지 개수를 세기 위해 img 태그를 사용한다.

```
len(soup.find_all('img'))
```

결과에서 볼 수 있듯이 세 개의 img 태그가 있다.

```
3
```

그림 4.16 HTML 파일에 있는 이미지의 개수

3. 불러온 모든 패키지를 나열하기 위해 다음 코드를 추가한다.

```
[i.get_text() for i in soup.find_all('span',attrs={"class":"nn"})]
```

이 코드의 실행 결과는 다음과 같다.

```
['pandas',
 'pd',
 'seaborn',
 'sns',
 'matplotlib.pyplot',
 'plt',
 're',
 'string',
 'nltk',
 'nltk.corpus',
 'nltk.stem',
 'sklearn.feature_extraction.text',
 'sklearn.model_selection',
 'pylab',
 'nltk',
 'warnings',
 'sklearn.metrics',
 'sklearn.linear_model',
 'sklearn.ensemble',
 'xgboost']
```

그림 4.17 불러온 라이브러리 나열

4. 모델과 모델의 성능을 추출하기 위해 h2와 class 애트리뷰트를 갖는 div 태그를 검색한다.

```
from bs4 import BeautifulSoup
soup = BeautifulSoup(open('data_ch4/text_classifier.html'), 'html.parser')
soup.text[:100]

for md,i in zip(soup.find_all('h2'), soup.find_all('div',attrs={"class":"outpu
t_subarea output_stream output_stdout output_text"})):
    print("Model: ",md.get_text())
    print(i.get_text())
    print("--------------------------------------------------------\n\n\n")
```

이 코드의 실행 결과는 다음과 같다.

```
Model:   Logistic Regression¶

confusion matrix:
 [[28705   151]
 [ 1663  1396]]

accuracy:  0.943161522794924

classification report:
              precision    recall  f1-score   support

           0       0.95      0.99      0.97     28856
           1       0.90      0.46      0.61      3059

   micro avg       0.94      0.94      0.94     31915
   macro avg       0.92      0.73      0.79     31915
weighted avg       0.94      0.94      0.93     31915


Area under ROC curve for validation set: 0.911224422146723
```

그림 4.18 모델 정보와 모델의 성능

> **참고**
>
> 앞 코드는 랜덤 포레스트와 XGBoost 같은 다른 모델의 성능을 출력해줄 수 있다. 업데이트한 출력
> 은 https://github.com/TrainingByPackt/Natural-Language-Processing-Fundamentals/
> blob/master/Lesson4/Exercise43.ipynb에서 확인할 수 있다.

온라인에서 사용할 수 있는 데이터를 수집하려면 HTML 페이지를 스크랩하는 방법을
알아야 한다. 예를 들어, 위키피디아의 기사를 찾았을 때는 특정 정보를 추출해야 할
수도 있다. 데이터가 너무 커서 수동으로 처리할 수 없기 때문에 이 상황을 대처하기
어렵다. 다음 절에서는 위키피디아 페이지에서 데이터를 가져와본다.

실습 6: 온라인 HTML 페이지에서 정보 추출하기

이 실습에서는 위키피디아 페이지에서 라빈드라나드 타고르[Rabindranath Tagore]에 대한 데

이터를 추출한다. 데이터를 추출한 후에는 Works 섹션 아래에 있는 그의 작품 목록과 그의 이름을 딴 대학 목록 등을 분석할 것이다. 이 활동을 구현하기 위해 다음 과정을 따라가보자.

1. requests와 BeautifulSoup 라이브러리를 불러온다.
2. requests 라이브러리의 GET 메서드를 사용해 https://bit.ly/1ZmRIPC에 있는 위키피디아 페이지를 불러온다.
3. 불러온 내용을 HTML 파서를 사용해 HTML 형식으로 변환한다.
4. Works 섹션에 있는 제목 목록을 출력한다.
5. 타고르의 작품 목록을 출력한다.
6. 타고르의 이름을 딴 대학교 목록을 출력한다.

> **참고**
> 이 실습과 관련된 솔루션은 부록의 실습 6에서 살펴볼 수 있다.

실습 7: 정규 표현식을 사용해 데이터 추출 및 분석하기

이 실습에서는 팩트출판사의 웹사이트에서 데이터를 추출한다. 추출할 데이터에는 FAQ와 답변, 전화번호, 이메일 등이 들어있다. 이 실습을 구현하기 위해 다음 과정을 따라가보자.

1. 필요한 라이브러리를 불러온다.
2. urllib3 라이브러리를 사용해 https://bit.ly/2uw0Avf에서 데이터를 추출한다.
3. 질문과 답변을 데이터에서 불러온다.
4. 질문과 답변으로 구성된 데이터프레임을 생성한다.

5. 정규 표현식을 사용해 이메일 주소와 전화번호를 불러온다.

> **참고**
>
> 이 실습과 관련된 솔루션은 부록의 실습 7에서 살펴볼 수 있다.

이 절에서는 온라인 소스에서 데이터를 불러오는 방법과 다양한 방법으로 그 데이터를 분석하는 방법을 배웠다. 다음 절에서는 준정형 데이터를 알아본다.

준정형 데이터 다루기

2장의 '텍스트에서 피처 추출' 절에서는 다양한 유형의 데이터를 배웠다. 준정형 데이터가 어떤 것을 가리키는지 빠르게 요약해보자. 데이터셋이 행–열 형식은 아니지만 지정한 수의 행과 열을 갖는 구조적 형태로 변환할 수 있는 경우 준정형이라고 부른다. 종종 JSON과 XML 파일의 경우처럼 키–값 쌍으로 저장되거나 태그 사이에 포함된 데이터를 마주치게 된다. 이들은 준정형 데이터의 인스턴스다. 널리 사용되는 준정형 데이터 형식은 JSON과 XML이다.

JSON

JSON^{JavaScript Object Notation} 파일은 데이터를 저장하고 교환하는 데 사용하며, 사람이 읽을 수 있고 해석하기 쉽다. 텍스트 파일 및 CSV 파일과 마찬가지로 언어에 독립적인데, 이는 파이썬, 자바 등과 같은 다른 프로그래밍 언어에서 JSON 파일이 효과적으로 동작할 수 있음을 의미한다. 파이썬에서 사전^{dictionary}이라는 내장 데이터 구조는 JSON 객체를 그대로 저장할 수 있다. 일반적으로 JSON 객체의 데이터는 키–값 쌍의 형태로 존재한다. JSON 객체 안에 있는 값의 데이터 유형은 다음 중 하나여야 한다.

- 문자열
- 숫자
- 또 다른 JSON 객체
- 배열
- 불리언 형식
- 널null 값

MongoDB 저장 데이터와 같은 NoSQL 데이터베이스에서는 JSON 객체의 형태로 데이터를 저장한다. 대부분의 API는 JSON 객체를 반환한다. 다음 그림은 JSON 파일이 어떤 형태인지를 보여준다.

```json
{
  "stones":[
    {
      "name": "Space Stone",
      "movies": ["Thor", "Captain America", "The
        Avengers"]
    },
    {
      "name": "Mind Stone",
      "movies": ["The Avengers", "The Winter Soldier",
        "Age of Ultron", "Civil War"]
    },
    {
      "name": "Reality Stone",
      "movies": ["The Dark World"]
    },
    {
      "name": "Power Stone",
      "movies": ["Guardians of the Galaxy"]
    },
    {
      "name": "Time Stone",
      "movies": ["Dr. Strange"]
    },
    {
      "name": "Soul Stone"
    }
  ]
}
```

그림 4.19 간단한 JSON 파일

종종 URL을 요청할 때 얻는 응답은 JSON 객체의 형태다. JSON 파일을 효과적으로 다루기 위해서는 파싱하는 방법을 알아야 한다. 다음 예제는 이 주제에 초점을 맞춘다.

예제 43: JSON 파일 다루기

이 예제에서는 JSON 파일에서 학생 이름, 자격 사항, 추가 자격 사항과 같은 세부 정보를 추출한다. 이 예제를 구현하기 위해 다음 과정을 따라가보자.

1. 주피터 노트북을 연다.

2. 새로운 셀을 삽입하고 json을 불러온다. 다음 명령어를 사용해 위에서 언급한 파일의 위치를 전달한다.

```
import json
from pprint import pprint
data = json.load(open('data_ch4/sample_json.json'))
pprint(data)
```

이 코드의 출력은 다음과 같다.

```
{'students': [{'name': 'Gangaram', 'qualification': 'B.Tech'},
              {'name': 'Ganga', 'qualification': 'B.A.'},
              {'additional qualification': 'M.Tech',
               'name': 'Ram',
               'qualification': 'B.Tech'},
              {'name': 'Ramlal',
               'other qualification': 'Diploma in Music',
               'qualification': 'B.Music'}]}
```

그림 4.20 불러온 데이터의 사전 형식

3. 학생의 이름을 추출하기 위해 다음 코드를 추가한다.

```
[dt['name'] for dt in data['students']]
```

이 코드의 출력은 다음과 같다.

```
['Gangaram', 'Ganga', 'Ram', 'Ramlal']
```

그림 4.21 추출한 학생의 이름

4. 학생들의 자격 사항을 추출하기 위해 다음 코드를 입력한다.

```
[dt['qualification'] for dt in data['students']]
```

이 코드의 출력은 다음과 같다.

```
['B.Tech', 'B.A.', 'B.Tech', 'B.Music']
```

그림 4.22 추출한 학생들의 자격 사항

5. 학생들의 추가 자격 사항을 추출하기 위해 다음 코드를 입력한다(주의: 모든 학생이 추가 자격 사항을 갖지는 않는다. 따라서 이 부분은 따로 확인해야 한다). 이를 구현하기 위해 다음 코드를 추가한다.

```
[dt['additional qualification'] if 'additional qualification' in dt.keys()
else None for dt in data['students']]
```

이 코드의 출력은 다음과 같다.

```
[None, None, 'M.Tech', None]
```

그림 4.23 학생들의 추가 자격 사항

JSON 객체는 파이썬의 사전 데이터 구조와 유사하기 때문에 대부분의 경우 판다스 데이터프레임에 효과적으로 저장할 수 있다. 다음 실습에서는 JSON 파일을 판다스 데이터프레임에 저장하고 감성 점수를 추출하는 방법을 학습한다.

실습 8: 온라인 JSON 파일 다루기

이 실습에서는 온라인에서 JSON 파일을 불러온 후 코멘트를 추출하고 각각의 감성 점수를 평가한다. TextBlob 라이브러리를 사용할 것이며, 이 실습을 구현하기 위해 다음 과정을 따라가보자.

1. 필요한 라이브러리를 불러온다.
2. `requests` 라이브러리를 사용해 https://bit.ly/2TJ1T4H에서 데이터를 불러온다.
3. 불러온 데이터로 데이터프레임을 만든다.
4. 데이터에 있는 코멘트를 영어로 번역한다.
5. TextBlob 라이브러리를 사용해 각 코멘트에 있는 감성을 찾고 이를 출력한다.

> **참고**
>
> 이 실습과 관련된 솔루션은 부록의 실습 8에서 살펴볼 수 있다.

불러온 JSON 파일에 있는 코멘트에 대한 감성을 찾는 방법을 배웠다. 다음 절에서는 XML을 배워보자.

XML

HTML과 마찬가지로 XML은 태그 사이에 데이터를 저장하는 또 다른 종류의 마크업 언어다. XML은 Extensible Markup Language의 약어로, 사람이 읽을 수 있고 확장 가능하다. 즉, 자체 태그를 정의할 수 있는 자유가 있다. XML의 경우 애트리뷰트, 엘리먼트, 태그는 HTML의 애트리뷰트, 엘리먼트, 태그와 비슷하다. XML 파일에 선언이 있을 수도 있고 없을 수도 있다. 선언이 있는 경우에는 XML 파일의 첫 번째 행이어야 한다. 이 선언문은 버전Version, 인코딩Encoding, 스탠드얼론Standalone이라는 세 부분으로 구성된다. 버전은 사용 중인 XML 표준 버전을 나타낸다. 인코딩은 이 파일에서 사용하는 문자 인코딩 유형을 나타낸다. 스탠드얼론은 XML 파일의 내용을 해석하는 데 외부 정보가 필요한지 여부를 파서parser에게 알려준다. 다음 그림은 XML 파일의 형태를 보여준다.

```
<?xml version="1.0" encoding="UTF-8" ?>  ←  XML 선언문
<stones>  ←  태그 시작
        <name>Space Stone</name>
        <movies>Thor</movies>
        <movies>Captain America</movies>
        <movies>The Avengers</movies>
</stones>  ←  태그 종료
<stones>
        <name>Mind Stone</name>
        <movies>The Avengers</movies>
        <movies>The Winter Soldier</movies>
        <movies>Age of Ultron</movies>
        <movies>Civil War</movies>  ←  엘리먼트
</stones>
<stones>
        <name>Reality Stone</name>
        <movies>The Dark World</movies>
</stones>
<stones>
        <name>Power Stone</name>
        <movies>Guardians of the Galaxy</movies>
</stones>
<stones>
        <name>Time Stone</name>
        <movies>Dr. Strange</movies>
</stones>
<stones>
        <name>Soul Stone</name>
</stones>
```

그림 4.24 XML 파일의 예

XML 파일은 XML 트리라고 불리는 트리로 표현할 수 있다. 이 XML 트리는 루트 엘리먼트root element(부모)로 시작한다. 이 루트 엘리먼트는 하위 엘리먼트로 더 분기된다. XML 파일의 각 엘리먼트는 XML 트리의 노드다. 자식이 없는 엘리먼트는 리프 노드leaf node다. 다음 그림은 원본 XML 파일과 XML 파일이 트리 표현에서 어떻게 다른지 명확하게 보여준다.

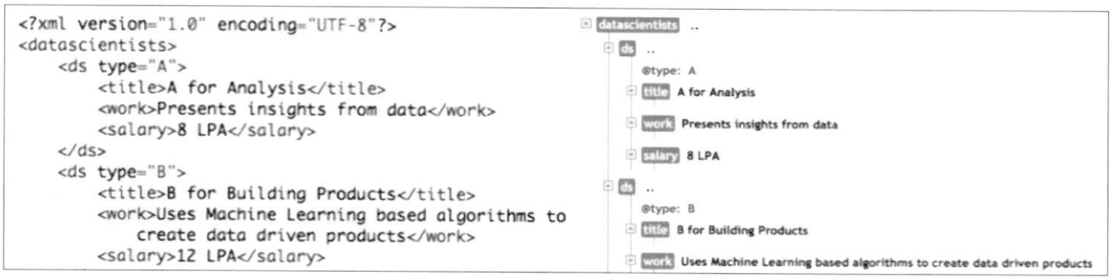

그림 4.25 XML 구조의 비교

XML 파일을 효과적으로 다루려면 그 구조를 이해해야 한다. 다음 예제에서 XML 파 싱 방법을 알아보자.

예제 44: 로컬에 있는 XML 파일 다루기

이 예제에서는 XML 파일을 파싱하고 직원의 이름, 근무하는 조직, 모든 직원의 총급 여 같은 다양한 정보를 출력한다. 이 예제를 구현하기 위해 다음 과정을 따라가보자.

1. 주피터 노트북을 연다.

2. 새로운 셀을 열고 다음 코드를 사용해 xml.etree.ElementTree를 불러온 뒤, XML 파일의 위치를 전달한다.

```
import xml.etree.ElementTree as ET
tree = ET.parse('data_ch4/sample_xml_data.xml')
root = tree.getroot()
root
```

이 코드의 출력은 다음과 같다.

그림 4.26 루트 엘리먼트

3. 불러온 엘리먼트의 태그를 확인하기 위해 다음 코드를 입력한다.

```
root.tag
```

이 코드의 출력은 다음과 같다.

```
'records'
```

그림 4.27 엘리먼트의 태그

4. XML에서 name과 company 태그를 검색하기 위해 태그 사이의 데이터를 출력한다.

```
for record in root.findall('record')[:20]:
    print(record.find('name').text, "---",record.find('company').text)
```

이 코드의 출력은 다음과 같다.

```
Peter Brewer --- Erat Ltd
Wallace Pace --- Sed Nunc Industries
Arthur Ray --- Amet Faucibus Corp.
Judah Vaughn --- Nunc Quis Arcu Inc.
Talon Combs --- Leo Elementum Ltd
Hall Bruce --- Proin Non Massa Consulting
Ronan Grant --- Scelerisque Sed Inc.
Dennis Whitaker --- Scelerisque Neque Foundation
Bradley Oconnor --- Aliquet Corporation
Forrest Alvarez --- Et Eros Institute
Ignatius Meyers --- Facilisis Lorem Limited
Bert Randolph --- Facilisis LLP
Victor Stevenson --- Lacinia Vitae Sodales Incorporated
Jamal Cummings --- Litora Ltd
Samson Estrada --- Lacinia Vitae Sodales Industries
Ira Spencer --- Duis Associates
Kevin Henson --- Sagittis Limited
Melvin Mccarthy --- Ipsum Suspendisse Company
Kieran Underwood --- Quisque Porttitor Eros Ltd
Cedric Phelps --- Lorem Vehicula Corp.
```

그림 4.28 name과 company 태그의 데이터 출력

5. 모든 직원의 총급여로 구성된 리스트를 생성하자. 급여의 합계를 구하기 위해 numpy를 사용한다.

```
import numpy as np
np.sum([int(record.find('salary').text.replace('$','').replace(',','')) for
record in root.findall('record')])
```

이 코드의 출력은 다음과 같다.

745609

그림 4.29 급여의 총합

로컬에 있는 XML 파일 처리 방법을 배웠다. 데이터를 요청했을 때 많은 URL들이 XML 파일을 반환한다. 원시 XML 파일에서 정보를 추출하는 것은 '예술'이다. 다음 절에서는 API를 사용해 실시간 데이터를 검색하는 방법을 알아본다.

API를 사용해 실시간 데이터 불러오기

API는 애플리케이션 프로그래밍 인터페이스를 의미한다. 실제 상황을 예로 들어 API가 무엇인지 이해해보자. 벽에 소켓 플러그가 있고 그것을 사용해 휴대폰을 충전해야 한다고 가정하자. 어떻게 할 것인가? 휴대폰을 소켓에 연결할 수 있는 충전기/어댑터를 사용해야 한다. 여기서 이 어댑터는 휴대폰과 소켓을 연결하는 중재자 역할을 해서 그 둘 사이에 전기가 원활하게 흐를 수 있도록 해준다. 이와 유사하게, 일부 웹사이트는 그들의 데이터를 직접적으로 제공하지 않는다. 대신에 그들은 웹사이트로부터 데이터를 추출할 수 있는 API를 제공한다. 휴대폰 충전기처럼 API도 중재자 역할을 해서 이러한 웹사이트와 우리 사이의 원활한 데이터 전송이 가능하게 해준다. API를 사용해 데이터를 수집하는 예제를 다뤄보자.

예제 45: API를 사용한 데이터 수집

이 예제에서는 API를 사용해 2018년 12월 30일부터 2019년 1월 3일까지의 탄소 강도를 추출한다. 이 예제를 구현하기 위해 다음 과정을 따라가보자.

1. 주피터 노트북을 연다.

2. 필요한 패키지를 불러온다. 해당하는 URL을 구성하고 호출한다.

```
http = urllib3.PoolManager()
start_dt = '2018-12-30T12:35Z'
end_dt = '2019-01-03T12:35Z'
rrq = http.request('GET', 'https://api.carbonintensity.org.uk/
intensity/'+start_dt+'/'+end_dt, \
                   headers = {'Accept': 'application/json'})
rrq.status
```

이 코드의 출력은 다음과 같다.

```
200
```

그림 4.30 HTTP 상태 코드

3. json 데이터를 불러오기 위해 새로운 셀을 열고 다음 코드를 추가한다.

```
data = json.loads(rrq.data)
pprint(data)
```

이 코드의 출력은 다음과 같다.

```
{'data': [{'from': '2018-12-30T12:30Z',
           'intensity': {'actual': 203, 'forecast': 202, 'index': 'moderate'},
           'to': '2018-12-30T13:00Z'},
          {'from': '2018-12-30T13:00Z',
           'intensity': {'actual': 208, 'forecast': 201, 'index': 'moderate'},
           'to': '2018-12-30T13:30Z'},
          {'from': '2018-12-30T13:30Z',
           'intensity': {'actual': 217, 'forecast': 205, 'index': 'moderate'},
           'to': '2018-12-30T14:00Z'},
          {'from': '2018-12-30T14:00Z',
           'intensity': {'actual': 225, 'forecast': 214, 'index': 'moderate'},
           'to': '2018-12-30T14:30Z'},
          {'from': '2018-12-30T14:30Z',
           'intensity': {'actual': 235, 'forecast': 220, 'index': 'moderate'},
           'to': '2018-12-30T15:00Z'},
          {'from': '2018-12-30T15:00Z',
           'intensity': {'actual': 247, 'forecast': 231, 'index': 'moderate'},
           'to': '2018-12-30T15:30Z'},
          {'from': '2018-12-30T15:30Z',
```

그림 4.31 불러온 데이터에 있는 사전

4. 불러온 데이터를 담고 있는 데이터프레임을 만들고 출력하기 위해 다음 코드를 추가한다.

```
pd.DataFrame(data['data'])
```

이 코드의 출력은 다음과 같다.

그림 4.32 탄소 강도에 대한 상세 정보를 담고 있는 데이터프레임

API를 사용해 데이터를 수집하는 방법을 배웠다. 다음 절에서는 API를 생성하는 방법을 알아본다.

API 생성

종종 API를 직접 만들어야 한다. 이기종 플랫폼 간에 모델을 배포하고 정보를 교환하는 것이 API의 주요 용도다. API를 만드는 데 널리 사용되는 파이썬 라이브러리에는 플라스크^{Flask}, 새닉^{Sanic}, 바틀^{Bottle}, 장고^{Django}가 있다.

트위터와 같은 일부 웹사이트는 데이터를 추출할 수 있도록 미리 만들어둔 API를 제공한다. 따라서 개발자 계정만 있으면 된다. 다음 절에서는 파이썬 API인 Tweepy를 사용해 트위터에서 데이터를 수집하는 방법을 살펴본다.

실습 9: 트위터에서 데이터 추출하기

이 실습에서는 Tweepy 라이브러리를 사용해 트윗을 추출하고 감성 점수를 계산한 뒤, 단어 구름을 사용해 트윗을 시각화해본다. 이 실습을 구현하기 위해 다음 과정을 따라가보자.

1. 독자의 트위터 계정을 사용해 로그인한다.
2. https://dev.twitter.com/apps/new에 방문해 필요한 양식을 작성한다.
3. 양식을 제출하고 키와 토큰을 받는다.
4. #WorldWaterDay를 위한 API 호출을 할 때 작성한 애플리케이션에서 이 키와 토큰을 사용한다.
5. 필요한 라이브러리를 불러온다.
6. 키와 토큰을 사용해 데이터를 불러온다.
7. 트윗으로 구성된 데이터프레임을 생성한다.
8. 영어로 작성된 트윗들을 뽑아낸다.
9. TextBlob 라이브러리를 사용해 각 트윗의 감성 점수를 계산한다.
10. 단어 구름을 사용해 트윗을 시각화한다.

트위터에서 데이터를 추출한 후 트윗을 분석하고, 이를 사용해 단어 구름을 만드는 방법을 배웠다. 다음 절에서는 로컬 파일에서 데이터를 추출하는 방법을 살펴본다.

로컬 파일에서 데이터 추출하기

데이터는 PDF, DOCX, Excel, PPTX, 이미지 등과 같은 다양한 형태로 존재한다. 이러한 파일에서 콘텐츠를 추출하는 것은 보통 지루한 일이다. 이러한 파일에서 데이터를 효과적으로 추출하는 방법을 알려주는 예제를 다뤄본다.

예제 46: 로컬 파일에서 데이터 추출하기

이 예제에서는 PDF 파일, 이미지 파일, 엑셀 파일, 워드 파일과 같이 다양한 로컬 파일에서 데이터를 추출해본다. 이 예제를 구현하기 위해 다음 과정을 따라가보자.

1. 주피터 노트북을 연다.
2. PDF 파일에서 텍스트를 추출하기 위해 textract 라이브러리를 불러온다.

```
import textract
text = textract.process("data_ch4/Flowchart_Selecting_Model_Type.pdf")
text
```

이 코드의 출력은 다음과 같다.

```
b'Is data\nlabeled?\n\nNo\n\nUnsupervised Methods (Clustering,\nAssociation Rule Mining)\n\nYes\n\nDo the label(s) ha
ve\ncontinuous (numeric)\nvalues or discrete\n(categorical) values?\n\nDiscrete\nCLASSIFICATION\n\nOutput\nprobabilit
y(ies) of\na class(es) or\nclass labels?\n\nContinuous REGRESSION\nClass Labels\n\nNumber of\nresponse\nvariables?\nO
ne\n\nLogistic\nRegression\nor\nNaive Bayes\n\nK-NN or\nLogistic\nRegression\n(with\nthreshold)\n\nNumber of\nexplana
tory\nvariables?\nOne\n\nTwo or more\nUnivariate\nRegression\n\nProbability\n\nMultivariate\nRegression\n\nTwo or mor
e\nSimple\nRegression\n\nAre parameters\nlinearly related?\n\nMultiple\nRegression\n\nYes\nLinear\nRegression\n\nNo\nNo
n-Linear\nRegression\n\n\x0c'
```

그림 4.33 PDF에서 텍스트 추출

3. 이미지 파일에서 텍스트를 추출하기 위해 PIL과 pytesseract 라이브러리를 가져온다.

```
from PIL import Image
import pytesseract

print(pytesseract.image_to_string(Image.open('data_ch4/ChatBot.png')))
```

이 코드의 출력은 다음과 같다.

그림 4.34 이미지 파일에서 텍스트 추출

4. textract를 사용해 이미지 파일에서 텍스트를 추출하기 위해 다음 코드를 추가한다.

```
import textract
textract.process("data_ch4/ChatBot.png")
```

이 코드의 출력은 다음과 같다.

```
b' \n\n \n\nCustomer Care ChatBot\n\nCustomer\n\nChatBot\n\nCustomer\n\nChatBot\n\nCustomer\n\nChatBot\n\nustomer\nCh
atBot:\n\n|\n\n \n\n \n\x0c'
```

그림 4.35 textract를 사용한 텍스트 추출

5. 엑셀 파일에서 데이터를 추출하기 위해 다음 코드를 추가한다.

```
import pandas as pd
data = pd.read_excel('data_ch4/sample_excel.xlsx', sheet=1)
data.head()
```

이 코드의 출력은 다음과 같다.

	name	qualification	additional qualification	other qualification
0	Gangaram	B.Tech	NaN	NaN
1	Ganga	B.A.	NaN	NaN
2	Ram	B.Tech	M.Tech	NaN
3	Ramlal	B.Music	NaN	Diploma in Music

그림 4.36 엑셀 파일에서 추출한 데이터

6. 워드 문서에서 데이터를 추출하기 위해 다음 코드를 추가한다.

```
import textract
textract.process("data_ch4/sample_word_document.docx")
```

이 코드의 출력은 다음과 같다.

```
b'Hamlet said to Horatio, There are more things in heaven and earth, Horatio, Than are dreamt of in your philosophy.'
```

그림 4.37 워드 문서에서 추출한 데이터

다양한 라이브러리를 사용해 여러 로컬 파일에서 데이터를 추출하는 방법을 배웠다. 다음 절에서는 로컬 파일에 다양한 작업을 수행하는 예제를 살펴본다.

예제 47: 로컬 파일에 다양한 작업 수행

이 예제에서는 로컬 파일에 열기, 쓰기, 읽기, 추가하기, 닫기와 같은 다양한 파일 작업을 수행해볼 것이다. 이 예제를 구현하기 위해 다음 과정을 따라가보자.

1. 주피터 노트북을 연다.
2. 먼저 텍스트 파일을 생성하고 작은 콘텐츠를 파일에 작성한다. 이를 구현하기 위해 다음 코드를 추가한다.

```
fp = open('data_ch4/sample_text.txt', 'w')
fp.write("I love text mining\n")
fp.close()
```

3. 이미 존재하는 파일에 텍스트를 더 추가하기 위해 다음 코드를 추가한다.

```
fp = open('data_ch4/sample_text.txt', 'a')
fp.write("I am learning Natural Language Processing\n")
fp.close()
```

4. 텍스트 파일에서 콘텐츠를 불러오기 위해 다음 코드를 추가한다.

```
fp = open('data_ch4/sample_text.txt', 'r')
fp.readlines()
```

이 코드의 출력은 다음과 같다.

```
['I love text mining\n', 'I am learning Natural Language Processing\n']
```

그림 4.38 텍스트 파일의 내용

5. 다양한 인코딩을 갖는 파일을 열기 위해 다음 코드를 추가한다.

```
import nltk
nltk.download('unicode_samples')
file_location = nltk.data.find('corpora/unicode_samples/polish-lat2.txt')
fp = open(file_location,'r', encoding='latin2')
fp.readlines()
```

이 코드의 출력은 다음과 같다.

```
['Pruska Biblioteka Państwowa. Jej dawne zbiory znane pod nazwą\n',
 '"Berlinka" to skarb kultury i sztuki niemieckiej. Przewiezione przez\n',
 'Niemców pod koniec II wojny światowej na Dolny Śląsk, zostały\n',
 'odnalezione po 1945 r. na terytorium Polski. Trafiły do Biblioteki\n',
 'Jagiellońskiej w Krakowie, obejmują ponad 500 tys. zabytkowych\n',
 'archiwaliów, m.in. manuskrypty Goethego, Mozarta, Beethovena, Bacha.\n']
```

그림 4.39 텍스트 파일 열기의 결과

6. 이 파일들을 줄 단위로 읽어오기 위해 새로운 셀을 삽입하고 다음 코드를 추가한다.

```
for line in open(file_location,'r', encoding='latin2'):
    print(line)
```

이 코드의 출력은 다음과 같다.

```
Pruska Biblioteka Państwowa. Jej dawne zbiory znane pod nazwą

"Berlinka" to skarb kultury i sztuki niemieckiej. Przewiezione przez

Niemców pod koniec II wojny światowej na Dolny Śląsk, zostały

odnalezione po 1945 r. na terytorium Polski. Trafiły do Biblioteki

Jagiellońskiej w Krakowie, obejmują ponad 500 tys. zabytkowych

archiwaliów, m.in. manuskrypty Goethego, Mozarta, Beethovena, Bacha.
```

그림 4.40 줄 단위로 출력한 텍스트 파일

7. 열어놓은 파일을 닫기 위해 다음 코드를 추가한다.

```
fp.close()
```

로컬 파일에 다양한 작업을 수행하는 방법을 배웠다.

▌ 요약

이 장에서는 웹 페이지를 스크래핑해 데이터를 수집하는 방법을 배웠다. 다양한 종류의 준정형 데이터 형식, 즉 JSON과 XML을 배웠고, 트위터와 같은 웹사이트에서 실시간으로 데이터를 추출하는 다양한 방법들을 예제를 통해 살펴봤다. 마지막으로는 PDF, 워드 문서, 텍스트 파일, 엑셀 파일 등과 같은 다양한 로컬 파일을 처리하는 방법을 배웠다.

다음 장에서는 비지도 학습 기반 자연어 처리 기법인 토픽 모델링을 살펴본다. 이 기법은 문서에 내재된 토픽에 따라 문서를 그룹화하는 데 활용한다.

5

토픽 모델링

이 장에서 다루는 내용은 다음과 같다.

- 토픽 모델링^{topic modeling}과 토픽 모델링의 활용 분야를 설명한다.
- 토픽 모델링 알고리즘을 설명한다.
- LSA와 LDA의 동작 원리를 설명한다.
- 토픽 핑거프린팅을 설명한다.
- LSA와 LDA를 사용해 토픽 모델링을 구현한다.

이 장에서는 다양한 토픽 모델링 알고리즘을 살펴보고, 그 알고리즘을 활용해 데이터 셋에 토픽 모델링을 수행하는 방법을 알아본다.

▌ 소개

이전 장에서 로컬에 있는 파일과 온라인 리소스에서 데이터를 수집하는 다양한 방법을 배웠다. 이 장에서는 자연어 처리에서 인기 있는 개념인 토픽 모델링에 중점을 둘 것이다. 토픽 모델링은 문서 모음에서 의미를 포착하는 간단한 방법이다. 이 경우에 문서는 논리적인 단어들의 모임으로, 프로젝트에 따라 트윗만큼 짧거나 기사만큼 길 수도 있다.

토픽 모델은 일련의 텍스트에 포함된 개념들에 대한 정보를 포착한다. 이러한 개념을 사용해 문서를 다양한 범주나 토픽으로 묶을 수 있다.

토픽 모델링은 대부분 자체적으로 토픽을 찾아내는 비지도 학습 알고리즘을 사용해 수행한다. 토픽 모델링 알고리즘은 문서에서 단어나 토큰에 대한 통계 분석을 수행한 후 해당 통계를 사용해 토픽에 문서를 자동으로 할당한다.

이 장에서는 잠재 의미 분석^{Latent Semantic Analysis}(LSA)과 잠재 디리클레 할당^{Latent Dirichlet} ^{Allocation}(LDA) 같은 몇 가지 유명한 토픽 모델링 알고리즘을 살펴본다.

앞서 언급했듯이, 토픽 모델링은 지도 학습 알고리즘이 아니라 비지도 학습 알고리즘을 사용한다. 이는 훈련 중에 학습할 토픽이 지정된 예시를 제공하지 않아도 된다는 것을 의미한다. 토픽 모델링은 내재된 흥미로운 토픽을 발견하는 데 도움을 줄 뿐만 아니라, 토픽으로 텍스트에 레이블^{label}을 지정하는 데 드는 수작업의 노력을 줄여준다. 그러나 비지도 학습이 완전히 아무런 작업도 필요하지 않다는 것을 의미하지는 않는다. 왜냐하면 보통 알고리즘을 동작시킬 수 있는 몇 가지 파라미터를 제공하기 때문이다.

▌ 토픽 찾기

토픽 모델링의 주요 목표는 문서 집합을 분류하는 데 사용할 수 있는 일련의 토픽들을 찾는 것이다. 이 토픽들은 사전에 토픽들이 무엇인지를 미리 알지 못하기 때문에 암묵

적이다. 그리고 이름을 갖고 있지 않다. 단지 몇몇 문서들이 서로 비슷하며 문서들을 토픽들로 정리할 수 있다고 추측할 뿐이다.

토픽 개수는 보통 두 개에서 열 개까지로 적다. 하지만 많게는 100개(또는 그 이상)의 토픽이 필요한 사용 사례가 있다. 토픽을 발견하는 것은 컴퓨터 알고리즘이기 때문에 그 개수는 일반적으로 임의적이다. 이러한 토픽들은 항상 인간이 인지할 수 있는 토픽과 직접적으로 일치하지는 않을 수도 있다. 실제로 토픽 개수는 문서의 개수보다 훨씬 더 작아야 한다. 이러면 정렬 프로세스에서 토픽 모델링 알고리즘을 사용할 수 있다. 모델에 전달하는 문서 예제가 많을수록 알고리즘이 문서를 분류하고 범주로 할당하는 정확도가 향상된다.

선택한 토픽 개수는 문서의 수와 프로젝트의 목적에 따라 달라진다. 문서가 많거나 문서가 상당히 다양할 경우에는 토픽 개수를 늘리고 싶을 수 있다. 반대로, 작은 문서 집합을 분석하는 경우에는 토픽 개수를 줄일 수도 있다. 이것은 일반적으로 문서에 대한 가정으로부터 나온다. 문서 집합에 본질적으로 많은 수의 토픽이 포함돼 있다고 생각되는 경우, 유사한 개수의 토픽을 찾도록 알고리즘을 구성해야 한다. 기본적으로 여기서 이미 문서에 내재돼 있는 것이 무엇인지 알아내기 위해 알고리즘을 조절하고 있으며, 몇 개의 문서를 샘플링하고 이 문서들이 어떤 종류의 토픽을 포함하고 있는지를 확인하는 것으로부터 이에 대한 타당한 아이디어를 얻을 수도 있다.

테마 찾기

보통 텍스트 문서 모음을 확인할 때는 문서에 어떤 테마나 토픽이 포함돼 있는지 파악하고 싶어 한다. 그런 다음 찾아낸 테마를 사용해 문서를 분류할 수 있으며, 추가적인 분석에 활용할 수도 있다. 이는 많은 문서 조사가 필요한 법률 검색에 도움이 되며, 토픽 모델링은 이러한 문서들을 테마별로 분류하는 데 사용할 수 있다.

법의학forensic 분석 외에도, 온라인 텍스트 자원에서 테마를 발견하기 위해 토픽 모델링을 사용할 수 있다. 월드 와이드 웹은 조직화하기가 어렵다는 것을 증명하는 많은 양의 데이터를 포함하고 있다. 예를 들어 위키피디아가 있는데, 위키피디아는 세계에 대한 사실들을 담고 있는 문서들의 집합이다.

탐색적 데이터 분석

머신러닝 프로젝트를 수행하기 전에 탐색적 데이터 분석exploratory data analysis을 하는 것이 좋다. 이 작업은 데이터를 이해하고 데이터 안에 있는 항목들의 확률 분포를 파악할 수 있도록 도와준다. 그러면 사용할 특정 알고리즘을 선택할 수 있는 더 좋은 위치에 있게 될 것이다. 자연어 처리 프로젝트를 시작할 때, 소스에 대한 탐색적 데이터 분석을 할 수 있다. 여기에는 대개 잠재 디리클레 할당(LDA)과 같이 비지도 학습을 사용하는 토픽 모델링이 포함된다. 이 작업을 통해 문서를 그룹화할 수 있는 방법과 텍스트 데이터셋의 통계적 특성에 대한 감각을 얻을 수 있다.

예를 들어 텍스트 데이터셋이 특정 토픽에 치우쳐 있는지, 혹은 텍스트의 출처가 균일하거나 이질적인지 알고 싶을 수 있다. 이 정보는 실제 프로젝트에 적합한 알고리즘을 선택할 수 있게 해준다. 토픽 모델링은 텍스트 데이터를 탐색하고 자연스럽게 텍스트 데이터를 그룹 지을 수 있는 좋은 방법이다. 토픽 모델링은 데이터가 균일하게 분포하는지, 특정한 방식으로 한쪽에 치우쳐 있는지를 이해하는 데 도움이 된다.

문서 클러스터링

클러스터링은 유사한 항목을 함께 묶는 방식으로 일련의 항목들을 그룹화하는 것을 포함한다. 클러스터링 프로젝트의 결과는 자동으로 할당된 클러스터 ID와 그룹으로 묶인 데이터 항목들의 집합이다. 예를 들어 구매 습관, 소득, 위치, 나이와 같은 피처에 근거해 고객을 클러스터링할 수 있다. 이 작업을 완료하면 일반적인 데이터 분석에서의 예측에 이러한 클러스터들을 활용할 수 있다. 클러스터링에는 하드 클러스터링

hard clustering과 소프트 클러스터링^{soft clustering}이 있다.

하드 클러스터링은 각 인스턴스를 하나의 클러스터에만 연결한다. 하지만 문서는 보통 그 안에 두 개 이상의 토픽을 갖고 있는 경향이 있다. 토픽 모델링은 소프트 클러스터링을 가능케 하며, 이는 각 문서가 두 개 이상의 토픽과 연관될 수 있음을 의미한다. 이렇게 하면, 문서를 더 자세히 이해하게 되고 여러 범주에 있는 문서를 찾을 수 있는 검색 인덱스 작성 방법을 얻을 수 있다.

차원 축소

머신러닝의 과제 중 하나는 고차원 데이터 처리다. 차원은 데이터가 변화하는 축이다. 문서는 많은 다른 단어들을 포함하고 있기 때문에 본질적으로 차원이 매우 크다. 각 단어는 한 문서를 다른 문서와 구분할 수 있는 피처로 간주할 수 있다. 예를 들어, 이 장의 문서에 있는 각 개별 단어들과 이 단어들이 어떤 의미를 가질 수 있는지에 초점을 맞추기 시작하면 본질적으로 복잡하다는 것을 깨달을 수 있다. 대신에 이 장에서 중점적으로 다루는 토픽으로 요약한다면, 단어보다는 토픽이 적다는 것을 알 수 있다. 토픽으로 작업함으로써 다뤄야 할 차원 수를 줄일 수 있다. 따라서 토픽 모델링은 머신러닝 프로젝트에 대비해 차원 축소를 수행하는 한 가지 방법이다.

역사적 분석

가장 최근에는 일부 진취적인 역사학자들이 역사적 분석^{historical analysis}을 수월하게 하기 위해 자연어 처리 기술을 사용하기 시작했다. 역사는 말 그대로 차원 축소다. 역사학자들은 방대한 양의 서면 정보를 수집하고 과거에 무슨 일이 있었는지 이해하는 데 도움이 되는 테마와 이야기를 구성한다. 토픽 모델링은 역사가들에게 정말 유용한 도구가 될 수 있다는 것이 밝혀졌다.

이 점을 증명하는 한 프로젝트를 리치몬드 대학의 로버트 넬슨^{Robert K. Nelson} 박사가 수행했다. 그는 미국의 남북전쟁 당시 서로 반대편에 섰던 두 진영의 신문들에서 역사적 테마와 토픽을 발견하기 위해 토픽 모델링을 사용했으며, 리치몬드 데일리 디스패치 Richmond Daily Dispatch, 연방 신문Confederate newspaper, 뉴욕 타임즈New York Times, 연합 신문Union newspaper 등의 기록을 조사했다. 이 신문들은 모두 각자가 옹호하는 진영에 대한 애국적 지지 수준을 높이기 위해 노력했다. 리치몬드 데일리 디스패치에서 더 인기 있는 토픽은 시, 애국심, 반북anti-Northern 비판이었다. 분석은 일정 기간 동안 두 진영의 신문들 사이에서 발생한 토픽 변화뿐만 아니라 그 강도도 추적했다.

따라서 토픽 모델링은 역사가들에게 그 유용성이 입증된 도구다. 많은 디지털 데이터를 생산하고 있다는 것을 고려해보면, 이 도구는 미래에 더 자주 사용될 것이다.

단어 모음

모델링 알고리즘이 무엇인지 알아보기 전에 몇 가지 간단한 가정을 해야 한다. 첫째, 문서를 단어 모음(BoW)으로 취급하는데, 이는 문서의 구조와 문법을 무시하고 문서에 대한 패턴을 추론하기 위해 단지 문서 안에 있는 단어 개수를 사용한다는 것을 의미한다. 구조, 순서, 문법을 무시할 수 있다면 추론을 위해 개수와 확률에 의존하는 특정한 알고리즘을 사용할 수 있다. 반면에 순서나 구조를 무시할 때는 약간의 정보를 잃어버린다. 단어 모음은 각각의 고유 단어와 문서에서 출현하는 단어의 정수형 개수를 담고 있는 사전이다.

> **참고**
> 이후 장들에서는 순서를 명시적으로 모델링하는 접근 방식을 살펴본다.

▮ 토픽 모델링 알고리즘

토픽 모델링 알고리즘은 다음과 같은 가정에 따라 동작한다.

- 토픽에는 단어들의 집합이 포함돼 있다.
- 문서는 일련의 토픽들로 구성된다.

토픽은 확인되지는 않지만 숨겨진 단어 생성기^{generator}로 가정한다. 이러한 가정을 한후, 여러 알고리즘들은 토픽을 발견하는 방법에 따라 달라진다. 이 장에서는 LSA와 LDA라는 두 가지 토픽 모델링 알고리즘을 다룬다. 두 모델 모두 다음 절에서 자세히 설명할 것이다.

잠재 의미 분석

잠재 의미 분석(LSA)을 살펴보는 것으로 시작하겠다. LSA는 1988년에 소개돼 실제로 월드 와이드 웹$^{World\ Wide\ Web}$보다 먼저 발표됐다. LSA는 특히 문서 색인의 의미 검색에 사용하며, 대체 약어인 LSI(잠재 의미 인덱싱$^{Latent\ Semantic\ Indexing}$)로도 알려져 있다. LSA의 목표는 문서와 단어의 기반이 되는 잠재적인 토픽을 발견하는 것이다. 이러한 잠재적인 토픽은 문서에 있는 단어들의 분포를 주도한다고 가정한다. 다음 절에서는 LSA의 동작 방식을 학습한다.

LSA – 동작 방식

기초부터 시작해보자. 문서 모음을 갖고 있는 것으로 가정하고, 이러한 문서들은 단어들로 구성된다. 목표는 문서에서 잠재적인 토픽을 발견하기 위해 통계 분석을 수행하는 것이다. 문서는 단어들로 구성되지만 때때로 용어로도 볼 수 있다. '용어–문서 간 $^{term-to-document}$'과 같은 구가 나올 때는 '용어^{term}'를 '단어^{word}'로 생각하면 된다.

먼저, 단어–문서 간 행렬로 나타낼 수 있는 문서 모음들을 갖고 있다고 가정한다. 이 단어-문서 간 행렬에서는 행에 단어들이 있고 열에 문서들이 있다. 다음 표는 단어-문서 간 행렬을 단순화한 그림이다.

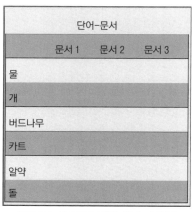

그림 5.1 단순화한 단어-문서 간 행렬

이제 이 행렬을 별도의 행렬인 단어-토픽 간^term-to-topic 행렬, 토픽-중요도^topic-importance 행렬, 토픽-문서 간^topic-to-document 행렬로 분해한다. 이 분해 작업은 특이값 분해^Singular Value Decomposition(SVD)로 할 수 있다. 이 기술은 직사각형 행렬을 다른 행렬로 분리하는 데 사용되는 행렬 분해 기술이다. 다음 절에서는 SVD를 다룬다. 개념을 좀 더 명확히 이해할 수 있도록 다음 그림을 보자.

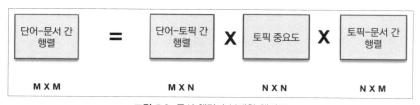

그림 5.2 문서 행렬과 분해한 행렬들

이 그림에서 볼 수 있듯이 직사각형 행렬은 다른 행렬들의 곱으로 분해된다. SVD에 대한 식을 확인해보자. 이 과정은 행렬 M을 가져와서 다음 그림과 같이 분해한다.

$$M = U\textstyle\sum V^*$$

그림 5.3 SVD 식

위 그림에서

- M은 m×m 형태를 갖는 행렬이다.
- U는 m×n 형태로 좌측 특이값[left-singular] 행렬이다.
- Σ는 n×n 형태로 음수가 아닌 실수 값을 갖는 대각 행렬이다.
- V는 m×n 형태를 갖는 우측 특이값[right-singular] 행렬이다.
- V*는 n×m 형태를 갖는 행렬로, V의 전치행렬이다.

gensim 라이브러리는 아마도 토픽 모델링에 가장 많이 사용되는 파이썬 라이브러리일 것이다. 사용하기 쉽고 인기 있는 두 가지 토픽 모델링 모델 클래스인 LdaModel(LDA의 경우)과 LsiModel(LSI의 경우)을 제공한다. 선택된 토픽의 정확도를 측정하는 데 사용하는 CoherenceModel도 있다. 이제 LSA의 작동을 이해했으므로, 다음 절에서는 좀 더 명확히 이해할 수 있도록 예제를 살펴본다.

예제 48: 잠재 의미 분석을 활용한 로이터 뉴스 기사 분석

이 예제에서는 로이터[Reuters] 뉴스 기사의 데이터셋을 분석한다. 특별히 LSI를 사용해 토픽 모델링을 수행하며, 이를 위해 gensim 라이브러리에서 제공하는 LsiModel 클래스를 사용한다. 이 예제를 구현하기 위해 다음 과정을 따라가보자.

1. 주피터 노트북을 연다.
2. 필요한 라이브러리를 불러오기 위해 새로운 셀을 열고 다음 코드를 추가한다.

```
from gensim import corpora
from gensim.models import LsiModel
from gensim.parsing.preprocessing import preprocess_string
```

3. 텍스트를 정제하기 위해 함수를 정의하고, 알파벳과 숫자가 아닌 문자를 제거한 후 숫자를 # 문자로 변환한다. 이를 구현하기 위해 새로운 셀을 삽입하고 다음 코드를 추가한다.

```python
import re

def clean_text(x):
    pattern = r'[^a-zA-z0-9\s]'
    text = re.sub(pattern, '', x)
    return x

def clean_numbers(x):
    if bool(re.search(r'\d', x)):
        x = re.sub('[0-9]{5,}', '#####', x)
        x = re.sub('[0-9]{4}', '####', x)
        x = re.sub('[0-9]{3}', '###', x)
        x = re.sub('[0-9]{2}', '##', x)
    return x

def clean(x):
    x = clean_text(x)
    x = clean_numbers(x)
    return x
```

참고

로이터 뉴스 기사는 *.sgm 확장자를 갖는 파일에 포함돼 있으며, https://bit.ly/2YAQB5p에서 다운로드할 수 있다. 각 파일에는 여러 기사들이 포함돼 있으며, 텍스트는 〈BODY〉〈/BODY〉 XML 엘리먼트 내에 들어있다.

4. 로이터 뉴스 기사는 XML 형식이며, 기사를 파이썬으로 불러오기 위해 BeautifulSoup을 사용한다. 필요한 라이브러리를 불러오기 위해 새 셀을 삽입하고 다음 코드를 추가한다.

```
from pathlib import Path
from bs4 import BeautifulSoup
import re
```

참고

XML을 읽기 위한 내장 파이썬 모듈인 ElementTree를 사용할 수도 있다. 로이터 SGM 파일에는
ElementTree 파서가 잘 처리하지 못하는 일부 문자가 있으므로, 특이한 문자를 상당히 잘 처리하는
BeautifulSoup을 사용한다.

5. 각 파일을 반복하면서 내용을 읽어 BeautifulSoup 인스턴스를 만드는 load_art
icles() 함수를 만들자. 이를 구현하기 위해 새로운 셀을 삽입하고 다음 코드
를 추가하자.

```
def load_articles(data_dir):
    reuters = Path(data_dir)
    for path in reuters.glob('*.sgm'):
        with path.open() as sgm_file:
            contents = sgm_file.read()
            soup = BeautifulSoup(contents)
            for article in soup.find_all('body'):
                yield article.text
```

이 코드는 <BODY> 엘리먼트의 텍스트를 출력한다.

6. 모든 문서를 읽어 리스트에 불러오자. 새로운 셀을 삽입하고 다음 코드를 추
가하자.

```
def load_documents(document_dir):
    print(f'Loading from {document_dir}')
    documents = list(load_articles(document_dir))
    print(f'Loaded {len(documents)} documents')
    return documents
```

이 load_documents() 함수는 load_articles() 함수를 사용해 문서 리스트를 반환한다.

7. 모델에 사용할 문서를 준비하자. 이를 위해 앞에서 만든 함수를 사용해 텍스트를 정제하자. 그런 다음, LSA와 기타 유사한 모델에 필요한 일련의 텍스트 처리 함수를 각 문서에 대해 실행시키자. 새로운 셀을 삽입하고 다음 코드를 추가하자.

```python
def prepare_documents(documents):
    print('Preparing documents')
    documents = [clean(document) for document in documents]
    documents = [preprocess_string(doc) for doc in documents]
    return documents
```

8. LsiModel을 사용해 모델을 생성하자. 이를 구현하기 위해 새로운 셀을 삽입하고 다음 코드를 추가하자.

```python
def create_lsa_model(documents, dictionary, number_of_topics):
    print(f'Creating LSI Model with {number_of_topics} topics')
    document_terms = [dictionary.doc2bow(doc) for doc in documents]
    return LsiModel(document_terms,
                    num_topics=number_of_topics,
                    id2word = dictionary)


def run_lsa_process(documents, number_of_topics=10):
    documents = prepare_documents(documents)
    dictionary = corpora.Dictionary(documents)
    lsa_model = create_lsa_model(documents, dictionary,
                                 number_of_topics)
    return documents, dictionary, lsa_model
```

9. 이제 문서를 모델에 불러오고 LSA 과정을 실행시킨다. 이를 구현하기 위해 새로운 셀을 삽입하고 다음 코드를 추가한다.

```
document_dir ='data/reuters'
articles = list(load_articles(document_dir))
documents, dictionary, model = run_lsa_process(articles, number_of_topics=8)
```

이 코드의 출력은 다음과 같다.

```
Preparing documents
Creating LSA Model with 8 topics
```

그림 5.4 로그 출력을 통해 여덟 개의 토픽으로 학습한다는 것을 알 수 있다.

생성한 모델에는 지정한 토픽과 각 토픽에 기여하는 단어 토큰에 대한 정보가 포함된다.

10. LSI 모델은 입력한 텍스트 데이터를 사용해 단어 토큰을 지정한 토픽 개수로 분리한다. 여덟 개로 지정했기 때문에 여덟 개의 토픽을 확인할 수 있다. 토픽의 이름은 지정되지 않았고 중복돼 있다. 그러므로 문서들을 토픽에 할당하는 것을 검토하려면 여러 토픽에 할당된 단어들을 확인해야 한다.

11. 모델의 정보를 확인하기 위해 print_topics 함수를 사용한다. 이를 구현하기 위해 새로운 셀을 삽입하고 다음 코드를 추가한다.

```
model.print_topics()
```

이 코드의 출력은 다음과 같다.

```
[(0,
 '0.558*"said" + 0.279*"mln" + 0.258*"dlr" + 0.221*"reut" + 0.218*"reuter" + 0.192*"pct" + 0.164*"year" + 0.155*"march" + 0.13
6*"bank" + 0.130*"mar"'),
 (1,
 '0.497*"apr" + -0.461*"mar" + -0.437*"march" + 0.412*"april" + 0.157*"june" + 0.155*"jun" + -0.106*"mln" + 0.074*"reut" + -0.
068*"ct" + 0.064*"said"'),
 (2,
 '0.647*"oct" + 0.308*"mln" + 0.243*"ct" + 0.228*"net" + 0.217*"shr" + -0.213*"march" + -0.191*"mar" + 0.178*"blah" + -0.138
*"said" + 0.126*"qtr"'),
 (3,
 '-0.487*"june" + -0.446*"jun" + 0.417*"apr" + 0.333*"april" + 0.216*"march" + 0.214*"mar" + -0.189*"said" + 0.088*"mln" + -0.
074*"compani" + -0.064*"juli"'),
 (4,
 '-0.298*"oct" + 0.266*"mln" + -0.252*"mar" + 0.252*"april" + -0.212*"reut" + -0.163*"sep" + 0.149*"usa" + -0.147*"jul" + -0.1
45*"jun" + -0.144*"close"'),
 (5,
 '-0.262*"jun" + -0.249*"reut" + 0.223*"japan" + -0.213*"june" + 0.210*"said" + 0.198*"bank" + 0.181*"trade" + 0.176*"oct" + -
0.175*"dlr" + -0.166*"usa"'),
 (6,
 '-0.309*"feb" + -0.214*"nil" + 0.208*"trade" + -0.188*"pct" + -0.185*"tonn" + -0.181*"price" + 0.173*"texaco" + 0.170*"mar" +
0.145*"bank" + -0.130*"year"'),
 (7,
 '0.470*"feb" + -0.168*"rate" + 0.146*"texaco" + 0.126*"new" + 0.114*"januari" + -0.114*"blah" + 0.108*"report" + -0.107*"oct"
+ 0.105*"dlr" + -0.103*"nil"')]
```

그림 5.5 LsiModel에 대해 print_topics 함수를 호출한 결과

12. LsiModel을 만들려면 원하는 토픽 개수를 미리 결정해야 했다. 그 개수가 실제로 로이터 기사에 있는 토픽의 수와 반드시 일치하지는 않는다. 실제로는 지정한 여덟 가지 토픽보다 자연스런 토픽이 많거나 적을 수 있다. 좋은 토픽을 찾기 위해 gensim이 제공하는 CoherenceModel을 사용해 모델 토픽이 얼마나 잘 선택됐고 서로 얼마나 일관성이 있는지 확인할 수 있다. 일반적으로 토픽이 너무 많이 겹치지 않도록 하기 위해 일관성 점수를 통해 겹치는 상황인지 파악할 수 있다. 이를 구현하기 위해 새로운 셀에 다음 코드를 추가하자.

```
from gensim.models.coherencemodel import CoherenceModel

def calculate_coherence_score(documents, dictionary, model):
    coherence_model = CoherenceModel(model=model,
                                     texts=documents,
                                     dictionary=dictionary,
                                     coherence='c_v')
    return coherence_model.get_coherence()

def get_coherence_values(start, stop):
    for num_topics in range(start, stop):
        print(f'\nCalculating coherence for {num_topics} topics')
        documents, dictionary, model = run_lsa_process(articles, number_of_
topics=num_topics)
```

```
        coherence = calculate_coherence_score(documents,
                                               dictionary,
                                               model)
    yield coherence
```

13. 20개에서 25개까지의 토픽 개수 사이에 해당하는 일관성 점수를 계산하기 위해 새로운 셀을 삽입하고 다음 코드를 추가하자.

```
min_topics, max_topics = 20,25
coherence_scores = list(get_coherence_values(min_topics, max_topics))
```

이 코드의 출력은 다음과 같다.

```
Calculating coherence for 20 topics
Preparing documents
Creating LSA Model with 20 topics

Calculating coherence for 21 topics
Preparing documents
Creating LSA Model with 21 topics

Calculating coherence for 22 topics
Preparing documents
Creating LSA Model with 22 topics

Calculating coherence for 23 topics
Preparing documents
Creating LSA Model with 23 topics

Calculating coherence for 24 topics
Preparing documents
Creating LSA Model with 24 topics
```

그림 5.6 다양한 토픽 개수에 해당하는 일관성 점수 계산

14. 일관성 점수를 차트로 그려서 몇 개의 토픽 개수가 최적인지 확인할 수 있다. 이를 위해 Matplotlib의 pyplot 라이브러리를 사용할 것이다. 이를 구현하기 위해 새로운 셀을 삽입하고 다음 코드를 추가하자.

```
%matplotlib inline

import matplotlib.pyplot as plt
import matplotlib.style as style

style.use('fivethirtyeight')
x = [int(i) for i in range(min_topics, max_topics)]

plt.figure(figsize=(10,8))
plt.plot(x, coherence_scores)
plt.xlabel('Number of topics')
plt.ylabel('Coherence Value')
plt.title('Coherence Scores by number of Topics')
```

이 코드의 출력은 다음과 같다.

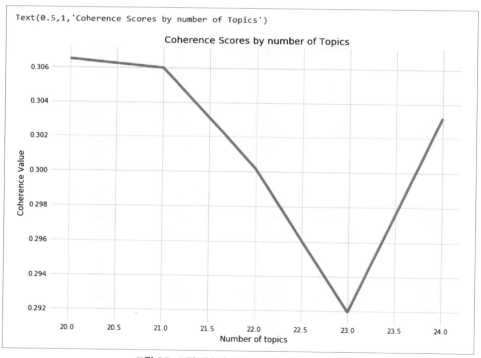

그림 5.7 토픽 개수에 해당하는 일관성 점수 차트

이제까지 LSI를 사용해 토픽 모델링을 수행했다. 또한 차트에 모든 토픽의 일관성 점수를 표시했는데, 이로써 최상의 토픽을 선택할 때 더 나은 결정을 내릴 수 있다. 다음 절에서는 또 다른 토픽 모델링 알고리즘인 LDA를 알아본다.

잠재 디리클레 할당

LSA는 학습 데이터에 과적합되기 쉽다. 모델을 학습하고 나서 새로운 문서를 추가하면, 모델을 다시 학습할 때까지 모델 성능이 점차 악화된다. 따라서 LSI 모델을 유지 관리하는 방법에 주의를 기울여야 한다. LSI 모델은 과적합이 발생할 수 있으며 정확도가 LDA에 비해 낮다는 사실 때문에 LDA 모델을 토픽 모델링에 더 자주 사용한다.

잠재 디리클레 할당(LDA)은 아이템들의 집합을 유사도를 구해 이전에 알려지지 않은 그룹으로 묶을 수 있는 생성 통계 모델generative statistical model이다. LDA는 다양한 부분들로 구성되며, 각 부분들의 통계적 패턴을 사용해 유사도 분류가 가능한 아이템들에 적용한다. LDA는 직원과 직원들의 기술, 스포츠 팀과 팀원, 문서와 단어처럼 부분으로 구성된 집합에 적용할 수 있다. 이 장은 자연어 처리를 다룰 것이므로 주로 문서와 단어에 집중한다.

토픽 모델링에서 그룹은 확인되지 않는다. 하지만 그룹을 찾아내기 위해 확인할 수 있는 것은 문서에 속한 단어들과 단어들에 대한 통계 패턴을 역공학reverse engineering하는 방법이다. 각 문서는 관련된 적은 수의 토픽을 갖는다고 가정한다. 고양이와 관련된 문서에서는 meow, purr, kitty와 같은 단어를 찾을 가능성이 높고, 개와 관련된 문서에서는 bone, bark, wag과 같은 단어를 찾을 가능성이 높다. 이 확률을 사전 확률이라 하며, 무언가를 실제로 확인하기 전에 조심스럽게 만들 수 있는 가정을 말한다. LDA는 문서에 있는 단어들의 통계 패턴을 측정해 토픽을 추론할 수 있는 방법이다. 다음 절에서는 LDA의 동작 방식을 살펴본다.

LDA 동작 방식

LDA의 목표는 통계 분석을 사용해 토픽을 추론하는 것이다. 통계적으로 데이터의 개수를 사용해 잠재적이거나 확인되지 않은 토픽을 유추한다. 합성품, 부품, 그룹의 통계적인 개수를 계속 추적한다. 다음 그림은 LDA로 텍스트 문서에 대해 토픽 모델링을 수행할 때 합성품, 부품, 그룹에 대한 대체 이름을 나타낸다.

Composites	=	Documents
Parts	=	Words
Groups	=	Topics

그림 5.8 합성품, 부품, 그룹에 대한 대체 이름

구체적인 예를 살펴보자. Cat, Dog, Hippo라는 세 가지 고유 단어만 포함된 네 개의 문서가 있다고 가정해보자. 다음 그림은 각 문서에서 각 단어가 나온 횟수를 보여준다.

	Cat	Dog	Hippo
문서 1	10	0	0
문서 2	0	10	0
문서 3	0	0	10
문서 4	10	10	10

그림 5.9 다양한 문서에 있는 단어들의 등장 횟수

그림에서 볼 수 있듯이 문서 1과 문서 4에서 Cat이라는 단어가 열 번 나왔고, 문서 2와 3에서는 한 번도 나오지 않았다. 문서 4에서는 세 단어 모두 각각 열 번씩 나왔다. 분석을 위해 LDA는 두 개의 확률표를 갖는다. 첫 번째 표는 특정 토픽을 샘플링할 때 특정한 단어를 선택할 확률을 추적한다. 두 번째 표는 특정 문서를 샘플링할 때 특정 주제를 선택할 확률을 추적한다.

단어-토픽 간				문서-토픽 간			
	토픽 1	토픽 2	토픽 3		토픽 1	토픽 2	토픽 3
Cat	0.00	0.00	0.99	문서 1	0.030	0.030	0.939
Dog	0.99	0.00	0.00	문서 2	0.939	0.030	0.030
Hippo	0.00	0.99	0.00	문서 3	0.030	0.939	0.030
				문서 4	0.33	0.33	0.33

그림 5.10 확률표

이 확률표는 각 토픽에서 샘플링할 때 특정 단어를 얻을 가능성을 나타낸다. 토픽 3에서 단어를 추출한 경우, Cat일 가능성이 크다(확률 99%). 문서 4를 샘플링하는 경우 세개의 단어가 모두 같은 비율로 포함되므로 각 토픽에 속할 확률이 3분의 1이다.

LDA는 디리클레 분포를 기초로 한다. 디리클레 분포는 다변량 분포로, 여러 변수의 분포를 의미한다. 일반적으로 여러 토픽들과 관련돼 있기 때문에 토픽 모델링에 사용된다. 디리클레 분포는 분석을 수행하기 전에 분포 확률에 대한 가정을 정하는 데 도움이 된다. 다시 말해, 이것은 사전적인 가정에 도움을 준다. 이제 LDA와 그 동작 원리를 배웠고, 다음 절에서는 좀 더 명확히 이해하기 위해 예제를 살펴본다.

예제 49: 항공사 트윗에 있는 토픽

이 예제에서는 항공사 트윗에서 언급되고 있는 토픽을 찾기 위해 항공사 트윗에 대한 토픽 모델링을 수행할 것이며, gensim 라이브러리에서 제공하는 LDA 알고리즘을 사용한다. 이 예제를 구현하기 위해 다음 과정을 따라가보자.

1. 주피터 노트북을 연다.
2. 텍스트 처리를 하고 LDA 토픽 모델을 만들기 위해, 트윗을 데이터프레임으로 불러오는 데 pandas 라이브러리를 사용할 것이다. 필요한 라이브러리를 불러오기 위해 새로운 셀을 삽입하고 다음 코드를 추가한다.

```
import pandas as pd
import warnings
warnings.filterwarnings('ignore')
pd.set_option('display.max_colwidth', 900)
```

3. Tweets.csv 파일을 데이터프레임에 불러오고 나서 usecols 파라미터를 사용해 text 열만 선택한다. 그런 다음 head() 함수를 사용해 처음 열 개의 트윗만 확인한다.

```
tweets = pd.read_csv('data/twitter-airline/Tweets.csv', usecols=['text'])
tweets.head(10)
```

이 코드의 출력은 다음과 같다.

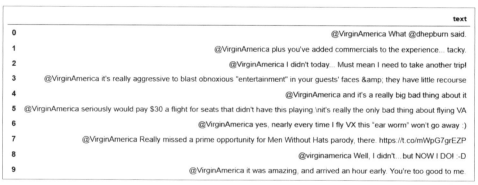

그림 5.11 주피터 노트북에서 데이터셋에 있는 트윗 일부를 출력

4. 이제 텍스트를 정제해야 한다. 여러 정규 표현식들을 추가하고 문자열을 정제하는 데 사용하기 위해 파이썬 정규 표현식(Regex) 패키지인 re를 사용할 것이다. 이를 구현하기 위해 새로운 셀을 삽입하고 다음 코드를 추가한다.

```
import re

HANDLE = '@\w+'
```

234

```
LINK = 'https://t\.co/\w+'
SPECIAL_CHARS = '&lt;|&lt;|&amp;|#'

def clean(text):
    text = re.sub(HANDLE, ' ', text)
    text = re.sub(LINK, ' ', text)
    text = re.sub(SPECIAL_CHARS, ' ', text)
    return text

tweets['text'] = tweets.text.apply(clean)
```

5. clean 함수를 tweets 데이터프레임에 적용한다. 미리 정의한 정규 표현식과 공백 문자를 대체하기 위해 sub 함수를 사용한다. 마지막으로, CleanText라는 새로운 열을 생성하고 text 열의 값들에 clean 함수를 적용한 후 값들을 저장한다. 이를 구현하기 위해 새로운 셀을 삽입하고 다음 코드를 추가한다.

```
tweets['text'] = tweets.text.apply(clean)
```

6. 지금까지의 결과를 확인하기 위해 head 함수를 사용한다. 이를 구현하기 위해 새로운 셀을 삽입하고 다음 코드를 추가한다.

```
tweets.head(10)
```

이 코드의 출력은 다음과 같다.

	text
0	What said.
1	plus you've added commercials to the experience... tacky.
2	I didn't today... Must mean I need to take another trip!
3	it's really aggressive to blast obnoxious "entertainment" in your guests' faces they have little recourse
4	and it's a really big bad thing about it
5	seriously would pay $30 a flight for seats that didn't have this playing.\nit's really the only bad thing about flying VA
6	yes, nearly every time I fly VX this "ear worm" won't go away :)
7	Really missed a prime opportunity for Men Without Hats parody, there.
8	Well, I didn't...but NOW I DO! :-D
9	it was amazing, and arrived an hour early. You're too good to me.

그림 5.12 정제 과정과 전처리를 수행한 후의 트윗 데이터셋

7. 텍스트를 정제하고 나면, 모델을 작성하기 위해 gensim 라이브러리를 사용할 준비가 끝난다. 하지만 먼저, 데이터를 gensim에서 요구하는 형태로 변환해야 한다. gensim LDA 모델은 데이터가 토큰 리스트를 담고 있는 리스트 형태여야 한다. 다시 말해, 리스트에 들어있는 각 요소들이 각각의 문서를 구성하는 토큰들의 리스트여야 한다는 뜻이다. 이는 각 트윗을 개별 단어로 나눠 토큰화해야 한다는 뜻이다. 이를 구현하기 위해 새로운 셀을 삽입하고 다음 코드를 추가한다.

```
from gensim.parsing.preprocessing import preprocess_string
tweets = tweets.text.apply(preprocess_string).tolist()
```

8. LDA 모델에서는 데이터셋의 각 토큰에 대한 사전dictionary을 생성해야 한다. 사전에는 각각의 유일한 단어들을 저장하고 각 단어에 인덱스를 부여한다. 이를 구현하기 위해 새로운 셀을 삽입하고 다음 코드를 추가한다.

```
from gensim import corpora
from gensim.models.ldamodel import LdaModel

dictionary = corpora.Dictionary(tweets)
```

236

```
corpus = [dictionary.doc2bow(text) for text in tweets]
```

9. 열 개 토픽을 학습하는 LdaModel 인스턴스를 생성한다. 모델이 데이터를 15번 확인하도록 지정한다. 새로운 셀에 다음 코드를 추가한다.

```
NUM_TOPICS = 10
ldamodel = LdaModel(corpus,
                    num_topics = NUM_TOPICS,
                    id2word=dictionary, passes=15)
```

10. 학습이 끝나고 나면, 모델이 정의한 토픽을 확인할 수 있다. 첫 번째 방법은 print_topics 함수를 사용하는 것이다. 이 함수는 각 토픽의 리스트와 각 토픽에 기여하는 단어들을 돌려준다. 새로운 셀을 삽입하고 다음 코드를 추가한다.

```
ldamodel.print_topics(num_words=6)
```

이 코드의 출력은 다음과 같다.

```
[(0,
 '0.046*"help" + 0.029*"book" + 0.029*"flight" + 0.028*"chang" + 0.026*"phone" + 0.023*"ticket"'),
 (1,
 '0.096*"servic" + 0.092*"custom" + 0.018*"answer" + 0.013*"person" + 0.013*"care" + 0.013*"agent"'),
 (2,
 '0.050*"flight" + 0.050*"wait" + 0.047*"hour" + 0.035*"plane" + 0.030*"delai" + 0.026*"gate"'),
 (3,
 '0.160*"thank" + 0.025*"great" + 0.019*"appreci" + 0.018*"follow" + 0.015*"respons" + 0.012*"gui"'),
 (4,
 '0.027*"work" + 0.027*"know" + 0.022*"fly" + 0.019*"let" + 0.019*"plane" + 0.018*"gui"'),
 (5,
 '0.054*"bag" + 0.028*"baggag" + 0.026*"check" + 0.023*"look" + 0.013*"free" + 0.012*"come"'),
 (6,
 '0.032*"fly" + 0.027*"worst" + 0.024*"time" + 0.023*"flight" + 0.022*"airlin" + 0.015*"updat"'),
 (7,
 '0.034*"ye" + 0.028*"luggag" + 0.021*"lost" + 0.018*"bag" + 0.015*"fleek" + 0.015*"fleet"'),
 (8,
 '0.186*"flight" + 0.069*"cancel" + 0.035*"flightl" + 0.025*"tomorrow" + 0.024*"late" + 0.023*"delai"'),
 (9,
 '0.021*"week" + 0.016*"point" + 0.016*"mile" + 0.015*"team" + 0.013*"offer" + 0.011*"dai"')]
```

그림 5.13 LdaModel의 토픽 출력 결과

11. 정확한 수의 토픽을 결정하기 위해 모델의 토픽을 얼마나 잘 선택했는지 조사해야 한다. 젠심은 이 작업에 사용할 수 있는 CoherenceModel 인스턴스를 제공한다. 새로운 셀에 다음 코드를 추가하자.

```python
from gensim.models.coherencemodel import CoherenceModel

def calculate_coherence_score(documents, dictionary, model):
    coherence_model = CoherenceModel(model=model,
                                     texts=documents,
                                     dictionary=dictionary,
                                     coherence='c_v')
    return coherence_model.get_coherence()

def get_coherence_values(start, stop):
    for num_topics in range(start, stop):
        print(f'\nCalculating coherence for {num_topics} topics')
        ldamodel = LdaModel(corpus,
                            num_topics = num_topics,
                            id2word=dictionary, passes=2)
        coherence = calculate_coherence_score(tweets,
                                              dictionary,
                                              ldamodel)
        yield coherence
```

12. 이제 10~30개의 토픽까지 일관성 점수를 갖는 리스트를 생성하자. 이를 구현하기 위해 새로운 셀을 삽입하고 다음 코드를 추가하자.

```python
min_topics, max_topics = 10,30
coherence_scores = list(get_coherence_values(min_topics, max_topics))
```

이 코드의 출력은 다음과 같다.

```
Calculating coherence for 10 topics
Calculating coherence for 11 topics
Calculating coherence for 12 topics
Calculating coherence for 13 topics
Calculating coherence for 14 topics
Calculating coherence for 15 topics
Calculating coherence for 16 topics
Calculating coherence for 17 topics
Calculating coherence for 18 topics
Calculating coherence for 19 topics
Calculating coherence for 20 topics
Calculating coherence for 21 topics
Calculating coherence for 22 topics
Calculating coherence for 23 topics
Calculating coherence for 24 topics
Calculating coherence for 25 topics
Calculating coherence for 26 topics
Calculating coherence for 27 topics
Calculating coherence for 28 topics
Calculating coherence for 29 topics
```

그림 5.14 일관성 점수

13. 일관성 점수를 시각화하기 위해 새로운 셀을 삽입하고 다음 코드를 추가하자.

```
import matplotlib.pyplot as plt
import matplotlib.style as style
from matplotlib.ticker import MaxNLocator

style.use('fivethirtyeight')

%matplotlib inline

x = [int(i) for i in range(min_topics, max_topics)]
ax = plt.figure(figsize=(10,8))
```

```
plt.xticks(x)
plt.plot(x, coherence_scores)
plt.xlabel('Number of topics')
plt.ylabel('Coherence Value')
plt.title('Coherence Scores', fontsize=10)
```

이 코드의 출력은 다음과 같다.

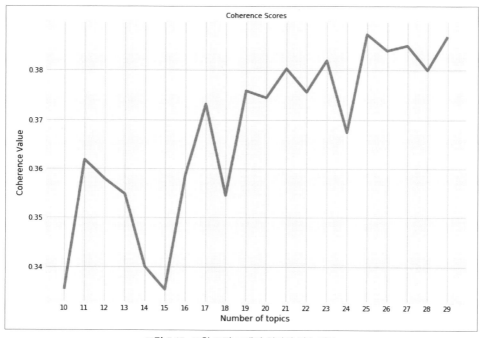

그림 5.15 트윗 토픽 모델의 일관성 점수 차트

지금까지 LDA를 활용해 토픽 모델링을 해봤다. 다음 절에서는 토픽 핑거프린팅topic fingerprinting에 초점을 맞춘다.

토픽 핑거프린팅

일련의 문서들에 대해 유사도 검색을 수행해야 한다고 가정해보자. 여기서 '유사도'는 문서의 내용이 다른 문서의 내용과 유사한 정도를 말한다. 예를 들어 다음과 같은 두 문장을 살펴보자.

- 첫 공연을 시작하기 일주일 전이었다.
- 마지막 크리스마스 쇼 전 주였다.

이 두 문장은 공연, 쇼, 날짜, 시간 등과 같은 비슷한 토픽 때문에 유사하다고 생각할 수 있다. 토픽 모델링을 사용해 이 문장들을 분석한다고 가정하면, 차트를 작성해 각 문서가 각 토픽과 얼마나 연관돼 있는지 확인함으로써 유사한 토픽들을 찾아낼 수 있다. 또한 이 문장들은 고양이나 개와 같은 다른 토픽들과 관련이 없으므로, 이러한 토픽들에 대한 점수는 낮게 나올 것이다. 토픽 개수를 지정했다면 관련성 차트를 만들어 문서들을 시각화해볼 수 있다.

첫 번째 단계는 문서를 숫자 집합이나 핑거프린트로 표현하는 것이다. 문서 핑거프린트는 문서의 내용을 요약하고 간단한 수학 함수를 적용할 수 있는 숫자들의 집합이다. 이렇게 하면 문서의 내용이 유사한지 여부를 결정할 수 있다. 토픽 핑거프린팅을 좀 더 명확히 이해할 수 있도록 다음 절에서 예제를 살펴본다.

예제 50: 토픽 벡터를 사용한 문서 시각화

이 예제에서는 LDA 모델을 사용해 문서의 점수와 함께 토픽들을 나열할 것이다. 이러한 토픽들을 사용해 벡터를 만들고, 이어서 차트로 변환할 것이다. 이 예제를 구현하기 위해 다음 과정을 따라가보자.

1. 주피터 노트북을 연다.
2. 필요한 라이브러리를 불러오기 위해 새로운 셀을 삽입하고 다음 코드를 추가한다.

```
import pandas as pd
pd.set_option('display.max_colwidth', 800)
```

3. 데이터를 데이터프레임으로 불러오기 위해 판다스를 사용해본다. 토픽 모델링의 대상으로 사용할 description_en 열을 포함해 몇 개의 열만 불러올 것이다. description_en 열에 NA 값이 들어있는 행도 삭제한다. 이를 구현하기 위해 새로운 셀을 삽입하고 다음 코드를 추가해보자.

```
OPEN_DATA_URL = 'data/canada-open-data/inventory.csv'
COLUMNS = ['title_en', 'description_en','date_released']

catalog = pd.read_csv(OPEN_DATA_URL, usecols=COLUMNS)
catalog = catalog.dropna(subset=['description_en'])
```

4. 카탈로그의 내용을 확인해보자. 새로운 셀을 삽입하고 다음 코드를 추가한다.

```
catalog
```

이 코드의 출력은 다음과 같다.

	title_en	description_en	date_released
0	The AAFC Productivity Account for Canadian Agriculture	The AAFC Productivity Account for Canadian agriculture is an annual time-series database, covering the years 1961-2011, that is comprised of price index and constant dollar implicit quantity series for gross output and input aggregates. The data are defined at the national level only – i.e. for the whole of Canada. These data are used to estimate a total factor productivity (TFP) index for Canadian agriculture, which is the ratio of total gross output to total input, where both output and input are constant dollar implicit quantities. Average growth in the TFP index, referred to as TFP growth, can be estimated using a variety of methods; the growth rate reported in AAFC publications is estimated using OLS.\r\n\r\nFurther documentation provided in AAFC_PACA.odt	2018-08-10
1	Swift Current Water Chemistry - Long Term Tillage Study - 1962-2011	The Swift current water quantity and quality is an annual time-series database covering the period of 1962-2011. This database contains datasets for annual runoff volume, peak flow rates, water quality attributes, snow water equivalent and soil moisture from an edge of field study conducted at Swift Current, SK.	2018-11-23
2	Minor Use Pesticides Program Project Status by Crop	The Pest Management Centre's (PMC) Minor Use Pesticides Program is a joint initiative between Agriculture and Agri-Food Canada and Health Canada's Pest Management Regulatory Agency (PMRA) to improve the availability of reduced-risk products to agricultural producers and improve the access to a broad range of minor use pesticides. The PMC reviews the data resulting from field trials and laboratory analyses, and prepares a submission to PMRA to support the registration of the minor use pesticide. Upon receiving a finalized regulatory submission from PMC, PMRA reviews it and decides whether or not to accept the pesticide for use in Canada.\r\n\r\nThis is a complete list of PMC's projects with their statuses. For those projects with the status D.3.2 Review Complete, please check with the p...	2018-12-14

그림 5.16 OpenData 카탈로그의 샘플 레코드

5. 이제 텍스트 처리 단계에 있다. 먼저 텍스트를 소문자로 변환한 후 불용어를 제거한다. 불용어는 모델에 어떠한 값도 추가하지 않기 때문이다. 마지막으로는 토큰 리스트의 리스트를 만들어야 한다. 바깥 리스트에 속한 각 항목은 각각의 토큰으로 분할된 설명이다. 이 과정을 위해 젠심의 simple_preprocess() 함수를 사용한다. 이를 구현하기 위해 새로운 셀을 삽입하고 다음 코드를 추가한다.

```python
from gensim.parsing.preprocessing import import remove_stopwords
from gensim.utils import simple_preprocess

def text_to_tokens(text):
    text = text.lower()
    text = remove_stopwords(text)
    tokens = simple_preprocess(text)
    return tokens
```

6. text_to_tokens() 함수를 적용해 새로운 설명 데이터셋을 생성한다. 이 데이터셋은 토픽 모델에 입력으로 사용한다. 이를 구현하기 위해 새로운 셀을 삽입하고 다음 코드를 추가한다.

```python
dataset_descriptions = catalog.description_en.apply(text_to_tokens)
```

7. dataset_description의 내용을 확인해보면, text_to_tokens() 함수를 사용해 각 설명에서 추출한 토큰 목록이 포함돼 있음을 알 수 있다. 이를 구현하기 위해 새로운 셀을 삽입하고 다음 코드를 추가해보자.

```python
dataset_descriptions
```

이 코드의 출력은 다음과 같다.

```
0
[aafc, productivity, account, canadian, agriculture, annual, time, series, database, covering, years, comprised, price, inde
x, constant, dollar, implicit, quantity, series, gross, output, input, aggregates, data, defined, national, level, canada, da
ta, estimate, total, factor, productivity, tfp, index, canadian, agriculture, ratio, total, gross, output, total, input, outp
ut, input, constant, dollar, implicit, quantities, average, growth, tfp, index, referred, tfp, growth, estimated, variety, me
thods, growth, rate, reported, aafc, publications, estimated, ols, documentation, provided, aafc_paca, odt]
1
[swift, current, water, quantity, quality, annual, time, series, database, covering, period, database, contains, datasets, an
nual, runoff, volume, peak, flow, rates, water, quality, attributes, snow, water, equivalent, soil, moisture, edge, field, st
udy, conducted, swift, current, sk]
2
                                                       [pest, management, centre, pmc, minor, use,
pesticides, program, joint, initiative, agriculture, agri, food, canada, health, canada, pest, management, regulatory, agenc
y, pmra, improve, availability, reduced, risk, products, agricultural, producers, improve, access, broad, range, minor, use,
pesticides, pmc, reviews, data, resulting, field, trials, laboratory, analyses, prepares, submission, pmra, support, registra
tion, minor, use, pesticide, receiving, finalized, regulatory, submission, pmc, pmra, reviews, decides, accept, pesticide, us
e, canada, complete, list, pmc, projects, statuses, projects, status, review, complete, check, pesticide, manufacturer, visi
t, pmra, pesticide, label, database, pesticide, ready, use]
3
                                                       [pest, management, centre, m
inor, use, pesticides, program, joint, initiative, agriculture, agri, food, canada, health, canada, pest, management, regulat
```
그림 5.17 정제, 전처리, 토큰화 후의 설명 데이터셋의 레코드

8. LdaModel을 사용하고 두 개의 객체, 즉 datset_description의 토큰들을 담고 있는 사전 인스턴스와 corpus 인스턴스를 만들자. 이를 구현하기 위해 새로운 셀을 삽입하고 다음 코드를 추가하자.

```python
import gensim
from gensim.models import LdaModel
from gensim.parsing.preprocessing import preprocess_string

dictionary = gensim.corpora.Dictionary(dataset_descriptions)
corpus = [dictionary.doc2bow(text) for text in dataset_descriptions]
```

9. 사전에 들어있는 내용을 파악하려면, 새로운 셀을 삽입하고 다음 코드를 추가해 처음 20개의 항목을 반복할 수 있다.

```python
for i in range(0, 20):
    print(i, dictionary[i])
```

이 코드의 출력은 다음과 같다.

```
0   aafc
1   aafc_paca
2   account
3   aggregates
4   agriculture
5   annual
6   average
7   canada
8   canadian
9   comprised
10  constant
11  covering
12  data
13  database
14  defined
15  documentation
16  dollar
17  estimate
18  estimated
19  factor
```

그림 5.18 OpenData 카탈로그에서 추출한 사전의 처음 20개 항목

10. 토픽 벡터의 벡터 크기는 50으로 지정한다. 이 값은 50개의 토픽을 갖는 모델을 만들 것이라는 점을 의미한다. 이를 구현하기 위해 새로운 셀을 삽입하고 다음 코드를 추가하자.

```
VECTOR_SIZE=50
lda_model:LdaModel = LdaModel(corpus,
                              num_topics=VECTOR_SIZE,
                              passes=4)
```

11. 토픽 벡터를 만드는 방법을 알아보기 위해 하나의 설명 값을 뽑아서 그 과정을 살펴보자. 다음 코드에서 첫 번째 catalog_description을 선택해 토큰으로 변환한 후 다시 토큰을 단어 모음으로 변환한다. 마지막 단계는 모델을 사용해 설명에 관련된 토픽과 해당 설명의 관련성을 표시하는 것이다. 이를 구현하기 위해 새로운 셀을 삽입하고 다음 코드를 추가하자.

```
text = catalog.description_en[0]
tokens = text_to_tokens(text)
bag_of_words = dictionary.doc2bow(tokens)
pd.DataFrame(ldaModel[bag_of_words], columns=['Topic','Relevance']).set_
index('Topic')
```

이 코드의 출력은 다음과 같다.

Topic	Relevance
2	0.103467
4	0.049998
11	0.029675
16	0.040164
17	0.360627
22	0.027324
27	0.022355
29	0.032114
34	0.070352
40	0.059333
41	0.016863
42	0.177026

그림 5.19 OpenData 카탈로그에서 하나의 설명으로부터 구한 토픽 ID와 관련성 점수

12. 이제 텍스트로 구성된 설명을 전달받아 50개의 항목을 갖는 벡터로 변환하는
    함수를 만든다. 설명이 토픽과 맞는 경우, 해당 토픽 인덱스에 관련성 점수를
    기록한다. 토픽과 맞지 않는다면 0이 된다. 이를 구현하기 위해 새로운 셀을
    삽입하고 다음 코드를 추가하자.

```
def topic_vector(topic_model:LdaModel, text:str):
    processed_text = text_to_tokens(text)
    fingerprint = [0] * topic_model.num_topics
    for topic, prob in topic_model[dictionary.doc2bow(processed_text)]:
        fingerprint[topic] = prob
    return fingerprint
```

13. 다음 코드는 텍스트로 구성된 설명으로부터 이미지를 생성해서 시각화할 수 있다. 새로운 셀을 삽입하고 다음 코드를 추가하자.

```python
import matplotlib.pyplot as plt
import matplotlib.style as style
from IPython.display import display

style.use('fivethirtyeight')

VECTOR_SIZE=50
%matplotlib inline

def show_fingerprint(topic_model, text:str):
    display(text)
    vector = topic_vector(topic_model, text)
    plt.figure(figsize=(8,1))
    ax = plt.bar(range(len(vector)),
                 vector,
                 0.25,
                 linewidth=1)
    plt.ylim(top=0.4)
    plt.tick_params(axis='both',
                    which='both',
                    left=False,
                    bottom=False,
                    top=False,
                    labelleft=True,
                    labelbottom=True)
    plt.grid(False)
```

14. 설명에 show_fingerprint() 함수를 실행하면 이미지로 표현되는 것을 확인할 수 있다. 이를 구현하기 위해 새로운 셀을 삽입하고 다음 코드를 추가하자.

```python
show_fingerprint(lda_model, catalog.description_en[0])
```

이 코드의 출력은 다음과 같다.

그림 5.20 OpenData 카탈로그에 있는 설명 중 하나로부터 만든 토픽 분포 이미지

15. show_fingerprint() 함수를 실행해 두 가지 유사한 설명을 확인해보자. 이를 구현하기 위해 새로운 셀을 삽입하고 다음 코드를 추가하자.

```
show_fingerprint(lda_model, catalog.description_en[3])
```

이 코드의 출력은 다음과 같다.

그림 5.21 OpenData 카탈로그에 있는 설명 중 하나로부터 만든 토픽 분포 이미지

16. 새로운 셀을 삽입하고 다음 코드를 추가해 설명 ID 2에 대해 show_fingerprint () 함수를 실행하자.

```
show_fingerprint(lda_model, catalog.description_en[2])
```

이 코드의 출력은 다음과 같다.

```
"The Pest Management Centre's (PMC) Minor Use Pesticides Program is a joint initiative between Agriculture and Agri-Food Canada
and Health Canada's Pest Management Regulatory Agency (PMRA) to improve the availability of reduced-risk products to agricultur
al producers and improve the access to a broad range of minor use pesticides. The PMC reviews the data resulting from field tri
als and laboratory analyses, and prepares a submission to PMRA to support the registration of the minor use pesticide. Upon rec
eiving a finalized regulatory submission from PMC, PMRA reviews it and decides whether or not to accept the pesticide for use i
n Canada.\r\n\r\nThis is a complete list of PMC's projects with their statuses. For those projects with the status D.3.2 Review
Complete, please check with the pesticide manufacturer or visit PMRA's pesticide label database to find out if the pesticide is
ready for use. "
```

그림 5.22 OpenData 카탈로그에 있는 설명 중 하나로부터 만든 토픽 분포 이미지

앞의 두 그림에서 볼 수 있듯이, 두 가지 유사한 설명에 대해 show_fingerprint() 함수를 실행했을 때, 토픽 관련성 높이에서 약간의 차이를 제외하고는 거의 동일하다는 것을 알 수 있었다. 이는 텍스트 유사도를 측정하는 데 사용할 수 있는 토픽 벡터를 만들기 위해 토픽 모델링을 사용할 수 있다는 것을 보여준다.

지금까지 LSA와 LDA 모델을 다뤘고, 이 모델들을 토픽 모델링에 사용하는 방법을 배웠다. 이 지식을 활용해 다음 절에서는 데이터셋에 대해 토픽 모델링을 수행하는 실습을 진행해보자.

실습 10: 제퍼디 질문에 대한 토픽 모델링

이 실습에서는 제퍼디^{Jeopardy} 질문을 담고 있는 데이터셋에 대해 토픽 모델링을 해본다. 이 실습을 구현하기 위해 다음 과정을 따라가보자.

1. 데이터셋을 판다스 데이터프레임에 불러온다.
2. 데이터프레임에 대해 전처리를 수행하고 NA 값을 제거한다.
3. 데이터프레임의 Question 열을 사용해 LdaModel 인스턴스를 생성한다.
4. 토픽을 출력한다.

    이 단계를 거치고 나서 예상되는 출력은 다음과 같다.

```
[(0,
  '0.013*"king" + 0.013*"year" + 0.008*"countri" + 0.007*"centuri" + 0.007*"major" + 0.006*"number"'),
 (1,
  '0.028*"plai" + 0.022*"film" + 0.019*"titl" + 0.013*"star" + 0.011*"music" + 0.011*"song"'),
 (2,
  '0.028*"citi" + 0.021*"state" + 0.019*"new" + 0.016*"countri" + 0.013*"presid" + 0.012*"island"'),
 (3,
  '0.007*"short" + 0.006*"live" + 0.006*"best" + 0.006*"said" + 0.006*"court" + 0.005*"eat"'),
 (4,
  '0.008*"languag" + 0.007*"good" + 0.007*"author" + 0.006*"compani" + 0.005*"english" + 0.005*"fruit"'),
 (5,
  '0.022*"word" + 0.021*"clue" + 0.017*"crew" + 0.015*"mean" + 0.014*"type" + 0.013*"letter"'),
 (6,
  '0.007*"call" + 0.007*"queen" + 0.006*"seen" + 0.006*"color" + 0.006*"type" + 0.005*"franc"'),
 (7,
  '0.008*"war" + 0.007*"battl" + 0.007*"paint" + 0.007*"year" + 0.007*"man" + 0.006*"member"')]
```

그림 5.23 찾아낸 토픽과 단어들

> **참고**
>
> 이 실습과 관련된 솔루션은 부록의 실습 10에서 살펴볼 수 있다.

지금까지 주어진 데이터셋에 대해 토픽 모델링을 적용하는 방법을 배웠다.

요약

이 장에서는 토픽 모델링을 자세히 설명했다. 두 가지 알고리즘인 LSA와 LDA를 다뤘고, 주어진 데이터셋에 토픽 모델링을 적용하는 방법을 살펴봤다. 또한 유사도를 확인하기 위해 토픽 핑거프린팅도 배웠다. 다음 장에서는 텍스트 요약과 텍스트 생성 등의 개념을 깊이 파고들 것이다.

6

텍스트 요약과 텍스트 생성

이 장에서 다루는 내용은 다음과 같다.

- 자동화 텍스트 요약과 그 이점을 설명한다.
- TextRank 알고리즘을 설명한다.
- 젠심을 활용한 텍스트 요약을 구현한다.
- 단어 출현 빈도를 활용한 텍스트 요약을 구현한다.
- 마르코프 체인^{Markov chain}을 활용해 텍스트를 생성한다.

이 장에서는 텍스트를 요약하고 생성하는 다양한 방법을 학습한다.

소개

텍스트 데이터를 처리할 때 겪게 되는 한 가지 큰 어려움은 데이터가 클 수 있고 문서, 이메일, 웹 페이지와 같은 다양한 형태로 올 수 있다는 것이다. 이런 자료를 읽고 이해하는 것은 번거로운 일이다. 또한 사람들은 엄청난 양의 정보를 읽을 때 인내심이 줄어드는 경향이 있다. 사람들은 '한 입 크기bite-size chunk'로 정보를 소비하는 것을 선호한다. 예를 들어 트위터는 제한 글자 수를 두 배로 늘렸지만, 여전히 280자에 불과하다. 사람들은 인스타그램, 페이스북, 스냅챗Snapchat, 그 외 다른 소셜 미디어 플랫폼에 대한 경험으로 간결한 텍스트를 읽는 것에 더 익숙해졌다.

이러한 습관의 변화로 인해, 우리가 사람들이 읽어보도록 요구하는 콘텐츠의 양을 줄이면서 중심 아이디어를 그대로 유지할 필요가 있다. 이를 돕기 위해 콘텐츠 제공업체들은 사용자에게 정보의 요지를 제공하는 텍스트 요약 같은 기능을 제공한다.

따라서 텍스트 요약 자동화를 위한 큰 비즈니스 요구가 있다. 다음 절에서 텍스트 요약을 살펴본다.

> **참고**
>
> 2016년 버즈수모(BuzzSumo)는 8억 건이 넘는 페이스북 게시물을 분석했다. 분석 결과에 따르면, 50자 미만의 게시물이 긴 게시물보다 더 매력적이라는 것이 밝혀졌다. 제프 불라스(Jeff Bullas)의 좀 더 정밀한 연구에 따르면, 80자 이하의 글들은 다른 글들보다 66% 더 높은 참여를 이끌어낸다. 자세한 내용은 https://buzzsumo.com/blog/facebookengagement-guide/ 링크를 참고하자.

자동 텍스트 요약이란?

자동 텍스트 요약automated text summarization은 자연어 처리(NLP) 도구를 사용해 원래 콘텐츠에 존재하는 모든 핵심 정보를 보존하는 텍스트의 간결한 버전을 생성하는 과정이다.

콘텐츠 제공업체들은 독서 습관 변화에 적응해왔으며, 이제는 짧은 기사와 게시물을 보는 것이 매우 일반적이다. 다른 주요 적용 사례는 내용에 대한 요약과 시간 추정치를 제공하는 것이다. 이러한 기능들은 NLP를 통해 개발했으며, 텍스트 요약 관련 기술과 도구를 개발하는 데 지속적인 진전이 있었다.

이 도구들 중 일부는 젠심과 NLTK 같은 텍스트 요약 알고리즘을 포함하고 있는 프레임워크들이다. 이 프레임워크는 사용하기 쉬운 인터페이스도 갖고 있다. 이러한 것들은 연구에 대해 내부적으로 너무 많은 것을 알 필요 없이 계속해서 사업상의 문제를 해결하는 것이 목표인 머신러닝 엔지니어와 데이터 과학자에게 꽤 유용해졌다. 대부분의 알고리즘들은 나중에 자세히 다룰 것이다. 다음 절에서는 자동 텍스트 요약이 제공하는 몇 가지 이점을 살펴본다.

자동 텍스트 요약의 이점

자동 텍스트 요약은 다음과 같은 이점을 제공한다.

- **샘플링**: 자동 요약은 기사를 실제로 공개하기에 앞서 문서나 기사의 샘플이 될 수 있다. 이 샘플을 통해 독자는 전체 기사를 읽을지 말지를 결정할 수 있다.
- **검색**: 요약은 검색에 도움을 줄 수 있다. 사용자가 선택할 수 있도록 검색 결과에 표시할 수 있다.
- **인덱싱**: 원본 문서의 압축적 표현으로서 검색 색인에 요약본을 사용할 수 있다. 이는 필요한 스토리지 양을 줄이는 데도 도움이 된다.
- **읽기 시간**: 요약을 잘 구성하면 실제 문서 대신에 사용할 수 있다. 이것은 훨씬 더 짧은 시간에 읽을 수 있고, 독자가 원본 문서의 요지를 파악할 수 있다면 적용할 만하다.
- **질의응답**: 챗봇chatbot은 사용자 질문에 대한 응답으로 자동 요약을 제공할 수 있다.

이러한 이유로 NLP 도구를 사용한 텍스트 요약에 대한 연구가 매일 사용하는 제품과 서비스로 발전했다. 이러한 서비스들 중 하나는 구글의 스마트 리플라이Smart Reply다. 이 서비스는 스마트폰에서 이메일에 대한 짧은 회신을 제안하며, 이러한 짧은 회신은 도구가 사용자에게 가장 적합한 회신이라고 생각하는 것에 기반해 구성한다.

▎ 텍스트 요약의 고수준 뷰

텍스트 요약의 주제를 다양한 각도에서 볼 수 있다. 다음 그림은 진행 방법을 보여준다.

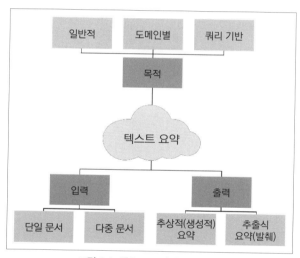

그림 6.1 텍스트 요약의 분류 방법

다음 절에서는 텍스트 요약의 각 측면을 자세히 살펴본다.

목적

텍스트 요약의 주제를 살펴볼 수 있는 다양한 각도가 있다. 첫째, 사람들이 일반적으로 무엇을 위해 요약을 사용하는지 아는 것으로 텍스트 요약의 목적을 확인할 수 있다. 이것은 세 부분으로 더 나눌 수 있다.

- **일반적 요약**: 텍스트 요약기^{summarizer}는 텍스트 입력이 충분한 길이를 갖는다면 동작하고, 다양한 도메인에 있는 소스를 적절히 요약할 수 있다. 만약 프로젝트 목표가 도메인의 종류에 상관없고 다양한 도메인의 소스를 허용하다면, 젠심과 같은 도구에서 제공하는 일반적인 요약기를 사용할 수 있다.
- **도메인 한정 요약**: 텍스트 요약은 금융, 쇼핑, 의료, 여행과 같은 도메인에 한정될 수 있다. 이 소프트웨어는 해당 도메인에서 중요한 특정 용어를 고려해야 한다. 핵심 정보를 제거하는 방식으로 의학 진단을 요약하고 싶지는 않을 것이다. 따라서 이 텍스트 요약기는 다른 용어들과 다르게 취급해야 하는 더 중요한 특정 용어를 함께 제공할 수 있다.
- **쿼리 기반 요약**: 쿼리 시스템은 검색 창이나 챗봇에서 사용자 입력에 대한 응답을 제공하는 데 중점을 두므로 다양하게 동작한다. 사용자에 대한 응답은 질문에만 관련된다. 예를 들어, 챗봇이 약관 문서에 포함된 질문에 대답하는 경우에는 요약에 질문과 관련된 텍스트만 포함되도록 응답을 맞춤화할 수 있다.

입력

텍스트 요약에 대한 입력 소스는 단일 문서이거나 여러 문서일 수 있다.

- **단일 문서**: 텍스트 요약에 대한 입력은 기사, 이메일, 소셜 미디어 게시물, 긴 워드 문서와 같이 더 많은 내용을 포함하는 단일 문서일 수 있다. 이것은 사용자 중심의 요약 소프트웨어가 작동하는 전형적인 모드다. 여기서 사용자는 하나의 콘텐츠 소스를 본다.
- **여러 문서**: 텍스트 요약기는 여러 문서를 요약하고 하나의 요약을 만드는 데도 사용할 수 있다. 이것은 여러 문서를 분석하는 과정에서 시간을 절약해야 하는 기업에 유용할 수 있다. 예를 들어, 법률 회사는 여러 문서를 하나의 요약으로 간추리는 프로세스를 실행할 수 있다.

출력

요약에 대한 출력 텍스트를 생성하는 방법으로는 추출적 방법과 추상적 방법이 있다. 이것들을 좀 더 자세히 살펴보자.

추출적 텍스트 요약

추출적 텍스트 요약extractive text summarization은 원문을 검토한 후, 너무 많은 의미를 잃지 않고 텍스트에 포함된 아이디어를 가장 잘 전달하는 문장이나 구를 추출한다. 추출적 요약을 수행하는 많은 다른 알고리즘이 있다. 하지만 이 알고리즘은 일반적으로 같은 원리로 동작한다. 이 핵심 원칙은 텍스트의 문장들을 중요도별로 순위를 매기는 것이다.

문장이 텍스트 문서의 전체적 의미에 얼마나 기여하는지에 따라 문장의 중요도를 해석할 수 있다. 순위를 매긴 후에 가장 높은 순위를 얻은 문장을 골라 요약을 선택할 수 있다. 다양한 기준이 있는데, 이 기준들을 사용하면 추출을 위한 문장의 중요도에 순위를 매길 수 있다. 기준들은 다음과 같다.

- **단어 빈도**: 이 접근법에서는 문장의 단어가 문서에서 얼마나 자주 나타나는지에 따라 문장의 순위를 정한다. 여기서 전반적인 아이디어는 자주 사용되는 단어가 포함된 문장이 전체 문서의 전반적인 의미를 나타낸다는 것이다. 단어 빈도에 따라 순위를 매길 때는 종종 너무 자주 나오거나 문서를 제대로 대표하지 않는 이상치일 수도 있는 단어들을 무시해야 한다.
- **문장 유사도**: 이것은 주어진 문장과 문서 안에 있는 다른 문장들이 얼마나 유사한지를 나타내는 척도다. 여기서 요지는 만약 문장을 요약을 위해 선택한다면 이 문장은 나타나지 않는 다른 여러 문장들을 표현할 수 있고, 이에 따라 문서의 많은 의미를 나타낼 수 있다는 것이다. 이 접근 방식은 TextRank 알고리즘에서 사용된다. 이 알고리즘은 이후 절에서 더 자세히 살펴본다.

- **클러스터링 중심**: 이 경우에는 문서의 문장들을 그룹으로 묶는다. 그런 다음 각 클러스터의 중앙에 있는 문장을 요약을 위해 선택한다. 이렇게 해서 문서의 의미에 대해 중심이 되는 문장을 선택한다.

추상적 텍스트 요약

추상적 텍스트 요약abstractive text summarization은 추상적인 요약을 만들어내는데, 이 요약은 원래 문서와 같은 단어를 사용하지 않고 단지 같은 의미를 갖는 텍스트의 한 조각이다. 추상화는 본질적으로 원문을 좀 더 간결한 형태로 다시 쓰는 것이다.

추상적 요약은 원래 텍스트의 의미를 학습한 후 요약을 만들기 위한 알고리즘을 필요로 하므로 알고리즘을 만들기가 훨씬 어렵다. 요약을 만드는 것이 쉽지 않기 때문에 추상적인 텍스트 요약은 보통 신경망 모델과 같이 더 진보된 기술로 이뤄진다.

시퀀스 투 시퀀스

앞에서 설명한 것처럼, 추상적 텍스트 요약의 목표는 입력 텍스트를 가져와서 해당 텍스트에 대한 추상적인 요약을 만드는 것이다. 입력 텍스트는 입력 단어나 문자들의 시퀀스로 간주할 수 있으며, 요약은 출력 시퀀스로 간주할 수 있다. 따라서 텍스트 요약은 하나의 시퀀스를 다른 시퀀스로 변환하는 시퀀스 투 시퀀스sequence-to-sequence 문제로 볼 수 있다. 시퀀스 투 시퀀스 신경망은 일반적으로 한 언어에서 다른 언어로의 번역이나 질의응답에 사용한다. 하지만 입력으로부터 더 짧은 출력 시퀀스를 만드는 것이 목적인 텍스트 요약에도 사용할 수 있다.

인코더-디코더

시퀀스 투 시퀀스 변환을 수행하는 가장 일반적인 방법은 다음과 같이 구성된 인코더-디코더encoder-decoder 네트워크를 사용하는 것이다.

- 입력 단어 시퀀스를 받아 내재적인 표현을 만드는 인코더
- 입력 표현을 받아 단어들의 출력 시퀀스를 만드는 디코더

인코더-디코더 구조는 구글과 자연어 번역 분야에서 활동하는 다른 주요 기업들이 사용한다.

TextRank

TextRank는 추출적 텍스트 요약에 널리 사용되는 알고리즘이다. 이것은 최근까지 가장 잘 알려진 알고리즘 중 하나인 PageRank에 기반을 두고 있다. PageRank는 구글이 검색 결과를 정렬할 때 가장 먼저 사용한 검색 정렬 알고리즘이었으며, 특정 페이지를 참조하는 다른 페이지의 총개수를 기준으로 페이지 순위를 정하는 원칙에 따라 동작한다. 마찬가지로, TextRank의 경우 텍스트 단위(일반적으로 문장)는 주어진 문장과 다른 문장이 얼마나 유사한지에 따라 순위가 결정된다. TextRank 알고리즘은 다음과 같이 동작한다.

1. 문서에서 텍스트를 읽고 추출한다.
2. 텍스트를 문장으로 나눈다.
3. 문장을 벡터로 변환한다.
4. 문장의 각 단어를 벡터로 변환한다.
5. 문장 전체의 벡터 찾기(한 가지 접근법은 단어 벡터의 평균을 구하는 것이다.)
6. 문장 사이의 유사도 행렬을 계산한다. 이것은 문장이 얼마나 서로 유사한지 측정하는 행렬이다.
7. 유사도 행렬을 활용해 그래프를 생성한다.
8. 문장의 순위를 그래프 중요도로 정한다.
9. 그래프 중요도별로 상위 문장을 선택한다.

TextRank 과정에서의 데이터 흐름은 다음 그림과 같다.

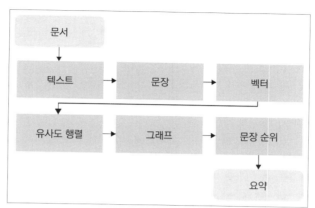

그림 6.2 이 그림은 TextRank 과정에서의 데이터 흐름을 나타낸다.

이제 TextRank에 대한 인사이트를 얻었으므로, 다음 절에서는 TextRank에 기반한 예제를 살펴보고 좀 더 명확히 이해해보자.

예제 51: TextRank의 기초

이 예제는 TextRank 알고리즘의 과정을 다룬다. 여기서는 데이터셋을 가져온 후 TextRank 알고리즘을 활용해 포함된 기사를 요약한다. 이 예제를 구현하기 위해 다음 과정을 따라가보자.

1. 주피터 노트북을 연다.

2. 다음 import 구문을 추가한다.

```
import numpy as np
import pandas as pd
import nltk
import re
import contractions
```

```
nltk.download('punkt') # 한 번만 실행
pd.set_option('display.max_colwidth',1000)
```

이 코드는 nltk의 펑크 토크나이저 모델도 다운로드한다. 이것은 기사에 있는 문장과 단어들을 토큰화하는 데 사용한다.

3. 이 단계에서 ZIP 파일에 있는 Glove 벡터 단어 표현을 불러온다. 이 코드는 파일을 추출하는 데 사용한다.

```
import zipfile
GLOVE_DIR = 'data/glove/'
GLOVE_ZIP = GLOVE_DIR + 'glove.6B.50d.zip'
zip_ref = zipfile.ZipFile(GLOVE_ZIP, 'r')
zip_ref.extractall(GLOVE_DIR)
zip_ref.close()
```

4. Glove 벡터를 추출한 후 사전에 불러와야 한다. 이 사전을 사용해 각 단어의 벡터를 찾을 수 있다. 이를 구현하기 위해 새로운 셀을 삽입하고 다음 코드를 추가하자.

```
import numpy as np

def load_glove_vectors(fn):
    print("Loading Glove Model")
    with open( fn,'r', encoding='utf8') as glove_vector_file:
        model = {}
        for line in glove_vector_file:
            parts = line.split()
            word = parts[0]
            embedding = np.array([float(val) for val in parts[1:]])
            model[word] = embedding
        print("Loaded {} words".format(len(model)))
    return model

glove_vectors = load_glove_vectors('data/glove/glove.6B.50d.txt')
```

5. data 디렉터리의 CSV 파일에 있는 테니스 기사를 불러오자. 이를 구현하기 위해 새로운 셀을 삽입하고 다음 코드를 추가하자.

```
articles = pd.read_csv("data/tennis_articles_v4.csv")
articles.head(2)
```

이 코드의 출력은 다음과 같다.

	article_id	article_text	source
0	1	Maria Sharapova has basically no friends as tennis players on the WTA Tour. The Russian player has no problems in openly speaking about it and in a recent interview she said: 'I don't really hide any feelings too much. I think everyone knows this is my job here. When I'm on the courts or when I'm on the court playing, I'm a competitor and I want to beat every single person whether they're in the locker room or across the net.So I'm not the one to strike up a conversation about the weather and know that in the next few minutes I have to go and try to win a tennis match. I'm a pretty competitive girl. I say my hellos, but I'm not sending any players flowers as well. Uhm, I'm not really friendly or close to many players. I have not a lot of friends away from the courts.' When she said she is not really close to a lot of players, is that something strategic that she is doing? Is it different on the men's tour than the women's tour? 'No, not at all. I think just because you're in the sa...	https://www.tennisworldusa.org/tennis/news/Maria_Sharapova/62220/i-do-not-have-friends-in-tennis-says-maria-sharapova/
1	2	BASEL, Switzerland (AP), Roger Federer advanced to the 14th Swiss Indoors final of his career by beating seventh-seeded Daniil Medvedev 6-1, 6-4 on Saturday. Seeking a ninth title at his hometown event, and a 99th overall, Federer will play 93th-ranked Marius Copil on Sunday. Federer dominated the 20th-ranked Medvedev and had his first match-point chance to break serve again at 5-1. He then dropped his serve to love, and let another match point slip in Medvedev's next service game by netting a backhand. He clinched on his fourth chance when Medvedev netted from the baseline. Copil upset expectations of a Federer final against Alexander Zverev in a 6-3, 6-7 (6), 6-4 win over the fifth-ranked German in the earlier semifinal. The Romanian aims for a first title after arriving at Basel without a career win over a top-10 opponent. Copil has two after also beating No. 6 Marin Cilic in the second round. Copil fired 26 aces past Zverev and never dropped serve, clinching after 2 1/2 hours w...	http://www.tennis.com/pro-game/2018/10/copil-stuns-5th-ranked-zverev-to-reach-swiss-indoors-final/77721/

그림 6.3 이 이미지는 처음 두 개의 테니스 기사를 보여준다.

6. 다음 코드를 추가해 NLTK 영어 불용어를 다운로드한 후 불러온다.

```
nltk.download('stopwords')
from nltk.corpus import stopwords
stop_words = stopwords.words('english')
```

7. 이 코드는 기사 텍스트를 정제하고 단어들과 문장들로 토큰화하는 여러 함수들을 생성한다.

```
from nltk.tokenize import sent_tokenize, word_tokenize
CLEAN_PATTERN = r'[^a-zA-z\s]'

def clean(word):
    return re.sub(CLEAN_PATTERN, '', word)
```

```
def clean_sentence(sentence):
    sentence = [clean(word) for word in sentence]
    return [word for word in sentence if word]

def clean_sentences(sentences):
    return [clean_sentence(sentence) for sentence in sentences]

def lower(sentence):
    return [word.lower() for word in sentence]

def remove_stopwords(sentence):
    words = [word for word in sentence if word not in stop_words]
    return [word for word in words if len(word) >0]

def tokenize_words(sentences):
    return [word_tokenize(sentence) for sentence in sentences]

def fix_contractions(sentences):
    return [contractions.fix(sentence) for sentence in sentences]
```

8. 방금 만든 함수들을 기사에 적용해보자. 이 과정은 각 기사를 문장으로 나누고 각 문장을 단어로 나눈다. 데이터프레임을 사용하고 있으므로 데이터셋에 있는 일곱 개의 기사 각각에 함수를 적용한다는 점을 참고하자.

```
articles['SentencesInArticle'] = articles.article_text.apply(sent_tokenize)
articles['WordsInSentences'] = articles.SentencesInArticle \
    .apply(fix_contractions)\
    .apply(lower)\
    .apply(tokenize_words)\
    .apply(remove_stopwords)\
    .apply(clean_sentences)
```

9. SentencesInArticles와 WordInSentences 열을 확인하기 위해 기사 열의 부분집합을 가져오자. 처음 두 개의 레코드를 확인하기 위해 head() 함수를 사용한다.

```
articles = articles[['SentencesInArticle', 'WordsInSentences']]
articles.head(2)
```

이 코드의 출력은 다음과 같다.

그림 6.4 이 그림은 추가한 새 열을 보여준다(SentencesInArticles와 WordInSentences).

10. 다음 단계는 문장 벡터를 만드는 것이다. sentence_vector()와 sentences_to_ vectors()라는 함수를 정의한다. 또한 벡터 크기를 50으로 지정할 것이다.

```
VECTOR_SIZE = 50
EMPTY_VECTOR = np.zeros(VECTOR_SIZE)

def sentence_vector(sentence):
    return sum([glove_vectors.get(word, EMPTY_VECTOR) for word in sentence])/
len(sentence)

def sentences_to_vectors(sentences):
    return [sentence_vector(sentence) for sentence in sentences]
```

11. 이제 문장 벡터를 생성하는 함수를 정의했고 실행해보자. SentenceVectors라 는 또 다른 열을 데이터프레임에 생성하자.

```
articles['SentenceVector'] = \
    articles.WordsInSentences.apply(sentences_to_vectors)
```

12. 다음 단계는 유사도 행렬을 만드는 것이다. 유사도 행렬은 주어진 기사에 있는 한 문장이 다른 문장과 유사한 정도를 포착한다. 함수는 다음과 같다.

```
from sklearn.metrics.pairwise import cosine_similarity

def similarity_matrix(sentence_vectors):
    sim_mat = np.zeros([len(sentence_vectors), len(sentence_vectors)])
    for i in range(len(sentence_vectors)):
        for j in range(len(sentence_vectors)):
            element_i = sentence_vectors[i].reshape(1,VECTOR_SIZE)
            element_j = sentence_vectors[j].reshape(1,VECTOR_SIZE)
            sim_mat[i][j] = cosine_similarity(element_i, element_j)[0,0]
    return sim_mat
```

13. 각 기사에 대해 유사도 행렬을 생성하는 함수를 실행하자.

```
articles['SimMatrix'] = articles['SimMatrix'] = \
    articles.SentenceVector.apply(similarity_matrix)
```

14. 유사도 행렬을 만든 후의 단계는 행렬을 사용해 그래프를 만드는 것이다. 이 그래프를 만들기 위해 networkx라고 부르는 파이썬 라이브러리를 사용한다. 그래프는 각 문장의 상대적 중요도를 다른 문장들과 얼마나 비슷한지에 따라 결정하는 데 도움이 된다.

```
import networkx as nx

def compute_graph(sim_matrix):
    nx_graph = nx.from_numpy_array(sim_matrix)
    scores = nx.pagerank(nx_graph)
    return scores
```

15. 함수를 작성한 후 다음 코드를 실행해 해당 기사에 대한 새 열을 만들자.

```
articles['Graph'] = articles.SimMatrix.apply(compute_graph)
```

16. articles.head()를 사용해 기사를 살펴보자. Graph 열까지 추가된 각 열들을 확인할 수 있다.

```
articles.head(2)
```

이 코드의 출력은 다음과 같다.

	SentencesInArticle	WordsIn Sentences	SentenceVector	SimMatrix	Graph	Summary
0	[Maria Sharapova has basically no friends as tennis players on the WTA Tour., The Russian player has no problems in openly speaking about it and in a recent interview she said: 'I don't really hide any feelings too much., I think everyone knows this is my job here., When I'm on the courts or when I'm on the court playing, I'm a competitor and I want to beat every single person whether they're in the locker room or across the net.So I'm not the one to strike up a conversation about the weather and know that in the next few minutes I have to go and try to win a tennis match., I'm a pretty competitive girl., I say my hellos, but I'm not	[[maria, sharapova, has, basically, no, friends, as, tennis, players, on, the, wta, tour], [the, russian, player, has, no, problems, in, openly, speaking, about, it, and, in, a, recent, interview, she, said, i, do, not, really, hide, any, feelings, too, much], [i, think, everyone, knows, this, is, my, job, here], [when, i, am, on, the, courts, or, when, i, am, on, the, court, playing, i, am, a, competitor, and, i, want, to, beat, every, single, person, whether, they, are, in, the, locker, room, or, across, the, netso, i, am, not, the, one, to, strike, up, a, conversation, about, the, weather, and, know, that, in, the, next, few, minutes, i,	[[0.07161230769230773, 0.5263353076923079, -0.22625407692307692, 0.4190584615384615, -0.0952153076923077, -0.10156600000000002, -0.40362538461538466, 0.400633476923077, -0.35831371000000006, -0.11500546153846154, 0.11607930769230769, -0.146259, -0.6847891923076924, 0.014327538461538456, 0.783284653846154, 0.046932615384615385, -0.10918245384615388, 0.054596461538461545, -0.29416438461538463, -0.1929796923076923, -0.2468181230769231, 0.3106658461538461, 0.011112153846153848, 0.30192715384615376, 0.12148384615384614, -1.328529230769231, -0.2920881538461539, -0.07721707692307692, -0.3258306923076923,	[[0.0, 0.8804204422835109, 0.8400741992486218, 0.9129596149615926, 0.8445816500505545, 0.8497893583785374, 0.876852166283095, 0.886258925167321, 0.876688184230672, 0.9263429106619361, 0.8600162727238754, 0.88957833049645, 0.8313178033584998, 0.8565959297474462, 0.8824241286286072, 0.8868385761498727, 0.8136190246763892], [0.8804204422835109, 0.0, 0.9408964676641778, 0.9686965549113967, 0.8942781393973298, 0.9586334393985563, 0.9585076101382632, 0.9730773874995189, 0.987312380978821, 0.9125283526364883, 0.9594498058208407, 0.9640488970318378, 0.9632944418681554, 0.9732690670320119, 0.9616582246780772,	{0: 0.055286935618712896, 1: 0.05970578975658169, 2: 0.058379079199306204, 3: 0.05976056354283547, 4: 0.056304909154901626, 5: 0.059249413585736564, 6: 0.0594297063316984, 7: 0.05955702192007273, 8: 0.05966960309709363, 9: 0.056770439199444536, 10: 0.05907532875276158, 11:	I think just because you're in the same sport doesn't mean that you have to be friends with everyone just because you're categorized, you're a tennis player, so you're going to get along with tennis players. But ultimately tennis is just

그림 6.5 이 그림은 추가한 열들을 보여준다(SentenceVector, SimMatrix, Graph).

17. 이 그래프는 문장에 대한 점수와 숫자 인덱스를 포함한다. 점수를 매기고 그래프 점수로 상위 n개의 문장을 반환하는 함수를 작성해야 한다.

```
def get_ranked_sentences(sentences, scores, n=3):
    top_scores = sorted(((scores[i],s) for i,s in enumerate(sentences)),
reverse=True)
    top_n_sentences = [sentence for score,sentence in top_scores[:n]]
    return " ".join(top_n_sentences)
```

18. 함수를 생성하고 나서 Summary라는 새로운 열을 만들기 위해 데이터프레임에 이 함수를 적용한다. 이 열은 각 기사에서 상위 세 개의 문장을 담고 있다.

```
articles['Summary'] = articles.apply(lambda d: get_ranked_sentences(d.
SentencesInArticle, d.Graph), axis=1)
```

19. 이제 각 기사에 대한 요약을 확인할 수 있다.

```
articles.loc[0].Summary
```

이 코드의 출력은 다음과 같다.

```
"I think just because you're in the same sport doesn't mean that you have to be friends with everyone just because you're categ
orized, you're a tennis player, so you're going to get along with tennis players. But ultimately tennis is just a very small pa
rt of what we do. I think everyone just thinks because we're tennis players we should be the greatest of friends."
```

그림 6.6 ID가 0인 기사에 대한 요약

ID 1에 대한 요약을 확인하려면 다음 코드를 입력한다.

```
articles.loc[1].Summary
```

이 코드의 출력은 다음과 같다.

```
'Federer had an easier time than in his only previous match against Medvedev, a three-setter at Shanghai two weeks ago. Federer
dominated the 20th-ranked Medvedev and had his first match-point chance to break serve again at 5-1. The Romanian aims for a fi
rst title after arriving at Basel without a career win over a top-10 opponent.'
```

그림 6.7 ID가 1인 기사에 대한 요약

TextRank 알고리즘을 사용해 데이터셋에 있는 기사들을 요약하는 방법을 배웠다. 다음 절에서는 젠심을 사용해 텍스트를 요약하는 방법을 살펴보자.

젠심을 사용한 텍스트 요약하기

젠심 NLP 라이브러리에는 실제로 텍스트 요약기가 포함돼 있다. 따라서 직접 구현한 텍스트 요약기를 쓰는 대신에 이미 공개돼 있는 것을 프로젝트에서 활용할 수 있다. 더 나아가 젠심은 다른 많은 기능을 갖는 훌륭한 NLP 라이브러리이기도 하다.

젠심의 텍스트 요약기는 `gensim.summarization` 패키지에 위치한다. 주요 메서드는 `summarize`이며 단어 개수, 텍스트의 백분율 등을 반환하기 위한 여러 가지 옵션을 제공한다. 기본 구현은 이미 익숙한 TextRank 알고리즘이다. 이 개념을 좀 더 명확히 이해하기 위해 다음 절에서 실습을 해본다.

실습 11: 젠심 텍스트 요약기를 사용해 다운로드한 페이지 요약

Click은 훌륭한 명령줄 인터페이스를 만들기 위한 파이썬 프로젝트다. 이 실습에서는 Why Click 페이지에 대한 요약을 만들어본다. 이를 위해 젠심 요약기^{Gensim Summarizer} 패키지를 활용한다. 이 실습을 구현하기 위해 다음 과정을 따라가보자.

1. `requests` 라이브러리를 사용해 웹 페이지를 다운로드하자.

2. `BeautifulSoup`을 사용해 페이지에서 ID가 `#why-click`인 div의 내용을 찾는다.

3. `genism.summurization` 패키지의 `summarize` 함수를 사용해 `why-click` `div`에서 가져온 텍스트를 요약한다.

4. `split`, `ratio`, `word_count` 등과 같은 다양한 파라미터를 사용해 반환되는 텍스트 양을 제한한다.

> **참고**
>
> 이 실습과 관련된 솔루션은 부록의 실습 11에서 살펴볼 수 있다.

젠심의 텍스트 요약기를 사용해 다운로드한 페이지를 요약하는 방법을 배웠다. 다음 절에서는 단어 빈도를 사용해 텍스트를 요약하는 새로운 개념을 살펴본다.

▌ 단어 빈도를 이용한 텍스트 요약

텍스트 요약을 하는 가장 간단한 방법 중 하나는 단어의 빈도를 계산하고 텍스트에서 가장 자주 나오는 단어를 포함하는 문장을 추출하는 것이다. 이것은 일정한 과정을 따르며, 여기서 살펴본다.

1. **불용어 무시**: 일반적으로 많이 사용하는 단어(불용어라고 함)는 무시한다.
2. **상위 단어 결정**: 문서에서 가장 자주 발생하는 단어를 계산한다.
3. **상위 단어 선택**: 소수 상위 단어를 선택해 점수를 매긴다.
4. **상위 문장 선택**: 문장은 문장에 포함돼 있는 상위 단어의 총개수를 기준으로 점수를 매긴다. 상위 네 개의 문장을 요약에 사용한다.

다음 절에서는 이 개념을 더 명확하게 이해하기 위해 예제를 살펴본다.

예제 52: 단어 빈도수 텍스트 요약

이 예제에서는 단어 빈도를 사용해 문장을 나열함으로써 텍스트 요약을 구현한다. 이 예제를 구현하려면 다음 과정을 따라가보자.

1. 주피터 노트북을 연다.
2. 필요한 라이브러리를 가져오기 위해 새로운 셀을 삽입하고 다음 코드를 추가하자.

```
from collections import Counter
from nltk.tokenize import sent_tokenize,word_tokenize
```

```
from nltk.corpus import stopwords
from string import punctuation
from heapq import nlargest
```

3. 단어 빈도를 계산하기 위해 다음 코드를 추가하자. compute_word_frequencies() 함수는 각 단어의 빈도를 가장 자주 등장하는 단어의 빈도에 대한 비율로 계산할 것이다. 정말 자주 등장하지 않는 단어(비율이 MIN_WORD_PROP보다 작은 단어)이거나 정말 자주 등장하는 단어(비율이 MAX_WORD_PROP 이상인 단어)를 삭제한다.

```
STOPWORDS = set(stopwords.words('english') + list(punctuation))
MIN_WORD_PROP, MAX_WORD_PROP = 0.1, 0.9
def compute_word_frequencies(word_sentences):
    words = [word for sentence in word_sentences for word in sentence if word
not in STOPWORDS]
    counter = Counter(words)
    limit = float(max(counter.values()))
    word_frequencies = {word: freq/limit for word,freq in counter.items()}
    # 매우 자주 등장하는 단어나 너무 등장하지 않는 단어를 제거
    word_frequencies = {word: freq for word,freq in word_frequencies.items()
if freq > MIN_WORD_PROP and freq < MAX_WORD_PROP}
    return word_frequencies
```

4. 문장 안에 있는 단어들이 얼마나 자주 등장하는지로 각 문장들에 대한 점수를 매긴다.

```
def sentence_score(word_sentence, word_frequencies):
    return sum([ word_frequencies.get(word,0) for word in word_sentence])
```

5. summarize() 함수를 추가한다. 이 함수는 작성한 각 함수들을 적용해 텍스트를 요약하고 단어 빈도로 상위 세 번째까지 위치한 문장들을 반환한다.

```
def summarize(text:str, num_sentences=3):
    """
```

```
가장 관련 있는 문장들을 반환해 텍스트를 요약한다
:text 요약할 텍스트
:num_sentences 반환할 문장의 개수
"""
# 텍스트를 소문자로 변환한다
text = text.lower()

# 텍스트를 문장으로 분리시킨다
sentences = sent_tokenize(text)

# 문장을 단어들로 분할시킨다
word_sentences = [word_tokenize(sentence) for sentence in sentences]

# 단어 빈도를 계산한다
word_frequencies = compute_word_frequencies(word_sentences)

# 각 문장들에 대한 점수를 계산한다
scores = [sentence_score(word_sentence, word_frequencies) for word_sentence
in word_sentences]
sentence_scores = list(zip(sentences, scores))
# 문장의 순위를 매긴다
top_sentence_scores = nlargest(num_sentences, sentence_scores, key=lambda
t: t[1])

# 점수가 높은 문장들을 반환한다
return [t[0] for t in top_sentence_scores]
```

6. 작성한 빈도 요약기를 테스트하기 위해 data 디렉터리에 위치한 샘플 기사를 불러온다. 이를 구현하기 위해 다음 코드를 추가한다.

```
with open('data/PolarVortex.txt', 'r') as vortex_file:
    vortex_article = vortex_file.read()
```

7. 기존 기사를 살펴보자. 새로운 코드 셀에 다음 코드를 추가하자.

```
vortex_article
```

이 코드의 출력은 다음과 같다.

```
'On the coldest day in two decades on his fifth-generation dairy farm, Chris Pollack grabbed a thick black hose from the barn a
nd ventured into the subzero cold,\nwhere his beef cattle were chomping cud and waiting for water.\nThe power had briefly gone
out the previous morning, long enough to freeze the line that automatically fills the animalsâ€™ heated water trough. Pollack w
as here to replace it.\n\n"Are you serious?" Pollack said, peering inside the black hose. "Thereâ€™s water frozen in the end al
ready."\nHe lifted it up to a small space heater and waited for it to thaw.\nSuch is life in the Deep Freeze of 2019.\nThe past
48 hours in the American Midwest have been about endurance, as a breathtaking cold settled in over a massive stretch of the cou
ntry. \nThe record-setting frigid temperatures, some of the coldest on the planet Thursday, have frozen the Great Lakes, taxed
electrical and natural gas infrastructure,\n endangered livestock and tested the mettle of millions who are used to the cold bu
t had never experienced anything like this.\nIn some areas Thursday, temperatures dropped below minus-50 degrees, and the extre
me weather was blamed for several deaths across the region,\n including people who appear to have frozen to death in Milwaukee,
Detroit and Rochester, Minn.\nFrom Minnesota to New York, the polar vortex again prompted school closures, mail service interru
ptions and thousands of flight cancellations.\nmany of them in and out of Chicago, which appeared otherworldly in a coating of
frost and ice. Eighteen factories run by General Motors, \nFiat Chrysler and Ford shut down Thursday because of the brutal weat
her and a fire at a natural gas compressor station.\n'
```

그림 6.8 기존 소용돌이 기사를 나타냄

8. 이는 2019년 겨울의 극지방 소용돌이로 인해 찾아온 혹한기 동안에 미국 중서부 지역의 일부 거주자들이 경험한 것을 다룬 짧은 기사다. 이 기사는 12개의 문장으로 돼 있는데, sent_tokenize() 함수를 사용해 분할한 후 문장 리스트의 길이를 체크해 확인할 수 있다. 다음 코드를 추가해 확인해보자.

```
len(sent_tokenize(vortex_article))
```

이 코드의 출력은 다음과 같다.

```
12
```

그림 6.9 기사에 있는 12개의 문장들

9. 이제 빈도수 기반 요약기를 사용해 문장을 요약할 수 있다. 요약기는 기본적으로 가장 중요한 세 문장을 반환한다.

```
summarize(vortex_article)
```

이 코드의 출력은 다음과 같다.

```
['in some areas thursday, temperatures dropped below minus-50 degrees, and the extreme weather was blamed for several deaths ac
ross the region,\n including people who appear to have frozen to death in milwaukee, detroit and rochester, minn.\nfrom minneso
ta to new york, the polar vortex again prompted school closures, mail service interruptions and thousands of flight cancellatio
ns, \nmany of them in and out of chicago, which appeared otherworldly in a coating of frost and ice.',
 'the record-setting frigid temperatures, some of the coldest on the planet thursday, have frozen the great lakes, taxed electr
ical and natural gas infrastructure,\n endangered livestock and tested the mettle of millions who are used to the cold but had
never experienced anything like this.',
 'on the coldest day in two decades on his fifth-generation dairy farm, chris pollack grabbed a thick black hose from the barn
and ventured into the subzero cold,\nwhere his beef cattle were chomping cud and waiting for water.']
```

그림 6.10 소용돌이 기사에 대한 요약

10. 반환할 문장의 개수를 변경할 수도 있다. 3에서 다른 숫자로 변경해보자. 다음
    결과는 num_sentences를 1로 지정했을 때다.

```
summarize(vortex_article, num_sentences=1)
```

이 코드의 출력은 다음과 같다.

```
['in some areas thursday, temperatures dropped below minus-50 degrees, and the extreme weather was blamed for several deaths ac
ross the region,\n including people who appear to have frozen to death in milwaukee, detroit and rochester, minn.\nfrom minneso
ta to new york, the polar vortex again prompted school closures, mail service interruptions and thousands of flight cancellatio
ns, \nmany of them in and out of chicago, which appeared otherworldly in a coating of frost and ice.']
```

그림 6.11 한 문장으로 제한한 소용돌이 기사에 대한 요약

이 예제에서는 단어 빈도를 고려해 텍스트 문서에서 가장 중요한 문장을 추출하는 방
법을 알아봤다. 다음 절에서는 마르코프 체인을 다룬다.

▌마르코프 체인을 사용한 텍스트 생성

재미, 연구, 이익을 위해 텍스트를 생성하는 것은 NLP의 더 흥미로운 활용 분야 중 하
나다. 텍스트 생성의 핵심 개념은 텍스트의 통계적 속성을 활용하는 것이다. 이것은
출력 텍스트를 더 사실적으로 만든다. 게다가 더 중요한 사실로는 만약 텍스트에 내재
된 흥미로운 패턴을 식별하기 위해 이를 재배열할 수 있다면 텍스트 자체에 대한 정보
를 얻을 수 있다는 점을 꼽을 수 있다. 텍스트는 다양한 방법으로 생성할 수 있다. 마
르코프 체인을 사용해 이 과정을 탐험해보자.

마르코프 체인

마르코프 체인은 확률에 기반하는 상태들 간의 전환에 대한 수학적 시스템이다. 어떤 시스템이 어떻게 현재 상태에 도달하든지 상관없이 가능한 미래 상태는 모두 사전에 정해져 있다. 또한 다음 상태로의 이동은 일련의 확률에 기초한다. 마르코프 체인은 시점^{timestep} 단위로 작동한다. 각 시점 후에 시스템은 새로운 상태를 선택한다. 이 새로운 상태는 현재 상태와 미래 상태의 확률을 기준으로 선택한다.

마르코프 체인은 금융, 게임 이론, 경제학 같은 특정 분야에서 꽤 유용하다. 이들은 또한 NLP에 적용되기 시작했다. 이 분야에서는 텍스트 자원의 통계 패턴을 사용해 상태 전환$^{state\ transition}$에 대한 확률 값을 만든다. 하나의 통계적 속성은 주어진 단어 뒤에 다른 단어가 올 확률을 말한다.

> **참고**
>
> 마르코프 체인을 사용하는 것만이 텍스트를 생성하는 유일한 방법은 아니지만, 아마도 가장 간단한 방법일 것이다. 또한 순환 신경망(recurrent neural network)을 사용하는 방법도 고려할 수 있다.

다음 절에서는 마르코프 체인과 관련된 예제를 살펴보면서 좀 더 명확히 이해해본다.

예제 53: 마르코프 체인을 사용한 텍스트 생성

이 예제에서는 마르코프 체인을 사용해 텍스트를 생성해본다. 이 예제를 구현하기 위해 다음 과정을 따라가보자.

1. 주피터 노트북을 연다.
2. 필요한 라이브러리를 불러오기 위해 새로운 셀을 삽입하고 다음 코드를 추가하자.

```
import glob
import os
import numpy as np
```

3. 발화에서 얻은 텍스트를 정제할 함수를 추가하자. gensim 라이브러리는 strip_tags와 strip_non_alphanum 등과 같은 텍스트 정제를 수행하는 유틸리티 함수를 갖고 있다.

```
from gensim.parsing.preprocessing import preprocess_string, strip_non_alphanum,
strip_tags
def clean(text):
    text = strip_tags(text)
    text = strip_non_alphanum(text)
    return text

def load_speeches(category, filename='*.txt'):
    """
    :파라미터 category: 어떤 유형의 발화를 불러올지 지정
    - 여성 또는 코미디언
    :파라미터 filename: 파일 이름 패턴
    """
    category_dir = os.path.join(speeches_dir,category)
    for filename in glob.glob(os.path.join(category_dir, filename)):
        with open(filename, encoding='latin-1') as f:
            yield filename, clean(f.read())
```

또한 발화 디렉터리에서 파일을 불러오기 위해 load_speeches라는 함수를 추가하자. 범주는 여성 발화나 코미디언 발화와 같이 발화를 불러오는 해당 하위 디렉터리다.

4. load_speeches 함수는 생성기이므로 나중에 불러온다. 여기서는 아직 아무것도 불러오지 않고 여성 발화와 코미디언 발화에 대한 두 생성기를 정의하자.

```
womens_speeches = load_speeches('women')
comedian_speeches = load_speeches('comedians')
```

5. 이제 발화에 있는 단어들을 담고 있는 리스트인 코퍼스를 불러올 함수를 정의한다.

```
from nltk.tokenize import word_tokenize

def load_corpus(speeches):
    corpus = []
    for filename, speech in speeches:
        print(f'Loading speech {filename}')
        tokens = word_tokenize(speech)
        corpus = corpus + tokens
    return corpus
```

6. 이 단계에서는 연속해서 나오는 모든 단어 쌍을 담는 단어 튜플word tuple들의 리스트를 만들 것이다. 주어진 단어 뒤에 나오는 단어를 생성하기 위해 마르코프 체인에 이 단어 쌍을 사용한다.

```
def make_pairs(corpus):
    for i in range(len(corpus)-1):
        yield (corpus[i], corpus[i+1])

def load_word_dict(corpus):
    pairs = make_pairs(corpus)
    word_dict = {}
    for word_1, word_2 in pairs:
        if word_1 in word_dict.keys():
            word_dict[word_1].append(word_2)
        else:
            word_dict[word_1] = [word_2]
    return word_dict
```

7. 다음 단계에서는 함수들을 모아보자. 먼저 speeches를 불러온 후 corpus를 불러오고, 마지막으로 단어 dict를 생성한다.

```python
def load_markov_dict(category, filename='*.txt'):
    speeches = load_speeches(category, filename)
    corpus = load_corpus(speeches)
    return load_word_dict(corpus)
```

단어 dict는 키로 각 단어들을 담고 있으며, 값으로 해당 단어 뒤에 나오는 단어들의 리스트를 갖고 있다.

8. 여성의 발화와 코미디언의 발화 모두에 대해 함수를 실행하자.

```python
womens_speeches_word_dict = load_markov_dict('women')
```

이 코드의 출력은 다음과 같다.

```
Loading speech data/speeches/women\AintIAWoman-SojournerTruth.txt
Loading speech data/speeches/women\FreedomFromFear-AungSuuKyi.txt
Loading speech data/speeches/women\FreedomOrDeath-EmmelinePankhurst.txt
Loading speech data/speeches/women\MisogynySpeech-JuliaGillard.txt
Loading speech data/speeches/women\PulseOfTheMorning-MayaAngelou.txt
Loading speech data/speeches/women\RoomOfOnesOwn-VirginiaWoolf.txt
Loading speech data/speeches/women\SpeechToTheTroopsAtTillsbury-ElizabethI.txt
Loading speech data/speeches/women\WellesleyCommencement-NoraEphron.txt
```

그림 6.12 여성의 발화를 불러올 때의 로그 출력

로그 출력을 확인하기 위해 코미디언의 발화를 불러올 때 다음 코드를 입력하자.

```python
comedians_word_dict = load_markov_dict('comedians')
```

이 코드의 출력은 다음과 같다.

```
Loading speech data/speeches/comedians\Dartmouth-Conan.txt
Loading speech data/speeches/comedians\HardvardLawSchool-MindyKaling.txt
Loading speech data/speeches/comedians\Harvard-AmyPoehler.txt
Loading speech data/speeches/comedians\HarvardU-WillFerrell.txt
Loading speech data/speeches/comedians\TulaneGraduation-MayaRudolph.txt
Loading speech data/speeches/comedians\UniversityOfVirginia-StephenColbert.txt
Loading speech data/speeches/comedians\WilliamAndMary-JonStewart.txt
```

그림 6.13 코미디언의 발화를 불러올 때의 로그 출력

9. 마지막 단계로 단어 dict로부터 문장을 만드는 get_sentence 함수를 생성하자. 먼저 무작위로 시작 단어를 선택하고, 문장 길이에 도달할 때까지 또 다른 무작위 단어들을 선택한다.

```python
def get_sentence(word_dict, n_words=15):
    first_word = np.random.choice(list(word_dict.keys()))
    while first_word.islower():
        first_word = np.random.choice(corpus)
    chain = [first_word]
    for i in range(n_words):
        chain.append(np.random.choice(word_dict[chain[-1]]))
    return ' '.join(chain)
```

10. 여성의 발화로부터 샘플 문장을 만들자.

```python
get_sentence(womens_speeches_word_dict)
```

이 코드의 출력은 다음과 같다.

```
'I will have to find that the sort of itself for instance when the truth to'
```

그림 6.14 여성의 발화로부터 얻은 샘플 문장

11. 코미디언의 발화로부터 샘플 문장을 만들자.

```python
get_sentence(comedians_word_dict)
```

이 코드의 출력은 다음과 같다.

```
'Which some ways I was academics where you â Legally Blonde â He was a crushing'
```

그림 6.15 코미디언의 발화에서 얻은 샘플 문장

지금까지 마르코프 체인을 활용한 텍스트 생성 방법을 배웠다.

▌요약

이 장에서는 텍스트 요약과 텍스트 생성을 배웠다. 또한 텍스트 요약을 수행할 수 있는 다양한 방법, 예를 들어 TextRank 알고리즘, 젠심 라이브러리, 단어 빈도수 모델 등을 살펴봤다. 텍스트 생성을 수행하기 위해 이 장에서 살펴본 한 가지 접근법은 마르코프 체인을 사용하는 것이었다. 다음 장에서는 텍스트를 벡터로 표현할 수 있는 방법을 알아본다. 또한 Word2Vec과 Doc2Vec 같은 다양한 벡터 표현도 자세히 다룰 것이다.

7

벡터 표현

이 장에서 다루는 내용은 다음과 같다.

- 자연어 처리에서 벡터 표현이 필요한 이유를 설명한다.
- 텍스트를 벡터로 표현하는 다양한 방법을 살펴본다.
- 단어 벡터와 단어 벡터의 다양한 형태를 설명한다.
- 벡터 연산을 구현한다.
- 문서 벡터를 설명한다.

이 장에서는 텍스트를 벡터로 표현할 수 있는 다양한 인코딩 방법을 학습한다.

▌ 소개

이전 장에서 NLP를 위한 기초를 다졌다. 이 장에서는 언어가 어떻게 동작하고 인간과 컴퓨터 사이의 상호작용이 주로 어떻게 발전해왔는지에 대한 놀라운 인사이트를 제공하는 핵심 주제를 더 자세히 다룬다. NLP의 핵심은 텍스트를 숫자로 표현하는 간단한 트릭이다. 이는 소프트웨어 알고리즘이 텍스트의 의미를 이해하게 해주는 복잡한 계산을 수행하는 데 도움을 준다.

텍스트 표현$^{text\ representation}$은 각 단어를 정수로 인코딩하는 것처럼 간단하게 할 수 있다. 혹은 각 단어를 숫자들의 배열을 사용해 표현할 수도 있다. 이러한 표현 방식들은 머신러닝 프로그램들이 효과적으로 동작하는 데 도움을 준다.

이 장에서는 벡터를 알아보고, 텍스트를 벡터로 표현하는 방법과 복잡한 발화를 표현하기 위해 벡터를 구성하는 방법을 다룬다. 텍스트를 벡터로 인코딩하는 방법과 반대로 벡터에서 텍스트를 추출하는 방법, 이와 같이 양방향 모두에서 사용하는 다양한 표현을 살펴본다. 또한 텍스트를 벡터로 표현하는 아이디어를 기반으로 NLP에서 사용하는 최신 기술을 알아본다. 예를 들어 Word2Vec은 일부 딥러닝 모델에서 기본 텍스트 표현 기술로, 구글에서 사용한다. 이 모델은 NLP를 사용해 사람과 의사소통하는 구글 홈$^{Google\ Home}$과 같은 소비자 제품에서 사용된다.

▌ 벡터 정의

스칼라, 벡터, 행렬과 같은 다양한 수학적 표현 방법들이 있다. 스칼라는 하나의 숫자, 십진수, 분수 등이 될 수 있다. 행렬은 숫자의 사각형 배열이라 할 수 있다. 벡터는 실수 객체들로 표현된 숫자의 집합이라 할 수 있다. 벡터는 행렬에서의 한 행으로 볼 수도 있다. 텐서^{tensor}는 일반적인 개념으로 스칼라, 벡터, 행렬들로 구성할 수 있다.

다음 그림은 스칼라, 벡터, 행렬, 텐서 간의 차이를 보여준다.

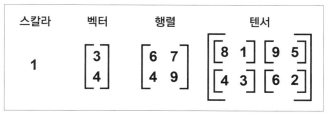

그림 7.1 스칼라, 벡터, 행렬, 텐서

이제 다음과 같은 텍스트를 생각해보자.

- 알파벳의 한 단위인 한 문자
- 연속된 글자의 집합인 한 단어
- 연속된 단어들의 집합인 한 문장
- 단어들의 시퀀스인 한 구절^{paragraph}
- 단어들의 집합이며 구절들로 나눌 수 있는 한 문서

텍스트 형식의 앞서 언급한 각 단위들 때문에 NLP 알고리즘에서는 이 단위들을 변환하기 어렵고 서로 다른 연산을 수행해야 한다. 데이터를 더 잘 이해하고 서로 다른 연산을 수행하기 위해 이 단위들을 벡터로 변환해야 한다.

> **참고**
>
> 연산에 사용되는 텍스트에 대한 몇 가지 수치적 표현들이 있다. ASCII와 유니코드(Unicode)가 가장 많이 사용되는 기술이지만 일반 컴퓨팅에서만 사용하며 NLP에서는 사용하지 않는다.

여기서는 넘파이 라이브러리를 사용할 것이다. 넘파이는 스칼라, 벡터, 행렬을 표현할 수 있는 구조인 배열을 사용한다. 배열이라는 용어를 벡터, 행렬과 서로 교체해서 사용해본다. 넘파이 배열에는 1차원, 2차원, 3차원과 같이 다양한 유형이 있다. 이에 대한 자세한 내용은 다음 그림을 참고하자.

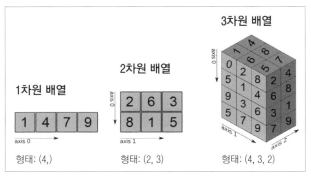

그림 7.2 다양한 유형의 넘파이 배열

▍벡터 표현을 사용하는 이유

컴퓨터는 기본적으로 1과 0만을 이해하므로, 컴퓨터 화면에 표시되는 텍스트조차 일부 숫자 형식으로 인코딩된다. 쉽게 처리할 수 있도록 텍스트가 숫자로 인코딩되는데, NLP 분야에서는 요구 사항이 훨씬 더 복잡하다. 이 분야에서는 자연어를 읽고, 듣고, 이해하도록 컴퓨터를 가르친다. 패턴을 찾아내기 위해 텍스트 데이터에 수학적인 함수를 적용하기도 한다.

NLP 알고리즘에는 많은 양의 텍스트 데이터가 필요하다. 하지만 이 데이터를 처리하는 데 시간이 오래 걸리고 결국 알고리즘 성능에 영향을 준다. 따라서 처리 속도와 성능을 적절하게 만들기 위해 데이터 구조를 활용할 수 있다. 데이터를 벡터로 표현함으로써 CPU가 데이터를 일괄적으로 처리할 수 있게 만들어 성능을 향상시킨다. 이것이 텍스트를 벡터로 나타내는 또 다른 주요 이유다.

인코딩

데이터를 특정 형식으로 변환하는 과정을 인코딩^{encoding}이라고 한다. 인코딩은 원래 데이터를 다른 프로세스에서 사용할 수 있는 형태로 바꾸기 위해 코드를 적용하는 과정이다. 텍스트가 포함된 파일에 가장 일반적으로 사용하는 인코딩 체계는 ASCII^{American} Standard Code for Information Interchange다. 다음 절에서는 텍스트를 벡터로 변환하는 데 필요한 다양한 인코딩 유형을 살펴본다.

문자 수준 인코딩

가장 낮은 수준에서 텍스트는 단순히 일련의 문자들일 뿐이다. 문자는 보통 문장 부호와 알파벳 문자들을 포함한다. NLP 분야에서 인코딩할 문자들은 텍스트의 언어적 의미를 담는다. NLP 프로그램에 도움이 되지 않는 문자를 제거하는 것은 일반적인 전처리 과정이다. 이 과정은 텍스트의 의미를 이해하는 데 도움을 준다.

> **참고**
>
> 하지만 예외가 있다. 때로는 문장 부호와 공백이 텍스트에 추가적인 의미를 부여한다. 따라서 이러한 문자를 포함시켜서 인코딩할지 여부는 데이터 과학자에게 달려 있다.

로마자 알파벳은 가장 널리 사용되는 알파벳이며 ASCII 인코딩의 기반이 된다. 따라서 문자 수준 인코딩을 수행하는 간단한 방법 중 하나는 해당 문자에 대해 ASCII 코드를 사용하는 것이다. 예제를 통해 더 자세히 살펴보자.

예제 54: ASCII 값을 사용한 문자 인코딩

이 예제에서는 텍스트 문자를 인코딩하는 매우 간단한 방법을 시도해본다. 기본적으로 ASCII 값을 사용해 텍스트 문자를 인코딩하는 코드를 작성해보자. 주어진 문자의 ASCII 값을 반환하는 ord() 함수를 사용할 것이다. 이 예제를 구현하기 위해 다음 과정을 따라가보자.

1. 주피터 노트북을 연다.

2. 새로운 셀을 삽입하고 다음 코드를 입력한다.

```
ord('A'), ord('a'), ord(',')
```

이 코드의 출력은 다음과 같다.

```
(65, 97, 44)
```

그림 7.3 주어진 입력에 대한 ASCII 코드

3. 앞 코드에서 A에 대한 ASCII 값이 65이고 a는 97, ,은 44임을 확인할 수 있다.

4. 이제 텍스트 문자열을 입력으로 받아 텍스트에 있는 문자들에 대한 ASCII 값 벡터를 반환하는 to_vector_ascii() 함수를 생성해본다.

```
def to_vector_ascii(text):
    return [ord(a) for a in text]
```

이 함수에서는 입력 텍스트의 각 문자를 순회하면서 각 문자의 ASCII 값을 리스트에 추가한다.

5. to_vector_ascii() 함수에 입력으로 quick brown fox 문자열을 전달한다. 방금 생성한 함수에 입력 값을 전달하기 위해 새로운 셀을 삽입하고 다음 코드를 입력한다.

```
to_vector_ascii('quick brown fox')
```

6. 이 함수를 실행하면 길이 15를 갖는 파이썬 리스트를 반환한다. 이 리스트는 각 문자에 대한 ASCII 값을 갖는다. 이 함수의 출력은 다음 그림과 같다.

```
[113, 117, 105, 99, 107, 32, 98, 114, 111, 119, 110, 32, 102, 111, 120]
```

그림 7.4 주어진 문장에 대한 ASCII 코드 리스트

ASCII 값을 사용해 문자를 인코딩하는 방법을 배웠다. 하지만 앞에서 사용한 리스트는 메모리 공간을 많이 차지하며 성능 관점에서 볼 때 속도가 느리다. 이러한 단점을 극복하기 위해 일반 파이썬 리스트보다는 나은 넘파이 배열을 활용한다. 이는 다음 예제에서 알아볼 것이다.

예제 55: 넘파이 배열을 사용한 문자 수준 인코딩

이전 예제에서는 주어진 텍스트에 대한 기본적인 문자 인코딩을 살펴봤다. 이 예제에서는 넘파이 배열을 활용해 메모리 공간을 많이 절약하고 성능을 향상시켜본다. 이 실습을 구현하기 위해 다음 과정을 따라가보자.

1. 주피터 노트북을 연다.

2. numpy 라이브러리를 불러오기 위해 새로운 셀을 삽입하고 다음 코드를 추가한다.

```
import numpy
```

3. 넘파이 패키지를 가져오고 나서 to_vector_ascii() 함수 안에 있는 array() 함수를 사용한다. 넘파이의 array() 함수는 주어진 리스트를 넘파이 배열로 변환한다. 새로운 셀을 삽입하고 다음 코드를 작성하자.

```
def to_vector_ascii(text):
    return numpy.array([ord(a) for a in text])
```

4. 이 함수를 테스트하기 위해 입력으로 같은 테스트 문자열인 quick brown fox를 전달한다. 이를 위해 새로운 셀을 열고 다음 코드를 추가하자.

```
to_vector_ascii('quick brown fox')
```

코드를 실행하고 나면, 출력은 다음과 같다.

```
array([113, 117, 105,  99, 107,  32,  98, 114, 111, 119, 110,  32, 102,
       111, 120])
```

그림 7.5 넘파이 배열로 변환시킨 ASCII 코드 리스트

5. 생성한 출력은 수평으로 펼친 넘파이 배열이다. 이 형태를 변경하기 위해 reshape() 함수를 사용한다. reshape() 함수는 데이터를 변경하지 않고 배열을 새로운 형태로 바꾼다. to_vector_ascii() 함수를 다시 수정하기 위해 새로운 셀을 삽입하고 다음 코드를 추가한다.

```
def to_vector_ascii(text):
    return numpy.array([ord(a) for a in text]).reshape(1, 18)
```

6. 수정한 to_vector_ascii() 함수를 테스트하기 위해 먼저 새로운 텍스트 문자열인 The world is round를 함수에 전달하고, 이 함수 실행 결과를 my_vector 변수에 할당한다. 새로운 셀을 삽입하고 다음 코드를 추가한다.

```
my_vector = to_vector_ascii('The world is round')
```

7. 배열의 형태를 확인하기 위해 변수를 출력해보자. 이를 위해 새로운 셀을 삽입하고 다음 코드를 추가한다.

```
my_vector
```

이 코드의 출력은 다음과 같다.

```
array([[ 84],
       [104],
       [101],
       [ 32],
       [119],
       [111],
       [114],
       [108],
       [100],
       [ 32],
       [105],
       [115],
       [ 32],
       [114],
       [111],
       [117],
       [110],
       [100]])
```

그림 7.6 특정한 형태로 출력한 넘파이 배열

8. 넘파이에서 배열은 배열의 차원을 저장하고 있는 shape라는 애트리뷰트를 갖고 있다. 이 애트리뷰트를 사용해 my_vector의 shape 애트리뷰트를 확인해보자. 새로운 셀을 삽입하고 다음 코드를 추가한다.

```
my_vector.shape
```

이 코드의 출력은 다음과 같다.

```
(18, 1)
```

그림 7.7 주어진 넘파이 배열의 차원

이 예제에서는 ASCII 값을 사용해 문자나 텍스트를 인코딩하는 방법을 배웠다. 또한 파이썬 리스트를 넘파이 배열로 변환하는 방법도 배웠다. reshape() 함수와 shape 애트리뷰트는 넘파이 배열의 차원을 처리하는 데 도움이 된다. 다음 절에서는 위치 기반 문자 수준 인코딩^{positional character-level encoding}을 살펴보고, 일반 문자 수준 인코딩보다 어떤 면이 더 나은지 알아보자.

위치 기반 문자 수준 인코딩

이전 예제에서는 `to_vector_ascii()` 함수를 사용해 주어진 텍스트를 수치형 벡터로 변환해봤다. 하지만 이 함수에는 나름대로의 한계가 있다. 이 함수는 ASCII 인코딩을 기반으로 하기 때문에 이를 사용해 인코딩할 수 없는 문자들도 있다. 이 문자들은 ASCII 문자셋의 범위를 벗어나는 문자들이다.

이러한 한계를 극복하기 위해 각 문자를 그 위치에 따라 인코딩한다. 이는 해당 문자가 최초로 나타나는 위치를 기준으로 위치에 해당하는 정수 값을 각 문자에 부여해 만들 수 있다. 예를 들어 'sneeze epidemic'이라는 문구에서 's'는 0이 될 것이고, 'n'은 1, 'e'는 2가 될 것이다. 여기서 반복돼 나타난 문자는 동일한 정수 값을 갖는다. 그림 7.8에서 볼 수 있듯이, 문자 'e'는 항상 2로 인코딩된다. 다음 그림은 'sneeze epidemic'이라는 문구에 대해 위치 기반 인코딩이 어떻게 수행되는지 보여준다.

s	n	e	e	z	e		e	p	i	d	e	m	i	c
0	1	2	2	3	2	4	2	5	6	7	2	8	6	9

그림 7.8 문구에 대한 위치 기반 인코딩

위치 기반 문자 수준 인코딩의 동작 방식을 좀 더 명확히 이해하기 위해 다음 절에서 예제를 구현해본다.

예제 56: 위치를 사용한 문자 수준 인코딩

이 예제에서는 주어진 텍스트에 대해 문자의 위치를 사용해 문자 수준 인코딩을 구현해본다. 문자열이 주어졌을 때 각 문자가 처음으로 나타나는 위치가 들어있는 사전을 반환하고자 한다. 이 예제를 구현하기 위해 다음 과정을 따라가보자.

1. 주피터 노트북을 연다.

2. 먼저 collections 라이브러리에 있는 OrderedDict 클래스를 가져온다. 이 OrderedDict 클래스는 삽입된 키의 순서를 보존한다. 이를 구현하기 위해 새로운 셀을 삽입하고 다음 코드를 추가한다.

```
from collections import OrderedDict
```

3. 이제 positional_encode_chars()라는 이름의 함수를 생성하는데, 이 함수는 그 위치를 사용해 문자를 인코딩하는 데 유용하다. 이를 구현하기 위해 새로운 셀을 추가하고 다음 코드를 작성하자.

```
def positional_encode_chars(text):
    char_to_index = OrderedDict()
    index = 1
    for character in text:
        if character not in char_to_index:
            char_to_index[character] = index
            index +=1
    return char_to_index
```

4. 앞 함수에서는 주어진 문자열의 문자를 인덱스로 매핑하는 char_to_index 사전을 만들었다. 또한 문자열의 각 문자를 반복하면서 현재 문자가 사전에 존재하지 않으면 이 문자와 인덱스 사이의 매핑을 전달했다.

5. 함수를 만들고 나서 The water was as wet as it could be라는 문자열을 파라미터로 전달해 테스트해보자. 이를 구현하기 위해 새로운 셀을 열고 다음 코드를 추가하자.

```
positional_encode_chars('The water was as wet as it could be')
```

이 코드의 실행 결과는 다음과 같다.

```
OrderedDict([('T', 1),
             ('h', 2),
             ('e', 3),
             (' ', 4),
             ('w', 5),
             ('a', 6),
             ('t', 7),
             ('r', 8),
             ('s', 9),
             ('i', 10),
             ('c', 11),
             ('o', 12),
             ('u', 13),
             ('l', 14),
             ('d', 15),
             ('b', 16)])
```

그림 7.9 각 문자를 정수로 인코딩한 파이썬 사전

위치 기반 문자 수준 인코딩은 머신러닝의 최종 인코딩 단계로 거의 사용하지 않는다. 대신에 알고리즘은 먼저 문자(또는 단어)를 위치 기반 인코딩한 다음, 원핫 인코딩이나 임베딩 표현으로 변환한다. 다음 절에서 원핫 인코딩one-hot encoding을 다룬다.

원핫 인코딩

NLP에서 원핫 벡터는 어휘에 있는 각 단어를 나타내는 데 사용하는 $1 \times N$ 행렬(벡터)이다. 이 벡터는 한 개의 셀에서만 1이 나오고, 나머지 모든 셀은 0으로 구성된다.

다음 그림을 보면 어휘vocabulary의 각 단어word가 서로 다른 위치에 1을 갖고 있음을 알 수 있는데, 이 특징은 각 단어를 구분하는 데 사용한다.

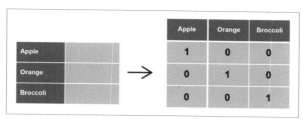

그림 7.10 세 아이템에 대한 원핫 인코딩

문자를 인코딩하는 데 원핫 인코딩을 사용하면 벡터의 N 값은 텍스트에 나오는 총 문자 개수가 된다. 예를 들어 'data'라는 단어를 원핫 인코딩한다면, 'data'는 네 글자로 구성되기 때문에 생성된 총 원핫 벡터의 길이^{length}는 4가 된다. 'data'라는 단어에 대한 원핫 벡터의 크기^{size}를 결정하기 위해 'data'에 나오는 총 문자 개수를 나열한다. 반복된 문자에 대해서는 인덱스를 한 개만 할당한다. 'data'의 전체 문자를 나열하면 문자 'd'에 인덱스 0이 할당되고, 문자 'a'에는 인덱스 1이 할당되며, 문자 't'에는 인덱스 2가 할당된다. 이 장의 세 번째 예제에서 이 내용을 좀 더 자세히 설명한다.

원핫 인코딩은 머신러닝과 NLP에서 허용되는 관행이며, 대부분의 머신러닝과 NLP 관련 라이브러리는 원핫 인코딩을 위한 유틸리티를 제공하거나 입력을 원핫 인코딩 벡터로 전달받는다.

> **참고**
>
> 범주형 변수(categorical variable)는 도시나 성별과 같이 일반적으로 값이 이산적인 변수다. 이와는 대조적으로 연속형 변수(continuous variable)는 온도처럼 연속적으로 변화하는 값을 갖는다. 원핫 인코딩은 연속형 변수에 적용하지 않으며 범주형 변수에만 적용한다.

원핫 인코딩의 주요 단계

텍스트를 원핫 인코딩하려면 다음 과정을 거친다.

1. 인코딩할 문자나 단어를 결정한다.

2. 텍스트를 토큰화할 방법과 프로젝트에 무관한 토큰을 제거할 방법을 결정한다.

3. 문자나 단어의 총개수를 결정한다. 이것은 단순히 독특한 토큰의 총개수다.

원핫 인코딩과 이를 구현하는 단계를 배웠다. 이제 이 방법에 대한 더 나은 인사이트를 얻기 위해 예제를 해결해보자.

예제 57: 문자 원핫 인코딩 – 수동적인 방법

이 예제에서는 주어진 텍스트의 문자를 원핫 인코딩하는 함수를 직접 만들어본다. 이 예제를 구현하기 위해 다음 과정을 따라가보자.

1. 주피터 노트북을 연다.

2. 주어진 텍스트의 문자열을 원핫 인코딩하기 위해 onehot_word()라는 함수를 만든다. 함수를 생성하기 위해 새로운 셀을 삽입하고 다음 코드를 추가하자.

```
def onehot_word(word):
```

3. 이 함수 안에서 word에 있는 각 문자에 대한 lookup 테이블을 만든다. enumerate() 함수는 word를 전달받아 각각의 고유한 문자로 분리한다. 그리고 나서 각각의 문자를 위치 인덱스로 매핑한다. 이를 구현하기 위해 다음 코드를 추가하자.

```
lookup = {v[1]: v[0] for v in enumerate(set(word))}
print(lookup)
word_vector = []
```

4. 다음으로 단어에 있는 각 문자들을 반복하면서 단어의 문자 개수와 동일한 크기로 one_hot_vector라는 벡터를 생성한다. 이 벡터는 0으로 채워져 있다.

마지막으로, 문자의 위치를 찾기 위해 lookup 테이블을 사용하고 해당 문자의 값을 1로 지정한다. 이를 구현하기 위해 다음 코드를 추가한다.

```
for c in word:
    one_hot_vector = [0] * len(lookup)
    one_hot_vector[lookup[c]] = 1
    word_vector.append(one_hot_vector)
return word_vector
```

앞서 생성한 이 함수는 단어 벡터를 반환할 것이다.

5. onehot_word() 함수를 준비했고, 파라미터로 어떤 입력 값을 추가해서 테스트해보자. onehot_word() 함수에 대한 입력으로 data라는 텍스트를 추가하자. 이를 구현하기 위해 새로운 셀을 삽입하고 다음 코드를 추가하자.

```
onehot_word('data')
```

이 코드의 출력은 다음과 같다.

[[1, 0, 0], [0, 1, 0], [0, 0, 1], [0, 1, 0]]

그림 7.11 'data'라는 단어에 대한 원핫 인코딩

onehot_word() 함수에 입력으로 data를 전달하면, data는 네 글자로 구성되기 때문에 원핫 벡터가 네 개 있다. data에 대한 각 원핫 벡터의 크기를 결정하기 위해 data의 총 문자 개수를 나열한다. 반복된 문자에 대해 하나의 인덱스만 할당한다. data에 있는 총 문자를 나열한 후 문자 d에 인덱스 0을 할당하고, 문자 a에 인덱스 1을 할당하고, 문자 t에는 인덱스 2를 할당한다. 각 문자의 인덱스 위치에 따라 각 원핫 벡터에 있는 엘리먼트를 1로 지정하고, 다른 원소는 0으로 지정한다. 이런 방식으로, 주어진 텍스트를 수동으로 원핫 인코딩한다.

함수를 직접 구현하면서 문자 수준 원핫 인코딩을 수동으로 수행하는 방법을 배웠다.

다음 예제에서는 케라스를 이용한 문자 수준 원핫 인코딩에 초점을 맞출 것이다. 케라스는 텐서플로^{Tensorflow}와 함께 동작해 딥러닝 모델을 만드는 머신러닝 라이브러리다. 딥러닝은 오늘날 NLP에서 더 자주 사용하고 있으므로 케라스와 같은 일반적인 딥러닝 도구를 제대로 이해하는 것이 중요하다.

예제 58: 케라스를 활용한 문자 수준 원핫 인코딩

이 예제에서는 케라스 라이브러리에서 제공하는 Tokenizer 클래스를 활용해 문자 인코딩을 해볼 것이다. 또한 Tokenizer 클래스가 제공하는 몇 가지 함수와 애트리뷰트를 알아본다. 이 예제를 구현하기 위해 다음 과정을 따라가보자.

1. 주피터 노트북을 연다.

2. 먼저 입력 텍스트를 벡터로 변환하기 위해 클래스가 필요하다. keras.preprocessing.text 패키지는 여기에 필요한 Tokenizer 클래스를 제공한다. 필요한 라이브러리를 불러오기 위해 새로운 셀을 삽입하고 다음 코드를 추가하자.

```
from keras.preprocessing.text import Tokenizer
import numpy as np
```

3. 일단 Tokenizer 클래스를 불러오고 나서 인스턴스를 만들어야 한다. 인스턴스를 생성하기 위해 새로운 셀을 삽입하고 다음 코드를 추가하자.

```
char_tokenizer = Tokenizer(char_level=True)
```

이 코드에서 char_tokenizer 인스턴스를 생성했다. 문자 수준으로 인코딩하기 때문에 생성자에 char_level을 True로 지정해야 한다.

4. Tokenizer 인스턴스를 테스트하기 위해 작업할 텍스트가 필요하다. text 변수에 문자열을 할당하기 위해 새로운 셀을 삽입하고 다음 코드를 추가한다.

```
text = 'The quick brown fox jumped over the lazy dog'
```

5. 텍스트를 할당한 후에 Tokenizer 클래스에 포함된 fit_on_texts() 메서드를 이용한다. 이 메서드는 주어진 텍스트에 토큰나이저를 적합시키는 데 사용한다. 이를 구현하기 위해 새로운 셀을 삽입하고 다음 코드를 추가하자.

```
char_tokenizer.fit_on_texts(text)
```

내부적으로 char_tokenizer는 text를 문자들로 분할하고 토큰, 인덱스, 원핫 인코딩을 수행하는 데 필요한 모든 것을 추적한다.

6. char_tokenizer를 text에 대해 적합시켰으므로 가능한 출력을 확인할 수 있다. 출력 유형 중 하나는 문자들의 순서, 즉 텍스트의 각 문자에 대해 할당된 정수를 말한다. Tokenizer 클래스의 text_to_sequences() 메서드는 텍스트의 각 문자에 정수를 할당하는 데 사용한다. 이를 구현하기 위해 새로운 셀을 삽입하고 다음 코드를 추가하자.

```
char_tokenizer.texts_to_sequences(text)
```

이 코드의 출력은 다음과 같다.

```
[[4],
 [5],
 [2],
 [1],
 [9],
 [6],
 [10],
 [11],
 [12],
 [1],
 [13],
 [7],
 [3],
 [14],
 [15],
 [1],
 [16],
 [3],
 [17],
 [1],
 [18],
 [6],
 [19],
 [20],
 [2],
 [8],
 [1],
 [3],
 [21],
 [2],
 [7],
 [1],
 [4],
 [5],
 [2],
 [1],
 [22],
 [23],
 [24],
 [25],
 [1],
 [8],
 [3],
 [26]]]
```

그림 7.12 각 문자에 할당된 정수 리스트

보다시피 text 변수에는 44개의 문자가 있었으며, 출력에서 텍스트의 모든 고유 문자에 대해 정수를 할당한 것을 확인할 수 있다. 반복되는 문자인 경우, 동일한 정수를 할당한다.

7. 이제 실제로 원핫 인코딩된 값을 확인할 수 있다. 이를 위해 Tokenizer 클래스에서 제공하는 texts_to_matrix() 메서드를 사용한다. 이 메서드는 텍스트를 입력으로 받아온 후 처리하고 원핫 인코딩 벡터인 넘파이 배열을 반환한다. 이를 구현하기 위해 새로운 셀을 삽입하고 다음 코드를 추가하자.

```
char_vectors = char_tokenizer.texts_to_matrix(text)
```

8. 위 코드에서 배열로 이뤄진 결과는 char_vectors 변수에 저장된다. 값을 확인하기 위해 새로운 셀을 삽입하고 다음 코드를 추가하자.

```
char_vectors
```

이 코드는 실행되면서 원핫 인코딩된 벡터들로 이뤄진 배열을 보여준다.

```
array([[0., 0., 0., ..., 0., 0., 0.],
       [0., 0., 0., ..., 0., 0., 0.],
       [0., 0., 1., ..., 0., 0., 0.],
       ...,
       [0., 0., 0., ..., 0., 0., 0.],
       [0., 0., 0., ..., 0., 0., 0.],
       [0., 0., 0., ..., 0., 0., 1.]])
```

그림 7.13 주어진 텍스트에 대해 실제로 원핫 인코딩된 값

9. 넘파이 배열의 차원을 확인하기 위해 shape 애트리뷰트를 사용한다. 이를 실행시키기 위해 새로운 셀을 삽입하고 다음 코드를 추가한다.

```
char_vectors.shape
```

다음 결과가 출력된다.

```
(44, 27)
```

그림 7.14 넘파이 배열의 형태

10. char_vectors는 44개의 행과 27개의 열로 구성된 넘파이 배열이다. 이에 대한 설명을 출력하기 위해 새로운 셀을 삽입하고 다음 코드를 추가하자.

```
'char_vectors has shape {} because there are {} characters and there are 26
letters of the alphabet plus space'.format(char_vectors.shape, len(text))
```

이 코드의 출력은 다음과 같다.

```
'char_vectors has shape (44, 27) because there are 44 characters and there are 26 letters of the alphabet
plus space'
```

그림 7.15 문장 형태로 출력되는 넘파이 배열에 대한 정보

len() 함수는 text 변수 안에 있는 문자들의 길이를 반환한다.

11. char_vectors 넘파이 배열의 첫 행에 접근하기 위해 새로운 셀을 삽입하고 다음 코드를 추가한다.

```
char_vectors[0]
```

이 코드는 다음 그림과 같이 원핫 벡터를 반환한다.

```
array([0., 0., 0., 0., 1., 0., 0., 0., 0., 0., 0., 0., 0., 0., 0., 0., 0.,
       0., 0., 0., 0., 0., 0., 0., 0., 0., 0.])
```

그림 7.16 첫 번째 문자에 대한 원핫 벡터

12. 원핫 벡터의 인덱스에 접근하기 위해 넘파이에서 제공하는 argmax() 함수를 사용한다. 이를 구현하기 위해 새로운 셀을 삽입하고 다음 코드를 추가한다.

```
np.argmax(char_vectors[0])
```

이 코드의 출력은 다음과 같다.

4

그림 7.17 원핫 벡터의 인덱스

13. Tokenizer 클래스는 키-값 형태로 Tokenizer의 내용을 확인할 수 있는 index_word와 word_index라는 두 사전을 제공한다. index_word 사전을 확인하기 위해 새로운 셀을 삽입하고 다음 코드를 추가하자.

```
char_tokenizer.index_word
```

이 코드의 출력은 다음과 같다.

```
{1: ' ',
 2: 'e',
 3: 'o',
 4: 't',
 5: 'h',
 6: 'u',
 7: 'r',
 8: 'd',
 9: 'q',
 10: 'i',
 11: 'c',
 12: 'k',
 13: 'b',
 14: 'w',
 15: 'n',
 16: 'f',
 17: 'x',
 18: 'j',
 19: 'm',
 20: 'p',
 21: 'v',
 22: 'l',
 23: 'a',
 24: 'z',
 25: 'y',
 26: 'g'}
```

그림 7.18 index_word 사전

이 그림에서 볼 수 있듯이, 인덱스는 키의 역할을 하고 문자들은 값의 역할을 한다. word_index 사전을 확인하기 위해 새로운 셀을 삽입하고 다음 코드를 추가하자.

```
char_tokenizer.word_index
```

이 코드의 출력은 다음과 같다.

```
{' ': 1,
 'a': 23,
 'b': 13,
 'c': 11,
 'd': 8,
 'e': 2,
 'f': 16,
 'g': 26,
 'h': 5,
 'i': 10,
 'j': 18,
 'k': 12,
 'l': 22,
 'm': 19,
 'n': 15,
 'o': 3,
 'p': 20,
 'q': 9,
 'r': 7,
 't': 4,
 'u': 6,
 'v': 21,
 'w': 14,
 'x': 17,
 'y': 25,
 'z': 24}
```

그림 7.19 word_index 사전

이 그림에서 문자들은 키의 역할을 하고 인덱스는 값의 역할을 한다.

14. 이전 단계에서는 넘파이에서 제공하는 argmax() 함수를 사용해 주어진 원핫 벡터의 인덱스에 접근하는 방법을 살펴봤다. 이 인덱스를 키로 사용해 index_word 사전에 있는 그 값에 접근한다. 이를 구현하기 위해 새로운 셀을 삽입하고 다음 코드를 작성하자.

```
char_tokenizer.index_word[np.argmax(char_vectors[0])]
```

이 코드의 출력은 다음과 같다.

그림 7.20 index_word 사전에 있는 원핫 벡터 값

이 코드에서 np.argmax(char_vectors[0])은 출력으로 4를 생성한다. 이 출력을 얻고 나면, 이 값은 index_word 사전에 있는 값을 찾는 키로 사용할 수 있다. 따라서 char_tokenizer.index_word[4]를 실행하면, 사전을 스캔해 키 4에 대한 값이 t인 것을 찾아내고 마지막으로 t를 출력한다.

케라스 라이브러리를 사용해 문자를 원핫 인코딩하는 방법을 배웠다. 다음 절로 넘어가기 전에 원핫 인코딩의 장단점을 살펴보자.

지금까지는 문자에 대해서만 원핫 인코딩을 수행했다. 단어에 대해서도 원핫 인코딩을 할 수 있는데, 이것은 예제에 이어 다음 절에서 다룬다.

단어 수준 원핫 인코딩

단어는 언어와 인간 언어에 담긴 의미의 기본 단위다. 단어는 NLP 알고리즘이 텍스트에서 의미를 추출할 수 있는 가장 효율적인 벡터 표현이다. 문자 수준에서 이뤄지는 대부분 유형의 표현은 단어 수준word level에서도 수행할 수 있다. 또한 단어에 대해서도 원핫 인코딩할 수 있다.

또한 원핫 인코딩된 단어를 사용할 때는 다루고 있는 단어의 어휘에 주목해야 한다. 어휘는 프로젝트의 텍스트 자원에 있는 고유한 단어의 총개수다. 따라서 만약 커다란 소스를 갖고 있다면, 엄청난 개수의 어휘와 원핫 벡터 크기로 많은 메모리를 소모하게 된다. 단어 수준 원핫 인코딩에 대한 예제로 이것을 더 명확히 이해할 수 있을 것이다.

예제 59: 단어 수준 원핫 인코딩

이 예제에서는 사이킷런 라이브러리에서 제공하는 전처리 패키지를 활용해 단어를 원핫 인코딩해본다. 이를 위해 100개의 영화 대사가 들어있는 파일을 사용할 것이다. 이 예제를 구현하기 위해 다음 과정을 따라가보자.

1. 주피터 노트북을 연다.

2. 먼저 100개의 영화 대사가 담긴 파일을 불러온다. 이를 위해 파일의 위치를 지정할 때 pathlib 라이브러리에서 제공하는 Path 클래스를 사용한다. 새로운 셀을 삽입하고 다음 코드를 추가하자.

```
from pathlib import Path
data = Path('../data')
movie_lines_file = data / '100lines.txt'
```

이 코드에서 movie_lines_file 변수에 저장된 파일 상세 정보를 확인해본다.

참고

100lines.txt 파일은 https://github.com/TrainingByPackt/Natural-Language-Processing-Fundamentals/blob/master/Lesson7/data/100lines.txt에서 다운로드할 수 있다.

3. 파일을 얻고 나면, 그 파일을 열어서 내용을 읽어와야 한다. 파일을 열기 위해 open() 함수를 사용하고, 파일의 내용을 읽으려면 read() 함수를 사용한다. 결과는 movie_lines_raw 변수에 저장한다. 이를 구현하기 위해 새로운 셀을 삽입하고 다음 코드를 추가하자.

```
with movie_lines_file.open() as f:
    movie_lines_raw = f.read()
```

4. 파일의 내용을 읽어온 후 새로운 셀을 삽입하고 다음 코드를 추가하자.

```
movie_lines_raw
```

이 코드의 출력은 다음과 같다.

```
'They do not!\nThey do to!\nI hope so.\nShe okay?\nLet\'s go.\nWow\nOkay -- you\'re gonna need to learn ho
w to lie.\nNo\nI\'m kidding.  You know how sometimes you just become this "persona"?  And you don\'t know
how to quit?\nLike my fear of wearing pastels?\nThe "real you".\nWhat good stuff?\nI figured you\'d get to
the good stuff eventually.\nThank God!  If I had to hear one more story about your coiffure...\nMe.  This
endless ...blonde babble. I\'m like, boring myself.\nWhat crap?\ndo you listen to this crap?\nNo...\nThen
Guillermo says, "If you go any lighter, you\'re gonna look like an extra on 90210."\nYou always been this
selfish?\nBut\nThen that\'s all you had to say.\nWell, no...\nYou never wanted to go out with \'me, did yo
u?\nI was?\nI looked for you back at the party, but you always seemed to be "occupied".\nTons\nHave fun to
night?\nI believe we share an art instructor\nYou know Chastity?\nLooks like things worked out tonight, hu
h?\nHi.\nWho knows?  All I\'ve ever heard her say is that she\'d dip before dating a guy that smokes.\nSo
that\'s the kind of guy she likes? Pretty ones?\nLesbian?  No. I found a picture of Jared Leto in one of h
er drawers, so I\'m pretty sure she\'s not harboring same-sex tendencies.\nShe\'s not a...\nI\'m workin\'
on it. But she doesn\'t seem to be goin\' for him.\nI really, really, really wanna go, but I can\'t.  Not
unless my sister goes.\nSure have.\nEber\'s Deep Conditioner every two days. And I never, ever use a blowd
ryer without the diffuser attachment.\nHow do you get your hair to look like that?\nYou\'re sweet.\nYou ha
ve my word.  As a gentleman\nI counted on you to help my cause. You and that thug are obviously failing. A
ren\'t we ever going on our date?\nYou got something on your mind?\nWhere?\nThere.\nWell, there\'s someone
I think might be --\nHow is our little Find the Wench A Date plan progressing?\nForget French.\nThat\'s be
cause it\'s such a nice one.\nI don\'t want to know how to say that though.  I want to know useful things.
Like where the good stores are.  How much does champagne cost?  Stuff like Chat.  I have never in my life
had to point out my head to someone.\nRight.  See?  You\'re ready for the quiz.\nC\'esc ma tete. This is m
y head\nLet me see what I can do.\nGosh, if only we could find Kat a boyfriend...\nThat\'s a shame.\nUnsol
ved mystery.  She used to be really popular when she started high school, then it was just like she got si
ck of it or something.\nWhy?\nSeems like she could get a date easy enough...\nThe thing is,  -- I\'m at th
e mercy of a particularly hideous breed of loser.  My sister.  I can\'t date until she does.\n.\nNo, no, i
t\'s my fault -- we didn\'t have a proper introduction ---\nForget it.\nYou\'re asking me out.  That\'s so
cute. What\'s your name again?\nOkay... then how \'bout we try out some French cuisine.  Saturday?  Night?
\nNot the hacking and gagging and spitting part.  Please.\nWell, I thought we\'d start with pronunciation,
if that\'s okay with you.\nCan we make this quick?  Roxanne Korrine and Andrew Barrett are having an incre
dibly horrendous public break- up on the quad.  Again.\nI did.\nYou think you\' re the only sophomore at
the prom?\nI don\'t have to be home \'til two.\nI have to be home in twenty minutes.\nAll I know is -- I
\'d give up my private line to go out with a guy like Joey.\nSometimes I wonder if the guys we\'re suppose
d to want to go out with are the ones we actually want to go out with, you know?\n, I don\'t think the hig
hlights of dating Joey Dorsey are going to include door-opening and coat-holding.\nCombination.  I don\'t
know -- I thought he\'d be different.  More of a gentleman...\nIs he oily or dry?\nHe practically proposed
when he found out we had the same dermatologist. I mean. Dr. Bonchowski is great an all, but he\'s not exa
ctly relevant party conversation.\nWould you mind getting me a drink, ?\nGreat\nJoey.\nWho?\nWhere did he
go?  He was just here.\nYou might wanna think about it\nNo.\nDid you change your hair?\nYou know the deal.
 I can \' t go if Kat doesn\'t go --\nListen, I want to talk to you about the prom.\nYou\'re concentratin
g awfully hard considering it\'s gym class.\nHi, Joey.\nHey, sweet cheeks.\nMy agent says I\'ve got a good
shot at being the Prada guy next year.\nNeat...\nIt\'s a cruise line, but I\'ll be, like, wearing a unifor
m and stuff.\nQueen Harry?\nSo yeah, I\'ve got the Sears catalog thing going -- and the tube sock gig " th
at\'s gonna be huge.  And then I\'m up for an ad for Queen Harry next week.\nHopefully.\nExactly  So, you
going to Bogey Lowenbrau\'s thing on Saturday?\nExpensive?'
```

그림 7.21 파일에 있는 고유한 단어 리스트

위 그림을 보면 뉴라인newline 문자가 많이 나온다. 이는 전체 내용을 줄로 구분해 읽지 않고 한 변수에 한 번에 불러왔기 때문에 발생했다. 또한 알파벳과 숫자가 아닌 많은 문자를 확인할 수 있다.

5. 파일에 있는 각 단어에 대해 원핫 벡터를 만드는 것이 주목적이다. 이를 위해 어휘를 구성해야 하는데, 이것은 파일에 있는 고유한 단어의 전체 리스트다. 문자열을 단어로 토큰화하고 뉴라인 문자와 영숫자가 아닌 문자를 제거해 이 과정을 달성할 수 있다.

6. 다음 코드에 있는 clean_tokenize() 함수도 마찬가지다. clean_tokenize() 함수를 사용해 생성된 어휘는 movie_lines 변수에 저장한다. 이를 구현하기 위해 새로운 셀을 삽입하고 다음 코드를 추가하자.

```python
import string
import re

alpha_characters = str.maketrans('', '', string.punctuation)

def clean_tokenize(text):
    text = text.lower()
    text = re.sub(r'\n', '*** ', text)
    text = text.translate(alpha_characters)
    text = re.sub(r' +', ' ', text)
    return text.split(' ')

movie_lines = clean_tokenize(movie_lines_raw)
```

7. movie_lines를 살펴보자. 이는 리스트처럼 보인다. 이를 확인하기 위해 새로운 셀을 삽입하고 다음 코드를 추가하자.

```python
movie_lines
```

이 코드의 출력은 다음과 같다.

```
['they',
 'do',
 'not',
 'they',
 'do',
 'to',
 'i',
 'hope',
 'so',
 'she',
 'okay',
 'lets',
 'go',
 'wow',
 'okay',
 'youre',
 'gonna',
```

그림 7.22 movie_lines에 있는 단어들의 리스트

8. 다음 단계는 앞의 리스트를 넘파이 배열로 변환하는 것이다. 새로운 셀을 삽입하고, 다음 코드를 추가해 리스트를 넘파이 배열로 변환한 후 배열의 형태를 출력해보자.

```
import numpy as np
movie_line_array = np.array([movie_lines])
movie_line_array = movie_line_array.reshape(-1, 1)
movie_line_array.shape
```

이 코드의 출력은 다음과 같다.

```
(834, 1)
```

그림 7.23 넘파이 배열의 형태

위 그림에서 볼 수 있듯이 movie_line_array 배열은 834개의 행과 한 개의 열로 이뤄져 있다. 각 행은 원래 movie_lines 파일에서의 단어다.

9. 이제 사이킷런 preprocessing 패키지에 있는 LabelEncoder()와 OneHotEncoder() 클래스 같은 인코더를 사용해 movie_line_array를 원핫 인코딩 형식으로 변환할 수 있다. 이를 구현하기 위해 새로운 셀을 삽입하고 다음 코드를 추가하자.

```
from sklearn import preprocessing

labelEncoder = preprocessing.LabelEncoder()
movie_line_labels = labelEncoder.fit_transform(movie_line_array)

import warnings
warnings.filterwarnings('ignore')

wordOneHotEncoder = preprocessing.OneHotEncoder()

line_onehot = wordOneHotEncoder.fit_transform(movie_line_labels.reshape(-1,1))
```

10. 이 코드에서 LabelEncoder() 클래스는 레이블을 인코딩하며, LabelEncoder() 클래스의 fit_transform() 메서드는 레이블 인코더를 적합시키고 인코딩한 레이블을 반환한다. 인코딩한 레이블 리스트를 확인하기 위해 새로운 셀을 삽입하고 다음 코드를 추가하자.

```
movie_line_labels
```

이 코드의 출력은 다음과 같다.

```
array([313,  77, 219, 313,  77, 322, 157, 151, 285, 278, 224, 184, 113,
       361, 224, 367, 118, 213, 322, 180, 154, 322, 185, 218, 161, 175,
       364, 177, 154, 290, 364, 173,  26, 317, 236,  10, 364,  80, 177,
       154, 322, 255, 188, 208,  99, 222, 342, 235, 309, 259, 364, 348,
       119, 297, 157, 100, 365, 109, 322, 309, 119, 297,  91, 306, 114,
       159, 157, 128, 322, 137, 226, 286, 296,   2, 366,  53, 200, 317,
        89,  31,  21, 161, 188,  35, 209, 348,  62,  77, 364, 191, 322,
       317,  62, 218, 310, 123, 268, 159, 364, 113,  12, 187, 367, 118,
       193, 188,   9,  96, 225,   0, 364,   8,  27, 317, 275,  40, 310,
       308,   7, 364, 128, 322, 267, 345, 218, 364, 214, 339, 322, 113,
       231, 354, 200,  72, 364, 157, 340, 157, 194, 102, 364,  22,  18,
       309, 234,  40, 364,   8, 273, 322,  24, 221, 324, 133, 106, 323,
       157,  30, 341, 277,   9,  15, 165, 364, 177,  48, 105, 188, 315,
       358, 231, 323, 156, 145, 352, 178,   7, 170,  92, 138, 141, 267,
       167, 307, 279,  76,  28,  67,   1, 124, 307, 284, 285, 308, 309,
       176, 222, 124, 278, 189, 244, 227, 181, 218, 157, 104,   1, 237,
       222, 171, 183, 162, 226, 222, 141,  84, 285, 161, 244, 300, 280,
       219, 130, 265, 304, 280, 219,   1, 161, 359, 225, 168,  40, 278,
        79, 272, 322,  24, 116, 149, 157, 260, 260, 260, 337, 113,
        40, 157,  42, 219, 330, 208, 283, 115, 300, 133,  88,  70,  56,
        93, 328,  68,  10, 157, 214,  92, 334,   1,  32, 355, 309,  75,
        19, 154,  77, 364, 109, 366, 129, 322, 193, 188, 307, 367, 301,
       364, 133, 208, 357,  16,   1, 108, 157,  61, 225, 364, 322, 140,
       208,  44, 364,  10, 307, 320,  13, 220,  97,  14, 341,  92, 117,
       225, 230,  66, 364, 121, 289, 225, 366, 284, 351, 311, 345, 312,
       288, 157, 316, 203,  24, 154, 167, 230, 192, 101, 309, 346,   1,
        66, 238, 246, 103, 105, 308,  25, 169, 298,   1, 216, 226, 157,
        80, 338, 322, 177, 154, 322, 267, 307, 318, 157, 338, 322, 177,
       336, 315, 188, 351, 309, 119, 295,  13, 154, 207,  78,  46,  59,
       297, 188,  49, 157, 133, 214, 162, 208, 186, 128, 322, 240, 231,
       208, 136, 322, 288, 262, 271, 367, 258, 102, 309, 256,  45, 198,
       305, 317, 167, 208, 136, 182, 200, 271, 348, 157,  41,  77, 120,
       159, 228, 341,  60, 101, 174,   1,  37, 308,   1, 276, 331, 210,
       278, 335, 322,  24, 260, 241, 350, 278, 294, 147, 269, 310, 168,
       340, 173, 188, 278, 121, 282, 222, 168, 229, 289, 353, 274, 188,
       278,  60, 109,   1,  66,  87,  90, 309, 314, 167, 161,  18, 309,
       202, 222,   1, 233, 146,  39, 222, 196, 208, 283, 157,  42,  66,
       332, 278,  78, 218, 218, 169, 208,  98, 341,  73, 133,   1, 249,
       166, 103, 168, 367,  17, 200, 231, 308, 285,  65, 349, 366, 211,
         5, 224, 310, 154,  36, 341, 325, 231, 287, 105,  64, 266, 217,
       219, 309, 127,  10, 107,  10, 292, 232, 239, 345, 157, 319, 343,
       293, 354, 248, 159, 308, 224, 354, 364,  41, 341, 199, 317, 254,
       263, 179,  10,  11,  23,  13, 134,   9, 164, 153, 251,  38, 333,
       225, 309, 252,   5, 157,  72, 364, 316, 364, 257, 309, 228, 291,
        18, 309, 247, 157,  80, 133, 322,  24, 150, 321, 328, 157, 133,
       322,  24, 150, 162, 327, 205,   7, 157, 177, 167, 158, 112, 333,
       208, 245, 190, 322, 113, 231, 354,   1, 124, 188, 172, 290, 157,
       356, 159, 309, 125, 347, 299, 322, 338, 322, 113, 231, 354,  13,
       309, 227, 341,   3, 338, 322, 113, 231, 354, 364, 177, 157,  80,
       316, 309, 148, 222,  67, 172,  82,  13, 117, 322, 163,  81,  10,
        52,  54, 157,  80, 177, 157, 319, 139,  24,  74, 206, 222,   1,
       108, 167, 135, 223, 229,  86, 135, 242, 250, 350, 135, 104, 231,
       341, 128, 309, 264,  71, 157, 201,  83,  34, 167, 122,   9,   7,
        40, 143, 219,  94, 261, 234,  58, 360, 364, 204, 110, 200,   1,
        85, 122, 172, 352, 351,  72, 135, 113, 135, 340, 173, 142, 364,
       203, 337, 316,   2, 168, 218,  72, 364,  47, 366, 129, 364, 177,
       309,  69, 157,  41, 302, 113, 159, 174,  79, 113, 191, 157, 338,
       322, 303, 322, 306,   2, 309, 247, 364,  55,  20, 131,  57, 169,
       126,  51, 145, 172, 144, 301,  50, 208,   6, 268, 170, 121,   1,
       119, 281,  18,  29, 309, 243, 124, 215, 363, 212, 169,   1,  63,
       190,  40, 160,  24, 188, 342,   1, 329,  10, 197, 253, 132, 285,
       362, 170, 121, 309, 270,  43, 314, 117,  10, 309, 326, 286, 111,
       308, 118,  24, 155,  10, 310, 161, 333, 102,   9,   4, 102, 253,
       132, 215, 344, 152,  94, 285, 364, 117, 322,  33, 197, 314, 225,
       266,  95], dtype=int64)
```

그림 7.24 인코딩한 레이블 리스트

11. OneHotEncoder() 클래스는 범주형 정수 피처를 원핫 수치형 벡터로 인코딩한다. 이 클래스의 fit_transform() 메서드는 movie_line_labels 배열을 입력으로 사용한다. movie_line_labels 배열은 수치형 배열이며, 이 배열에 포함된 각 피처는 원핫 인코딩 방식을 사용해 인코딩된다.

12. 각 범주에 대해 이진 열이 만들어지고, 희소 행렬sparse matrix이 출력으로 반환된다. 이 행렬을 확인하기 위해 새로운 셀을 삽입하고 다음 코드를 입력하자.

```
line_onehot
```

이 코드의 출력은 다음과 같다.

```
<834x368 sparse matrix of type '<class 'numpy.float64'>'
        with 834 stored elements in Compressed Sparse Row format>
```

그림 7.25 희소 행렬

13. 희소 행렬을 조밀 행렬dense matrix로 변환하기 위해 toarray() 함수를 사용한다. 이를 구현하기 위해 새로운 셀을 삽입하고 다음 코드를 추가하자.

```
line_onehot.toarray()
```

이 코드의 출력은 다음과 같다.

```
array([[0., 0., 0., ..., 0., 0., 0.],
       [0., 0., 0., ..., 0., 0., 0.],
       [0., 0., 0., ..., 0., 0., 0.],
       ...,
       [0., 0., 0., ..., 0., 0., 0.],
       [0., 0., 0., ..., 0., 0., 0.],
       [0., 0., 0., ..., 0., 0., 0.]])
```

그림 7.26 조밀 행렬

위 그림은 단어를 원핫 인코딩하는 목적을 달성했다는 것을 보여준다. 다음 절에서는 임베딩과 단어 임베딩 같은 개념에 초점을 맞춘다.

단어 임베딩

임베딩^{embedding}은 다른 구조를 포함하는 수학적 구조다. 그래서 임베딩 벡터가 어떤 것의 값을 포함하거나 표현한다고 말할 수 있다. 이제 단어 임베딩 분야를 살펴본다. 단어 임베딩$^{word\ embedding}$은 단어(그리고 단어의 의미)가 벡터에 임베딩되는 특수한 유형의 임베딩이다. 다음 그림은 변환 과정을 보여준다.

그림 7.27 단어에서 임베딩 벡터로의 변환 과정

머신러닝 알고리즘에 활용하기 위해 텍스트를 벡터로 표현하는 방법을 찾아야만 한다. 원핫 인코딩은 이를 위한 한 가지 방법이지만, 다음과 같은 원핫 인코딩의 한계를 해결할 방법을 찾아야 한다.

- 원핫 벡터는 상당히 커질 수 있다.
- 원핫 벡터는 희소하다.
- 원핫 벡터에는 벡터 사이의 상관관계 정보가 없다. 즉, 두 개의 벡터를 선택하고 그것들이 가까운지 혹은 멀리 떨어져 있는지를 결정할 수 없다.

이러한 한계를 염두에 두고, 목표는 다음과 같은 조건을 만족하는 단어 벡터 표현을 찾는 것이다.

- 더 적은 차원으로 압축돼야 함
- 추가적인 정보를 포함할 수 있어야 함
- 각 단어 벡터에는 다른 벡터와 관련된 몇 가지 정보가 포함돼 있음. 예를 들

어, '남자'에 대한 단어 벡터와 '여자'에 대한 단어 벡터 사이의 상관관계를 찾을 수 있어야 함

여기서 단어 임베딩이 나왔다. 단어 임베딩은 이러한 목적을 달성하려고 시도하는 특별한 유형의 벡터다. 일반적으로 임베딩이 무엇인지 살펴보자. 임베딩은 정보를 담고 있는 구조다. 임베딩이라는 단어를 언급한다면, 단어의 의미를 함축하는 구조를 갖고 있다는 것을 의미하게 된다.

각각의 임베딩 벡터는 한 단어의 의미에 대한 정보를 담고 있다. 예를 들어 'king'이라는 단어의 의미를 100차원 벡터에 임베딩할 수 있다. 그러면 이 벡터를 사용해 머신러닝 프로그램이나 검색 인덱스에 'king'이라는 단어를 표현할 수 있다. 단어의 의미는 문장에서 단어와 그 단어를 둘러싸는 경향이 있는 다른 단어들을 보고 결정된다. 단어 임베딩은 같은 맥락에서 어떤 단어들이 나올지 예측할 수 있는 벡터를 만들도록 학습된다.

다음 절에서는 단어 벡터를 학습하는 데 사용하는 Word2Vec 알고리즘을 알아본다. 또한 단어 벡터를 학습시키는 것을 더 명확히 이해할 수 있도록 예제를 다뤄볼 것이다.

Word2Vec

Word2Vec은 단어 벡터를 학습하기 위해 구글에서 개발한 알고리즘이다. 이것은 입력으로 텍스트 코퍼스를 가져오고 출력으로 단어 벡터를 만든다. 또한 예측 기법을 사용해 출력으로부터 학습한다. 다음 예제는 단어 벡터를 어떻게 학습할 수 있는지 보여준다.

예제 60: 단어 벡터 학습

이 예제에서는 gensim 라이브러리를 사용해 단어 벡터를 만들어본다. 단어 벡터를 만들려면 문서 소스가 필요하다. 이를 위해 구텐베르크 프로젝트[Project Gutenberg]에서 이용할 수 있는 책을 사용한다. 학습 데이터셋으로 구텐베르크 프로젝트에서 책을 다운로드하는 코드를 작성할 것이다. 또한 Matplotlib의 pyplot 프레임워크를 사용해 벡터 표현을 확인해보자. 이 예제를 구현하기 위해 다음 과정을 따라가보자.

1. 주피터 노트북을 연다.
2. 구텐베르크 프로젝트 웹사이트에서 책을 불러오기 위해 requests 라이브러리를 사용하고, 책 카탈로그를 가져오기 위해 json 라이브러리를 사용하며, regex 패키지를 사용해 뉴라인을 제거함으로써 텍스트를 정제할 것이다. 이를 구현하기 위해 새로운 셀을 삽입하고 다음 코드를 추가하자.

```
import requests
import json
import re
```

3. 필요한 라이브러리를 모두 가져오고 나서, 열 권의 책 내용을 담은 JSON 파일을 불러온다. 각 책에는 제목, 저자, ID에 대한 정보가 포함돼 있다. 이를 구현하기 위해 새로운 셀을 삽입하고 다음 과정을 따라가보자.

```
with open('../ProjectGutenbergBooks.json', 'r') as catalog_file:
    catalog = json.load(catalog_file)
```

> **참고**
>
> 책 카탈로그는 https://bit.ly/2U2jAR4에서 다운로드할 수 있다.

4. 모든 책에 대한 상세 정보를 출력하기 위해 새로운 셀을 삽입하고 다음 코드를 추가하자.

```
catalog
```

이 코드의 실행 결과는 다음과 같다.

```
[{'title': 'Pride and Prejudice', 'author': 'Jane Austen', 'id': 1342},
 {'title': 'A Christmas Carol in Prose',
  'author': 'Charles Dickens',
  'id': 46},
 {'title': 'A Tale of Two Cities', 'author': 'Charles Dickens', 'id': 98},
 {'title': 'Frankenstein; Or, The Modern Prometheus',
  'author': 'Mary Wollstonecraft Shelley',
  'id': 84},
 {'title': 'Dracula', 'author': 'Bram Stoker', 'id': 345},
 {'title': 'Heart of Darkness', 'author': 'Joseph Conrad', 'id': 219},
 {'title': 'Moby Dick; Or, The Whale',
  'author': 'Herman Melville',
  'id': 2701},
 {'title': "Alice's Adventures in Wonderland",
  'author': 'Lewis Carroll',
  'id': 11},
 {'title': 'The Adventures of Sherlock Holmes',
  'author': 'Arthur Conan Doyle',
  'id': 1661},
 {'title': 'A Modest Proposal', 'author': 'Jonathan Swift', 'id': 1080}]
```

그림 7.28 카탈로그에 있는 책 상세 정보

위 그림에서 JSON 파일에 책 열 권의 상세 정보가 들어있는 것을 확인할 수 있다.

5. 책을 불러오기 위해 구텐베르크 프로젝트 웹사이트를 이용해보자. 이를 위해 book_id를 파라미터로 받는 load_book() 함수를 직접 만들어서 이 book_id에 따라 책을 가져온다. 또한 뉴라인 문자를 제거해 텍스트를 정제할 것이다. 이를 구현하기 위해 새로운 셀을 삽입하고 다음 코드를 추가하자.

```
GUTENBERG_URL ='https://www.gutenberg.org/files/{}/{}-0.txt'

def load_book(book_id):
    url = GUTENBERG_URL.format(book_id, book_id)
    contents = requests.get(url).text
    cleaned_contents = re.sub(r'\r\n', ' ', contents)
    return cleaned_contents
```

6. load_book() 함수를 정의한 후에 카탈로그를 반복하면서 책의 모든 id 인스턴스를 가져와 book_ids 리스트에 저장하자. book_ids 리스트에 저장된 id 인스턴스는 load_book() 함수의 파라미터로 전달된다. 각 책 ID로 가져온 책 정보는 books 변수에 할당한다. 이를 구현하기 위해 새로운 셀을 삽입하고 다음 코드를 추가하자.

```
book_ids = [ book['id'] for book in catalog ]
books = [ load_book(id) for id in book_ids ]
```

books 변수에 있는 정보를 확인하기 위해 새로운 셀에 다음 코드를 추가하자.

```
books
```

이 코드의 출력은 다음과 같다.

```
["\ufeffThe Project Gutenberg EBook of Pride and Prejudice, by Jane Austen  This eBook is for the use of anyone anywhere at n
o cost and with almost no restrictions whatsoever.  You may copy it, give it away or re-use it under the terms of the Project
Gutenberg License included with this eBook or online at www.gutenberg.org  Title: Pride and Prejudice  Author: Jane Austen
Posting Date: August 26, 2008 [EBook #1342] Release Date: June, 1998 Last Updated: March 10, 2018  Language: English  Charact
er set encoding: UTF-8  *** START OF THIS PROJECT GUTENBERG EBOOK PRIDE AND PREJUDICE ***      Produced by Anonymous Volunteer
s      PRIDE AND PREJUDICE  By Jane Austen    Chapter 1   It is a truth universally acknowledged, that a single man in posses
sion of a good fortune, must be in want of a wife.  However little known the feelings or views of such a man may be on his fi
rst entering a neighbourhood, this truth is so well fixed in the minds of the surrounding families, that he is considered the
rightful property of some one or other of their daughters.  "My dear Mr. Bennet," said his lady to him one day, "have you hea
rd that Netherfield Park is let at last?"  Mr. Bennet replied that he had not.  "But it is," returned she; "for Mrs. Long has
just been here, and she told me all about it."  Mr. Bennet made no answer.  "Do you not want to know who has taken it?" cried
his wife impatiently.  "_You_ want to tell me, and I have no objection to hearing it."  This was invitation enough.  "Why, my
dear, you must know, Mrs. Long says that Netherfield is taken by a young man of large fortune from the north of England; that
he came down on Monday in a chaise and four to see the place, and was so much delighted with it, that he agreed with Mr. Morr
is immediately; that he is to take possession before Michaelmas, and some of his servants are to be in the house by the end o
f next week."  "What is his name?"  "Bingley."  "Is he married or single?"  "Oh! Single, my dear, to be sure! A single man of
large fortune; four or five thousand a year. What a fine thing for our girls!"  "How so? How can it affect them?"  "My dear M
r. Bennet," replied his wife, "how can you be so tiresome! You must know that I am thinking of his marrying one of them."  "I
s that his design in settling here?"  "Design! Nonsense, how can you talk so! But it is very likely that he _may_ fall in lov
```

그림 7.29 여러 책에 대한 정보

7. 단어 벡터를 학습하기 전에 이 책들을 문서 리스트로 나눠야 한다. 그럼 문서가 무엇인지 생각해보자. 이 예제에서는 단어들이 속해 있는 문장의 맥락에서 단어들에 대해 Word2Vec 알고리즘을 학습시키고자 한다. 여기서 문서는 실제로는 문장이다. 따라서 열 권의 책 모두를 문장들의 리스트로 만들 필요가 있다. 이를 구현하기 위해 새로운 셀을 삽입하고 다음 코드를 추가하자.

```
from gensim.summarization import textcleaner
from gensim.utils import simple_preprocess

def to_sentences(book):
    sentences = textcleaner.split_sentences(book)
    sentence_tokens = [simple_preprocess(sentence) for sentence in sentences]
    return sentence_tokens
```

8. 위 코드에서는 gensim 패키지의 textcleaner 클래스를 사용했다. textcleaner 클래스의 split_sentences() 함수는 텍스트를 분할하고 주어진 텍스트에서 문장 리스트를 얻는 데 사용한다. simple_preprocess() 함수는 문서를 소문자로 변환된 토큰들의 리스트로 변환한다. 이 모든 처리는 to_sentences() 함수 내에서 이뤄지며, 이는 sentence_tokens를 반환한다.

9. books에 들어있는 각각의 book들을 순회하면서, 각 book을 구현한 to_sentences() 함수의 파라미터로 전달한다. 결과는 book_sentences 변수에 저장한다. 또한 books를 sentences로 나누고, sentences를 documents로 나눌 것이다. 결과는 documents 변수에 저장한다. 이를 구현하기 위해 새로운 셀을 삽입하고 다음 코드를 추가하자.

```
books_sentences = [to_sentences(book) for book in books]
documents = [sentence for book_sent in books_sentences for sentence in book_sent]
```

10. 문서의 길이를 확인하려면 len() 함수를 사용한다. 이를 구현하기 위해 새로

운 셀을 삽입하고 다음 코드를 추가하자.

```
len(documents)
```

이 코드를 실행한 결과는 다음과 같다.

```
27725
```

그림 7.30 문서의 길이

11. 이제 문서를 얻었으므로, gensim 패키지에 있는 Word2Vec 클래스를 이용해 Word2Vec 모델을 학습할 수 있다. 이를 구현하기 위해 새로운 셀을 삽입하고 다음 코드를 추가하자.

```
from gensim.models import Word2Vec
# 어휘를 작성하고 모델을 학습시킨다.
model = Word2Vec(
    documents,
    size=100,
    window=10,
    min_count=2,
    workers=10)
model.train(documents, total_examples=len(documents), epochs=50)
```

이 코드를 실행한 결과는 다음과 같다.

```
(23740425, 32057400)
```

그림 7.31 model.train() 메서드를 사용해 얻은 결과

12. 이 코드에서 Word2Vec 클래스는 documents, size, window, min_count, workers와 같은 파라미터를 갖고 있다. 여기서 documents는 클래스에게 반드시 제공해야 하는 문장들이다. size는 각각의 토큰을 나타내는 조밀 벡터의 길이를 나타낸 다. min_count는 특정 모델을 학습할 때 고려해야 하는 최소 단어 개수를 나타

낸다. workers는 모델을 학습할 때 필요한 스레드 개수를 나타낸다.

13. model.train() 메서드에는 documents, total_examples, epoch와 같은 파라미터
가 있다. 여기서 documents는 문장을 나타내고, total_examples 파라미터는 문
장의 개수를 나타낸다. epoch는 주어진 데이터에 대해 총 몇 번 반복할 것인지
를 의미하는 횟수를 나타낸다.

14. 학습한 단어 벡터는 KeyedVectors 인스턴스인 model.wv에 저장된다. 이제 유사
한 단어를 찾기 위해 model.wv 인스턴스의 most_similar() 함수를 사용한다.
most_similar() 함수는 positive를 파라미터로 받아 긍정적으로 기여하는 문
자열 리스트를 반환한다. 이를 구현하기 위해 새로운 셀을 삽입하고 다음 코
드를 추가하자.

```
model.wv.most_similar(positive="worse")
```

이 코드의 출력은 다음과 같다.

```
[('better', 0.6523939371109009),
 ('narrower', 0.6434351205825806),
 ('happier', 0.6192134618759155),
 ('kinder', 0.5986782312393188),
 ('more', 0.5791730880737305),
 ('handsomer', 0.5779246687889099)
 ('older', 0.5424486398696899),
 ('mightier', 0.5343776941299438),
 ('hoarser', 0.5322822332382202),
 ('slighter', 0.532081127166748)]
```

그림 7.32 가장 유사한 단어들

15. 벡터를 출력하는 show_vector()라는 함수를 만들자. matplotlib 라이브러리 안
에 있는 시각화 프레임워크인 pyplot을 사용할 것이다. 이 프레임워크는 학습
한 벡터를 시각화해준다. 이를 구현하기 위해 새로운 셀을 삽입하고 다음 코
드를 추가하자.

```
%matplotlib inline
import matplotlib.pyplot as plt

def show_vector(word):
    vector = model.wv[word]
    fig, ax = plt.subplots(1,1, figsize=(10, 2))
    ax.tick_params(axis='both',
                   which='both',
                   left=False,
                   bottom=False,
                   top=False,
                   labelleft=False,
                   labelbottom=False)
    ax.grid(False)
    print(word)
    ax.bar(range(len(vector)), vector, 0.5)

show_vector('sad')
```

이 코드의 출력은 다음과 같다.

그림 7.33 입력이 'sad'일 때의 벡터 그래프

위 그림에서 show_vector() 함수에 sad 단어를 전달했을 때의 벡터 표현을 확인할 수 있다.

단어 벡터를 학습시키는 것뿐만 아니라 이 벡터를 pyplot으로 표현하는 것도 배웠다. 지금까지 단어 벡터 학습 방법을 살펴봤고, 다음 절에서는 NLP 프로젝트에 필요한 사전 학습된 단어 벡터pre-trained vector를 사용하는 데 좀 더 초점을 맞춘다.

사전 학습된 단어 벡터 사용

일단 단어 벡터를 언어 소스에 대해 학습하고 프로젝트에서 사용하고 나면, 이 단어 벡터들은 다른 관련 프로젝트에서도 저장하고 재사용할 수 있다. 다른 관련 프로젝트에 활용하려면 학습 소스, 단어 개수, 사용한 문맥 등과 같은 특정한 요인들을 고려해야 한다. 한 프로젝트에서의 학습 결과를 다른 프로젝트에 적용하는 것을 전이 학습 transfer learning이라고 한다. 다음 예제를 통해 사전 학습된 단어 벡터를 어떻게 불러오는지 좀 더 명확히 이해해본다.

> **참고**
>
> 사전 학습된 벡터는 매우 크다. 예를 들어 구글 뉴스에 대해 학습한 벡터는 300만 개의 단어를 포함하고 있으며, 압축된 크기로 1.5GB 정도의 디스크 공간을 차지한다.

예제 61: 사전 학습된 단어 벡터 불러오기

이 예제에서는 사전 학습된 단어 임베딩을 불러오고 사용할 것이다. matplotlib 라이브러리의 pyplot 프레임워크를 사용해 몇 개 단어들의 이미지 표현도 확인해본다. 이 예제를 구현하기 위해 다음 과정을 따라가보자.

1. 주피터 노트북을 연다.

2. numpy 라이브러리를 불러오기 위해 다음 import 구문을 추가한다.

```
import numpy as np
```

3. ZIP 파일에서 데이터를 추출하기 위해 파이썬 패키지 zipfile을 사용한다. ZIP 파일에서 임베딩을 압축 해제하기 위해 다음 코드를 추가하자.

```
GLOVE_DIR = '../data/glove/'
GLOVE_ZIP = GLOVE_DIR + 'glove.6B.50d.zip'

import zipfile
zip_ref = zipfile.ZipFile(GLOVE_ZIP, 'r')
zip_ref.extractall(GLOVE_DIR)
zip_ref.close()
```

참고

앞에서 언급한 ZIP 파일은 https://bit.ly/2RG7VpX에서 다운로드할 수 있다.

4. glove_vector_file은 사전을 포함하고 있는 텍스트 파일이다. 여기서 단어는 키로 동작하고 벡터는 값으로 동작한다. 그러므로 줄 단위로 파일을 읽어와서 분할한 후에 파이썬 사전으로 매핑해야 한다. load_glove_vectors() 함수는 model이라는 파이썬 사전을 반환한다. 이를 구현하기 위해 새로운 셀을 삽입하고 다음 코드를 추가하자.

```
def load_glove_vectors(fn):
    print("Loading Glove Model")
    with open( fn,'r', encoding='utf8') as glove_vector_file:
        model = {}
        for line in glove_vector_file:
            parts = line.split()
            word = parts[0]
            embedding = np.array([float(val) for val in parts[1:]])
            model[word] = embedding
        print("Loaded {} words".format(len(model)))
    return model

glove_vectors = load_glove_vectors('../data/glove/glove.6B.50d.txt')
```

이 코드를 실행한 결과는 다음과 같다.

```
Loading Glove Model
Loaded 400000 words
```

그림 7.34 glove 모델의 전체 단어 개수

glove_vectors의 값을 확인하려면, 새로운 셀을 삽입하고 다음 코드를 추가하자.

```
glove_vectors
```

```
{'the': array([ 4.1800e-01,  2.4968e-01, -4.1242e-01,  1.2170e-01,  3.4527e-01,
       -4.4457e-02, -4.9688e-01, -1.7862e-01, -6.6023e-04, -6.5660e-01,
        2.7843e-01, -1.4767e-01, -5.5677e-01,  1.4658e-01, -9.5095e-03,
        1.1658e-02,  1.0204e-01, -1.2792e-01, -8.4430e-01, -1.2181e-01,
       -1.6801e-02, -3.3279e-01, -1.5520e-01, -2.3131e-01, -1.9181e-01,
       -1.8823e+00, -7.6746e-01,  9.9051e-02, -4.2125e-01, -1.9526e-01,
        4.0071e+00, -1.8594e-01, -5.2287e-01, -3.1681e-01,  5.9213e-04,
        7.4449e-03,  1.7778e-01, -1.5897e-01,  1.2041e-02, -5.4223e-02,
       -2.9871e-01, -1.5749e-01, -3.4758e-01, -4.5637e-02, -4.4251e-01,
        1.8785e-01,  2.7849e-03, -1.8411e-01, -1.1514e-01, -7.8581e-01]),
 ',': array([ 0.013441,  0.23682, -0.16899 ,  0.40951 ,  0.63812 ,  0.47709 ,
       -0.42852 , -0.55641 , -0.364   , -0.23938 ,  0.13001 , -0.063734,
       -0.39575 , -0.48162 ,  0.23291 ,  0.090201, -0.13324 ,  0.078639,
       -0.41634 , -0.15428 ,  0.10068 ,  0.48891 ,  0.31226 , -0.1252  ,
       -0.037512, -1.5179  ,  0.12612 , -0.02442 , -0.042961, -0.28351 ,
        3.5416  , -0.11956 , -0.014533, -0.1499  ,  0.21864 , -0.33412 ,
       -0.13872 ,  0.31806 ,  0.70358 ,  0.44858 , -0.080262,  0.63003 ,
        0.32111 , -0.46765 ,  0.22786 ,  0.36034 , -0.37818 , -0.56657 ,
        0.044691,  0.30392 ]),
```

그림 7.35 glove_vectors 사전

5. glove_vectors 객체는 기본적으로 단어에 대한 벡터 매핑이 들어있는 사전이 므로 한 단어에 대한 벡터에 접근할 수 있으며, 그 결과 50차원의 벡터를 반환 할 것이다. 새로운 셀을 삽입하고 dog이라는 단어에 대한 벡터를 확인하기 위 해 코드를 추가하자.

```
glove_vectors["dog"]
```

```
array([ 0.11008  , -0.38781  , -0.57615  , -0.27714  ,  0.70521  ,
        0.53994  , -1.0786   , -0.40146  ,  1.1504   , -0.5678   ,
        0.0038977,  0.52878  ,  0.64561  ,  0.47262  ,  0.48549  ,
       -0.18407  ,  0.1801   ,  0.91397  , -1.1979   , -0.5778   ,
       -0.37985  ,  0.33606  ,  0.772    ,  0.75555  ,  0.45506  ,
       -1.7671   , -1.0503   ,  0.42566  ,  0.41893  , -0.68327  ,
        1.5673   ,  0.27685  , -0.61708  ,  0.64638  , -0.076996 ,
        0.37118  ,  0.1308   , -0.45137  ,  0.25398  , -0.74392  ,
       -0.086199 ,  0.24068  , -0.64819  ,  0.83549  ,  1.2502   ,
       -0.51379  ,  0.04224  , -0.88118  ,  0.7158   ,  0.38519  ])
```

그림 7.36 입력 dog에 대한 glove 벡터 배열

cat이라는 단어의 벡터를 확인하기 위해 다음 코드를 추가한다.

```
glove_vectors["cat"]
```

```
array([ 0.45281 , -0.50108 , -0.53714 , -0.015697,  0.22191 ,  0.54602 ,
       -0.67301 , -0.6891  ,  0.63493 , -0.19726 ,  0.33685 ,  0.7735  ,
        0.90094 ,  0.38488 ,  0.38367 ,  0.2657  , -0.08057 ,  0.61089 ,
       -1.2894  , -0.22313 , -0.61578 ,  0.21697 ,  0.35614 ,  0.44499 ,
        0.60885 , -1.1633  , -1.1579  ,  0.36118 ,  0.10466 , -0.78325 ,
        1.4352  ,  0.18629 , -0.26112 ,  0.83275 , -0.23123 ,  0.32481 ,
        0.14485 , -0.44552 ,  0.33497 , -0.95946 , -0.097479,  0.48138 ,
       -0.43352 ,  0.69455 ,  0.91043 , -0.28173 ,  0.41637 , -1.2609  ,
        0.71278 ,  0.23782 ])
```

그림 7.37 입력 cat에 대한 glove 벡터 배열

6. 이제 벡터를 확보했으므로, matplotlib 라이브러리의 pyplot 프레임워크를 사용해 이미지로 나타낼 수 있다. 이를 구현하기 위해 새로운 셀을 삽입하고 다음 코드를 추가하자.

```
%matplotlib inline
import matplotlib.pyplot as plt

def to_vector(glove_vectors, word):
    vector = glove_vectors.get(word.lower())
    if vector is None:
        vector = [0] * 50
    return vector
```

```
def to_image(vector, word=''):
    fig, ax = plt.subplots(1,1)
    ax.tick_params(axis='both', which='both',
                left=False,
                bottom=False,
                top=False,
                labelleft=False,
                labelbottom=False)
    ax.grid(False)
    ax.bar(range(len(vector)), vector, 0.5)
    ax.text(s=word, x=1, y=vector.max()+0.5)
    return vector
```

7. 위 코드에서 to_vector() 함수는 glove_vectors와 word를 파라미터로 받는다. glove_vectors의 get() 함수는 단어를 찾아 소문자로 변환한다. 결과는 vector 변수에 저장한다.

8. to_image() 함수는 벡터와 단어를 입력으로 받아 벡터의 이미지 표현을 보여 준다. 단어 man의 이미지 표현을 찾기 위해 다음 코드를 입력하자.

```
man = to_image(to_vector(glove_vectors, "man"))
```

이 코드를 실행한 결과는 다음과 같다.

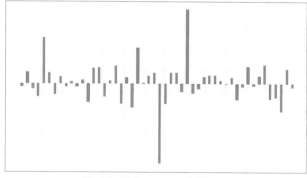

그림 7.38 입력 man으로 생성한 그래프

9. 단어 woman에 대한 이미지 표현을 찾기 위해 다음 코드를 입력하자.

```
woman = to_image(to_vector(glove_vectors, "woman"))
```

이 코드를 실행한 결과는 다음과 같다.

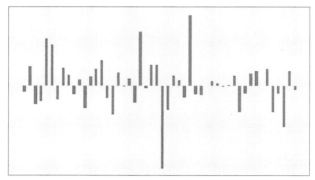

그림 7.39 입력 woman으로 생성한 그래프

10. 단어 king에 대한 이미지 표현을 찾기 위해 다음 코드를 입력하자.

```
king = to_image(to_vector(glove_vectors, "king"))
```

이 코드를 실행한 결과는 다음과 같다.

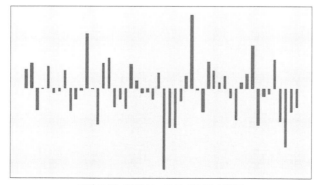

그림 7.40 입력 king으로 생성한 그래프

11. 단어 queen에 대한 이미지 표현을 찾기 위해 다음 코드를 입력하자.

```
queen = to_image(to_vector(glove_vectors, "queen"))
```

이 코드를 실행한 결과는 다음과 같다.

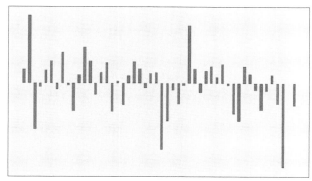

그림 7.41 입력 queen으로 생성한 그래프

12. king - man + woman - queen에 대한 이미지 표현을 찾기 위해 다음 코드를 추가한다.

```
diff = to_image(king - man + woman - queen)
```

이 코드를 실행한 결과는 다음과 같다.

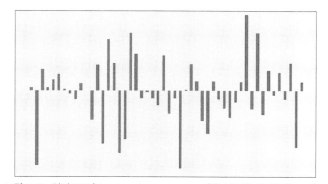

그림 7.42 입력으로 (king-man+woman-queen)을 넣었을 때 생성한 그래프

13. king - man + woman에 대한 이미지 표현을 찾기 위해 다음 코드를 추가한다.

```
diff = to_image(king - man + woman)
```

이 코드를 실행한 결과는 다음과 같다.

그림 7.43 입력으로 (king−man+woman)을 넣었을 때 생성한 그래프

사전 학습한 단어 벡터를 불러오고 사용하는 방법과 이미지 표현을 확인하는 방법을 배웠다. 다음 절에서는 문서 벡터와 이들의 사용 분야에 초점을 맞춘다.

문서 벡터

단어 벡터와 단어 임베딩은 단어를 표현한다. 하지만 전체 문서를 표현하고 싶다면 어떻게 해야 할까? 문서 벡터^{document vector}는 이 작업을 하는 데 유용하다.

일반적으로 문서라고 하면, 사용자에게 어느 정도 의미를 갖는 단어들의 집합을 말한다. 문서는 제품 리뷰, 트윗, 또는 영화 대사 모음으로 구성할 수 있으며, 몇 개의 단어나 수천 개의 단어로 구성될 수 있다. 문서는 머신러닝 프로젝트에서 알고리즘이 학습할 수 있는 대상의 한 예로 사용한다.

문서 벡터의 활용

문서 벡터가 활용되는 일부 예는 다음과 같다.

- **유사도**: 문서 벡터를 사용해 텍스트의 유사도를 비교할 수 있다. 예를 들어, 법과 관련된 AI 소프트웨어는 유사 판례를 찾기 위해 문서 벡터를 사용할 수 있다.
- **추천**: 예를 들어, 온라인 잡지는 사용자가 이미 읽은 기사를 바탕으로 유사한 기사를 추천할 수 있다.
- **예측**: 문서 벡터는 예측 모델을 구현하기 위해 머신러닝 알고리즘의 입력으로 사용할 수 있다.

다음 절에서는 문서 벡터를 기반으로 한 예제를 진행해본다.

예제 62: 영화 대사를 문서 벡터로 변환하기

이번 예제에서는 영화 대사를 문서 벡터로 변환한다. 영화의 각 대목을 벡터로 전환하며, 벡터의 이미지 표현도 살펴본다. 다시, 이미지로 표현하기 위해 matplotlib 라이브러리의 pyplot 프레임워크를 사용할 것이다. 이 예제를 구현하기 위해 다음 과정을 따라가보자.

1. 주피터 노트북을 연다.

2. 이 예제에 필요한 라이브러리를 불러온다. 여기서는 gensim 라이브러리를 사용할 것이다. 새로운 셀을 삽입하고 다음 코드를 추가하자.

```
import pandas as pd
from gensim import utils
from gensim.models.doc2vec import TaggedDocument
from gensim.models import Doc2Vec
from gensim.parsing.preprocessing import preprocess_string, remove_stopwords
import random
```

```
import warnings
warnings.filterwarnings("ignore")
```

3. 영화 대사를 출력하는 데 필요한 만큼 출력 열 폭을 넓게 설정한다. 이를 구현하기 위해 새로운 셀을 삽입하고 다음 코드를 추가하자.

```
pd.set_option('display.max_colwidth', -1)
```

4. movie_lines.txt 파일의 위치를 작성하고, 그 위치를 movie_lines_file 변수에 할당한다. 이를 구현하기 위해 새로운 셀을 삽입하고 다음 코드를 추가하자.

```
movie_lines_file = '../data/cornell-movie-dialogs/movie_lines.txt'
```

5. movie_lines.txt 파일은 +++$+++로 구분된다. 영화 대사를 불러오려면 파일의 각 영화 대사를 반복해 읽어오면서 열로 분할해야 한다. 그리고 나서 영화 대사를 담고 있는 데이터프레임(DataFrame)을 생성한다. 이를 구현하기 위해 새로운 셀을 삽입하고 다음 코드를 추가하자.

```
with open(movie_lines_file) as f:
    movie_lines = [line.strip().split('+++$+++') for line in f.readlines()]

lines_df = pd.DataFrame([{'LineNumber': d[0].strip(),
                          'Person': d[3].strip(),
                          'Line': d[4].strip(),
                          'Movie' : d[2].strip()}
                        for d in movie_lines])
lines_df = lines_df.set_index('LineNumber')
```

6. lines_df 데이터프레임의 head(), len(), nunique() 값과 같은 기본 통계량을 확인하기 위해 새로운 셀을 삽입하고 다음 코드를 추가하자.

```
lines_df.head(10)
```

이 코드의 출력은 다음과 같다.

LineNumber	Line	Movie	Person
L1045	They do not!	m0	BIANCA
L1044	They do to!	m0	CAMERON
L985	I hope so.	m0	BIANCA
L984	She okay?	m0	CAMERON
L925	Let's go.	m0	BIANCA
L924	Wow	m0	CAMERON
L872	Okay -- you're gonna need to learn how to lie.	m0	BIANCA
L871	No	m0	CAMERON
L870	I'm kidding. You know how sometimes you just become this "persona"? And you don't know how to quit?	m0	BIANCA
L869	Like my fear of wearing pastels?	m0	BIANCA

그림 7.44 데이터프레임의 처음 열 개 행 출력

7. 위 그림에서 head() 함수는 처음 열 개의 행을 출력한다. 데이터프레임의 길이를 확인하기 위해 다음 코드를 입력한다.

```
len(lines_df)
```

이 코드의 출력은 다음과 같다.

304713

그림 7.45 movie_lines 데이터프레임의 길이

8. 데이터프레임에서 중복을 제거한 관측치의 수를 확인하기 위해 다음 코드를 작성한다.

```
lines_df.nunique()
```

이 코드의 출력은 다음과 같다.

```
Line      265786
Movie        617
Person      5356
dtype: int64
```

그림 7.46 movie_lines 데이터프레임에 있는 중복 제거 레코드 수

9. 현재 20만 개가 넘는 영화 대사가 있으므로 학습하는 데 시간이 걸릴지도 모른다. 영화 대사의 일부분에 대해서만 학습시킬 수 있으며, 이를 위해 학습을 5만 줄로 제한하자. 이를 구현하기 위해 새로운 셀을 삽입하고 다음 코드를 추가하자.

```
lines_df_small = lines_df.head(50000)
```

10. Doc2Vec 모델에 대한 학습 인스턴스를 생성하는 객체인 클래스를 만들자.

```python
class DocumentDataset(object):
    def __init__(self, data:pd.DataFrame, column):
        document = data[column].apply(self.preprocess)
        self.documents = [ TaggedDocument( text, [index]) for index, text in
document.iteritems() ]

    def preprocess(self, document):
        return preprocess_string(remove_stopwords(document))

    def __iter__(self):
        for document in self.documents:
            yield documents

    def tagged_documents(self, shuffle=False):
        if shuffle:
            random.shuffle(self.documents)
    return self.documents
```

11. 이 코드에서 preprocess_string() 함수는 입력에 주어진 필터를 적용한다. remove_stopwords() 함수는 지정한 문서에서 불용어를 제거하는 데 사용한다.

Doc2Vec은 입력의 각 인스턴스가 TaggedDocument 인스턴스 형식이 되도록 요구한다. 따라서 내부적으로 파일에 있는 각 영화 대사에 대해 TaggedDocument를 담고 있는 리스트를 생성한다.

12. DocumentDataset 클래스의 객체를 만들자. 이 클래스는 두 개의 파라미터가 필요하다. 하나는 lines_df_small 데이터프레임이고, 다른 하나는 Line 열 이름이다. 이를 구현하기 위해 새로운 셀을 삽입하고 다음 코드를 추가하자.

```
documents_dataset = DocumentDataset(lines_df_small, 'Line')
```

13. Doc2Vec 클래스를 사용해 Doc2Vec 모델을 만들자. 이를 구현하기 위해 새로운 셀을 삽입하고 다음 코드를 추가하자.

```
docVecModel = Doc2Vec(min_count=1, window=5, vector_size=100, sample=1e-4,
negative=5, workers=8)
docVecModel.build_vocab(documents_dataset.tagged_documents())
```

14. 이 코드에서 Doc2Vec 클래스는 min_count, window, vector_size, sample, negative, workers 등의 파라미터를 포함하고 있다. min_count 파라미터는 지정한 빈도보다 낮은 빈도를 갖는 모든 단어를 무시한다. window 파라미터는 주어진 문장에서 현재 단어와 예측 단어 사이의 최대 거리를 설정한다. vector_size 파라미터는 각 벡터의 차원을 설정하는 데 사용한다. sample은 자주 등장하는 단어에 대해 일정하게 다운샘플링하도록 구성하는 데 사용하는 임계치다. negative는 뽑아야 할 노이즈 단어의 총개수를 지정한다. workers는 모델을 학습하는 데 필요한 스레드의 총개수를 지정한다.

15. 이제 Doc2Vec 클래스의 train() 함수를 이용해 모델을 학습시켜야 한다. 이것은 얼마나 많은 레코드를 학습시키는지에 따라 걸리는 시간이 다르다. 여기서 epochs는 모델에 학습시킬 문서의 총개수를 지정한다. 이를 구현하기 위해 새로운 셀을 삽입하고 다음 코드를 추가하자.

```
docVecModel.train(documents_dataset.tagged_documents(shuffle=True),
        total_examples = docVecModel.corpus_count,
        epochs=10)
```

16. 모델이 학습됐다. 모델을 확인하기 위해 벡터 중 하나에 접근해보자. 이를 위해 새로운 셀을 삽입하고 다음 코드를 추가하자.

```
docVecModel['L872']
```

```
array([-0.00999255,  0.01121779,  0.01635954, -0.00920819,  0.01655221,
        0.01381668, -0.01893826,  0.01890673,  0.00602449,  0.01212227,
        0.00617704,  0.00530373,  0.00438731,  0.01207815, -0.00378634,
        0.01155938, -0.01598833, -0.01621517,  0.00925925, -0.0101096 ,
       -0.00958637, -0.00076498, -0.01306241,  0.01535184, -0.00766808,
       -0.00230881,  0.00130604,  0.00711551, -0.01465199,  0.01315565,
        0.00610187,  0.02287573, -0.02039285,  0.01049415,  0.01151987,
        0.00023039,  0.01469992, -0.00128502, -0.01226405, -0.00397229,
       -0.00264685,  0.01050834, -0.0272896 , -0.00634295,  0.02935975,
        0.01914983,  0.01771204,  0.02222202, -0.01039776, -0.00694761,
       -0.00353334, -0.01116739, -0.0027794 ,  0.00787708,  0.00295052,
       -0.01273573,  0.00055382,  0.00215054,  0.0036069 , -0.00755408,
       -0.00211701, -0.02106706, -0.00284395,  0.00359178,  0.00735721,
       -0.00457718, -0.01280562,  0.01133379,  0.00290893,  0.02071206,
       -0.01011232, -0.01244753, -0.00931259, -0.00473201,  0.00364464,
        0.0218977 , -0.01144578, -0.00819259, -0.00462786, -0.02205627,
        0.00855088, -0.00608567, -0.01881625,  0.0122737 ,  0.00552338,
        0.00499275, -0.01999045, -0.00922276, -0.01314076,  0.0016761 ,
        0.01052856, -0.01436663,  0.01820513, -0.02324964,  0.00804244,
        0.01190777,  0.00248928, -0.0012316 , -0.0100961 , -0.01364813],
      dtype=float32)
```

그림 7.47 벡터로 표현된 영화 대사들

17. 주어진 벡터의 이미지 표현을 확인하기 위해 matplotlib 라이브러리의 pyplot 프레임워크를 사용한다. show_movie_line() 함수는 대사 번호를 파라미터로 사용하며, 이 대사 번호로 벡터를 찾아 doc_vector 변수에 저장한다. show_image() 함수는 vector와 line이라는 두 개의 파라미터를 사용해 벡터의 이미지 표현을 출력한다. 이를 구현하기 위해 새로운 셀을 삽입하고 다음 코드를

추가하자.

```python
def show_image(vector, line):
    fig, ax = plt.subplots(1,1, figsize=(10, 2))
    ax.tick_params(axis='both',
                   which='both',
                   left=False,
                   bottom=False,
                   top=False,
                   labelleft=False,
                   labelbottom=False)
    ax.grid(False)
    print(line)
    ax.bar(range(len(vector)), vector, 0.5)

def show_movie_line(line_number):
    line = lines_df_small.ix['L872'].Line
    doc_vector = docVecModel[line_number]
    show_image(doc_vector, line)
```

18. 이제 함수를 정의했으므로, 벡터의 이미지 표현을 확인하기 위해 show_movie_line() 함수를 구현해보자. 이를 구현하기 위해 새로운 셀을 삽입하고 다음 코드를 추가하자.

```python
show_movie_line('L872')
```

이 코드의 출력은 다음과 같다.

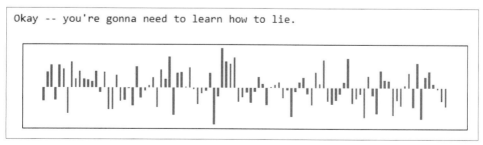

그림 7.48 주어진 벡터에 대한 이미지 표현

문서를 벡터로 표현하는 방법을 배웠다. 또 이 벡터에 대해 시각적으로 표현하는 것도 학습했다. 다음 절에서는 실습을 진행하면서 문서 벡터를 활용해 유사한 영화 대사를 찾아본다.

실습 12: 문서 벡터를 활용해 유사한 영화 대사 찾기

이 실습에서는 사용자가 입력한 것과 유사한 영화 대사를 찾아주는 영화 검색 엔진을 만들어본다. 이전 예제에서 다룬 Doc2Vec 모델을 사용할 것이며, 실습을 완성하기 위해 다음 과정을 따라가보자.

1. 필요한 라이브러리들을 불러온다.
2. 영화 대사 파일을 불러온다.
3. 각 영화 대사들을 반복하면서 열들로 분할한다.
4. 데이터프레임을 생성하고 Doc2Vec 모델을 불러온다.
5. 문장을 벡터로 만드는 함수를 생성한다.
6. 유사도를 체크하는 또 다른 함수를 만든다.
7. 이 함수들을 테스트해본다.

이 단계들을 구현한 후에 예상되는 출력은 다음과 같다.

```
['The Food and Drug Administration said on wednesday that deodorant sprays may cause such harmful reactions as burns and rashe
s. Although the FDA judges that the reported reactions are not sufficient to justify removal of these products from the market,
they are sufficient to warrant the proposed mandatory label warnings.',
 'She must have taken that into consideration.',
 "Beth? I can't believe it.",
 'Then do it for Peter.',
 "You brought it back to the Church. And then it made it's way back to me, again.",
 'No, man, what we were rebelling against?',
 'Yes, even in Berlin. If you will furnish me with their names and their exact whereabouts, you will have your visa in the morn
ing.',
 'No. I said "Is it a receptacle tip?"',
 "All right, we can't catch them.",
 "Put it this way. Rolls Royces are made to last -- as least they were. But I'm afraid you're a Ferrari. A high strung racing
car -- built to win, not to last."]
```

그림 7.49 샘플 대사를 similar_movie_lines 함수에 실행시킨 결과

요약

이 장에서는 텍스트와 발화 형태의 인간 언어를 스칼라, 벡터, 행렬, 텐서와 같은 수학적인 구조로 변환하는 이유를 배웠다. 이는 머신러닝 알고리즘이 수학 함수를 실행하고, 언어의 패턴을 탐지하며, 텍스트의 의미를 이해하는 것을 돕는다. 또한 단순한 정수 인코딩, 문자 수준 인코딩, 원핫 인코딩, 단어 인코딩 등과 같은 다양한 벡터 표현 기법을 살펴봤다.

다음 장에서는 텍스트 자원의 어조나 감성을 자동으로 이해하는 감성 분석 영역을 살펴본다. 감성 분석은 이 장에서 살펴본 벡터 표현 기법의 일부를 사용한다.

감성 분석

이 장에서 다루는 내용은 다음과 같다.

- 감성 분석^{sentiment analysis}과 그 응용 분야를 알아본다.
- 감성 분석에서 사용되는 다양한 도구들을 알아본다.
- TextBlob 라이브러리를 사용해 감성 분석을 해본다.
- 감성 분석에 필요한 데이터를 불러오는 방법을 알아본다.
- 감성 분석 모델 학습을 알아본다.

이 장에서는 감성 분석을 학습하고, 데이터에 있는 다양한 감성을 찾기 위해 감성 분석을 활용하는 방법을 배운다.

▍ 소개

이전 장에서는 텍스트를 벡터로 표현하는 방법을 살펴봤으며 다양한 인코딩 형식도 배웠다. 이 장에서는 감성 분석 분야를 다룬다. 감성 분석은 작성된 콘텐츠나 처리한 오디오에 있는 감성을 찾아내기 위해 컴퓨터를 학습시키는 것이 포함된 NLP 분야다. 대량의 텍스트나 발화에 있는 감성을 자동으로 찾아낼 수 있는 능력을 갖춘다면, 유용한 소프트웨어를 개발하는 데 새로운 가능성이 열릴 것이다.

감성 분석에서는 사람들의 감정을 찾아내는 모델을 만들려고 노력한다. 이는 어떤 종류의 감정을 찾아내고 싶은지를 결정하는 것으로 시작된다. 애플리케이션은 인간의 감정 수준을 결정하려고 시도할 수 있다. 감정 수준은 대부분의 경우에 사람이 슬픈지 행복한지, 만족스러운지 불만족스러운지, 관심이 있는지 관심이 없는지를 의미할 수 있다. 여기서 공통점은 감성의 방향이 어떻게 다른지 평가하는 것이다. 이를 극성이라고도 한다.

▍ 왜 감성 분석이 필요한가?

머신러닝 프로젝트에서 어느 정도 인간과 비슷하게 동작하는 애플리케이션을 구축하려고 한다. 애플리케이션이 인간 수준의 성능과 얼마나 가까운지 확인해서 부분적으로 성공 여부를 측정한다. 일반적으로 머신러닝 프로그램은 특히 학습 데이터를 사람이 생성한 경우라면 사람 수준의 성능을 크게 뛰어넘을 수 없다.

따라서 제품 리뷰에 대한 감성 분석을 수행하려 한다고 가정해보자. 감성 분석 프로그램은 리뷰어가 어떻게 느끼는지 계속해서 찾아내야 한다. 사람이 수천 건의 책이나 영화 리뷰를 읽는 것은 비현실적이다. 바로 여기가 자동화된 감성 분석이 필요한 지점이다. 인공 지능은 사람들이 어떠한 일을 하는 것이 비현실적일 때 유용하다. 이 경우에 작업은 수천 건의 리뷰를 읽는 것이다.

▮ 감성 분석의 성장

감성 분석 분야는 몇 가지 주요 요인에 의해 좌우된다. 첫째, 기업이 사람들의 느낌을 이해하고 대응하는 데 사용하는 온라인 콘텐츠의 빠른 성장에 의해 주도된다. 둘째, 감성이 인간의 의사 결정을 주도하기 때문에 고객의 감성을 이해하는 기업은 구매 결정을 예측하고 구체화하는 데 큰 이점을 갖는다. 셋째, 이 콘텐츠의 대부분은 소셜 미디어와 기타 온라인 서비스에서 제공되며, 이곳에 있는 사람들의 의견과 감성은 비즈니스 가치의 핵심 요소다. 마지막으로, NLP 기술이 크게 발전해서 감성 분석의 적용 범위가 훨씬 넓어졌다.

감성의 수익 창출

인터넷과 인터넷 서비스 시장이 성장함에 따라 새로운 비즈니스 모델이 인간관계, 커뮤니케이션, 감성과 함께 동작하게 됐다. 2018년 12월 페이스북은 시가 총액이 약 4,000억 달러에 달하며, 온라인으로 감성을 표현할 수 있는 기능으로 사람들을 연결하는 가장 성공적인 회사 중 하나였다. 트위터는 비록 시가 총액(240억 달러)이 그다지 크지 않지만, 온라인에서 감성을 표현하는 유용한 수단으로 판명됐다.

이는 감성 자체가 상당한 비즈니스 가치를 가지며 수익을 창출할 수 있음을 의미한다. 소셜 미디어에는 사람들이 좋아하거나 싫어하는 것에 대한 많은 양의 정보가 있다. 이 데이터는 비즈니스뿐만 아니라 정치 캠페인에서도 중요한 가치가 있다.

감성의 유형

언어 소스에서 찾아낼 수 있는 다양한 감성이 있다. 그중 일부를 자세히 살펴보자.

감정

감성 분석은 종종 사람의 감정emotion 상태를 찾아내는 데 사용한다. 이것은 사람이 행복한지 슬픈지, 또는 만족스러운지 불만족스러운지를 확인한다. 기업은 종종 고객 만족도를 높이기 위해 이를 사용한다. 예를 들어 다음 문장을 살펴보자.

"영화가 재미있을 줄 알았는데, 영화를 보고 나니 더 잘 만들 수도 있었을 것 같다는 생각이 들었다."

이 문장에서는 방금 영화를 본 사람이 영화에 대해 불만족스러워하는 것으로 보인다. 이 경우에 감성 감지기는 리뷰의 내용을 부정적인 것으로 분류하고 기업(예: 영화 스튜디오)이 향후 영화 제작 방식을 조정할 수 있도록 해줄 수 있다.

능동성 혹은 수동성

이것은 사람이 능동적인지 능동적이지 않은지를 결정하는 것이다. 일반적으로 사람이 선택과 얼마나 가까운지를 결정하기 위해 수행한다. 예를 들어, 여행 예약 챗봇에서 예약하는 것이 긴급한지, 단순히 수동적인 쿼리만 만들고 있는지, 바로 티켓을 예약하지 않을 것 같은지를 찾아낼 수 있다. 행동 지향적인지 수동적인지는 의지를 찾아내기 위한 추가적인 단서를 제공한다.

어조

발화나 텍스트는 종종 사실적일 필요가 없고 완전히 감정적이지 않은 특정한 느낌을 전달하기 위해 사용한다. 이것의 예는 풍자, 아이러니, 유머다. 이들은 사람의 생각에 대한 유용한 추가 정보를 제공할 수 있다. 어조^{tone}는 당연히 감지하기가 까다롭지만, 특정 상황에서 자주 사용되는 특정한 단어나 문구가 있을 수 있다. NLP 알고리즘을 사용해 문서 소스에서 통계 패턴을 추출할 수 있다. 예를 들어, 감성 분석을 사용해 뉴스 기사가 냉소적인지 여부를 찾아낼 수 있다.

주관성 혹은 객관성

주관성은 주어진 텍스트 자원이 주관적인지 객관적인지를 찾아내는 것이다. 예를 들어, 문장이 개인이 의견을 내고 표현한 것인지, 문장이 사실에 가깝고 참이나 거짓으로 판단할 수 있는 것인지를 파악해야 할 수도 있다. 더 명확히 이해하기 위해 다음 두 문장을 살펴보자.

- 문장 1: "오리가 너무 익어서 거의 맛을 느낄 수 없었다."
- 문장 2: "오리는 수생 조류다."

이 두 문장에서 문장 1은 주관적인 의견으로, 문장 2는 객관적인 사실로 인식돼야 한다. 문장의 객관성을 결정하고 나면 문장에 대한 적절한 응답을 선택하는 데 도움이 된다.

주요 아이디어와 용어

감성 분석에서 사용하는 주요 아이디어와 용어를 살펴보자.

분류

분류classification는 텍스트 문서에 하나 이상의 클래스로 할당하는 NLP 기술이며, 문서를 분리하고 정렬하는 데 도움이 된다. 감성 분석에 분류를 사용하는 경우에는 긍정POSITIVE, 부정NEGATIVE, 중립NEUTRAL과 같이 다양한 감성 클래스를 지정한다. 감성 분석은 이전에 보지 못한 텍스트의 감성을 분류해낼 수 있는 분류기를 만드는 것을 목표로 하는 텍스트 분류 유형이다.

지도 학습

지도 학습에서는 데이터와 레이블이 지정된 목적 변수target를 학습 알고리즘에 제공해 모델을 만든다. 알고리즘은 이 데이터를 사용해 학습한다. 감성 분석과 관련해 구글은 학습 데이터셋과 감성을 나타내는 레이블을 제공한다. 예를 들어 데이터셋의 각 텍스트에 대해 감성이 긍정적이면 1을, 문장이 부정적이면 0을 할당한다.

극성

극성polarity은 주어진 언어 소스에서 감성이 얼마나 부정적이거나 긍정적인지를 평가한 것이다. 극성은 간단하고 측정하기 쉬우며 간단한 숫자 스케일로 쉽게 변환할 수 있기 때문에 사용된다. 일반적으로 0과 1 사이의 범위를 갖는다. 1에 가까운 값은 긍정적인 감성이 있는 문서를 나타내고, 0에 가까운 값은 부정적인 감성이 있는 문서를 나타낸다. 0.5 정도의 값은 감성이 중립적인 문서를 나타낸다.

모델이 찾아내는 극성은 학습 방법에 따라 다르다. 정치에 대한 레딧Reddit 스레드에서는 의견이 매우 양극화되는 경향이 있다. 반대로 비즈니스 문서에서 동일한 모델을 사용해 감성을 측정하면 점수가 중립적인 경향이 있다. 따라서 유사한 도메인에 대해 학습한 모델을 선택해야 한다.

강도

때로는 텍스트에서 감성의 강도를 측정해야 할 수도 있다. 대부분의 경우에는 강도 수준이 감성 점수에 포함된다. 강도는 0이나 1에 대한 점수의 근접성을 보고 평가한다.

감성 분석의 응용 분야

감성 분석에는 다양한 응용 분야가 있다.

금융 시장 감성

금융 시장은 부분적으로 경제 원칙에 기반을 두고 있지만 인간의 감성에 의해 큰 영향을 받는다. 상승 및 하락 추세가 있는 주식 시장 가격은 전체 시장이나 특정 유가 증권에 관한 뉴스 기사의 의견에 영향을 받는다.

금융 시장 감성은 증권에 대한 투자자들의 전반적인 관점이다. 시장 감성은 뉴스나 소셜 미디어 기사에서 찾아낼 수 있다. NLP 알고리즘을 사용해 시장 감성을 찾아내는 모델을 구축하고, 해당 모델을 사용해 미래 시장 가격을 예측할 수 있다.

제품 만족도

감성 분석은 일반적으로 고객이 제품과 서비스를 어떻게 느끼는지 결정하는 데 사용한다. 예를 들어 아마존은 광범위한 제품 리뷰 데이터셋을 사용한다. 이는 제품과 서비스를 개선하는 데 도움이 될 뿐만 아니라 감성 분석 서비스를 위한 학습 데이터의 소스로도 사용한다.

소셜 미디어 감성

감성 분석에 매우 유용한 핵심 영역 중 하나는 소셜 미디어 모니터링이다. 소셜 미디어는 전 세계 대부분의 사람들이 매일 상호작용하는 주요 커뮤니케이션 매체가 됐으며, 이에 따라 소셜미디어에는 거대하고 점점 증가하는 인간 언어 데이터 소스가 있다. 무엇보다, 기업과 단체가 소셜 미디어에서 사람들이 언급하는 것을 처리하고 이해해야 할 필요성이 증가했다는 점이 중요하다. 이는 감성 분석에 대한 수요가 증가하고 있음을 의미한다.

브랜드 모니터링

회사 브랜드는 중요한 자산이며, 회사는 브랜드 가치를 유지하기 위해 많은 시간과 노력과 비용을 소비한다. 소셜 미디어가 성장함에 따라 기업은 이제 부정적인 소셜 미디어 대화로 인해 잠재적인 브랜드 위험에 노출된다. 반면에 소셜 미디어의 긍정적인 상호작용과 메시지로 인해 브랜드가 긍정적으로 성장할 가능성도 있다. 이러한 이유로 기업들은 사람들을 배치해 소셜 미디어에서 자신과 브랜드에 대한 의견을 모니터링한다. 자동화된 감성 분석을 통해 이를 훨씬 쉽게 수행할 수 있다.

고객 상호작용

조직은 종종 온라인 채팅이나 전화 통화를 통해 상호작용하는 동안 고객의 느낌을 알고 싶어 한다. 이러한 경우, 목표는 서비스나 제품에 대한 만족도를 찾아내는 것이다. 기업은 감성 분석 도구를 사용해 고객과의 상호작용 중에 생성되는 대량의 텍스트와 음성 데이터를 처리할 수 있다. 고객과의 상호작용 데이터는 매우 유용하므로 기업이 고객 만족도에 대한 인사이트를 얻을 수 있다면 수익을 올릴 수 있다.

▌ 감성 분석에 사용하는 도구들

감성을 분석할 수 있는 많은 도구들이 있으며, 각 도구마다 장점과 단점이 있다. 각각을 상세히 살펴보자.

주요 클라우드 제공업체의 NLP 서비스

온라인 감성 분석은 아마존, 마이크로소프트, 구글, IBM과 같은 모든 주요 클라우드 서비스 제공업체에서 제공한다. 일반적으로 텍스트 분석 서비스나 일반 머신러닝 서비스의 일부로 감성 분석을 확인할 수 있다. 온라인 서비스는 제공업체의 API 뒤에 필요한 모든 알고리즘을 패키징할 수 있는 편리함을 제공한다. 이 알고리즘은 감성 분석을 수행할 수 있다. 이러한 서비스를 사용하려면 텍스트나 오디오 소스를 제공해야 하며, 반환 값으로 서비스에서 감성 점수를 제공한다. 이러한 서비스는 일반적으로 긍정, 부정, 중립과 같은 간단한 표준 점수를 반환한다. 점수는 일반적으로 0과 1 사이다. 주요 클라우드 제공업체의 NLP 서비스가 지니는 장단점은 다음과 같다.

장점

- NLP 알고리즘이나 감성 분석에 대한 지식이 거의 필요하지 않다. 그로 인해 인력 수요가 줄어든다.
- 감성 분석 서비스는 자체 연산 기능을 제공해 연산 요구 사항이 줄어든다.
- 온라인 서비스는 일반 회사들이 직접 할 수 있는 것 이상으로 확장시킬 수 있다.

- 감성 분석 알고리즘과 데이터에 대한 자동적인 개선 및 업데이트의 이점을 얻을 수 있다.

단점

- 온라인 서비스는 서비스에 분석할 문서를 제공해야 하므로 적어도 일시적으로는 프라이버시 보호가 부족해진다. 프로젝트의 개인정보 보호 요구 사항에 따라 허용되지 않을 수 있으며, 다른 국가 관할권으로의 데이터 전송을 제한하는 법률이 있을 수도 있다.
- 온라인 서비스에 사용하는 알고리즘은 업데이트된 알고리즘이 아닐 수 있다.
- 알고리즘이 학습되는 데이터는 일반적으로 큰 데이터셋일 가능성이 크다. 예를 들어, 아마존은 아마존 제품 리뷰에 대한 감성 분석 서비스를 학습시켰을 수도 있다. 특정한 감성 분석 요구 사항이 있는 경우, 알고리즘이 일부 일반적인 데이터셋에 대해 학습했을 수도 있으므로 결과가 정확하지 않을 수 있다.

온라인 마켓플레이스

최근에는 서드 파티^{third party}로부터 다양한 알고리즘을 제공하는 AI 마켓 플레이스가 등장했다. 온라인 마켓플레이스는 클라우드 제공업체와 다르다. 온라인 마켓플레이스를 사용하면 서드 파티 개발자가 플랫폼에 감성 분석 서비스를 배포할 수 있다. 온라인 마켓 플레이스의 장단점은 다음과 같다.

장점

- AI 마켓 플레이스는 하나의 알고리즘이 아닌 다양한 감성 분석 알고리즘 중에서 선택할 수 있는 유연성을 제공한다.
- AI 마켓 플레이스의 알고리즘을 사용하면 프로젝트를 전담하는 데이터 과학자의 필요성이 줄어든다.

단점

- 서드 파티에 따라 알고리즘의 품질이 다르다.
- 알고리즘들이 소규모 회사에서 제공되므로 사라지지 않을 것이라고 보장할 수 없다.

파이썬 NLP 라이브러리

서비스라 부르지는 않으면서 프로젝트에 포함시켜야 하는 몇 가지 NLP 라이브러리가 있다. 이들을 전용 NLP 라이브러리라고 하며, 일반적으로 학술 연구에서 나온 많은 NLP 알고리즘이 포함된다. 일반적으로 전용 NLP 라이브러리는 훌륭한 개발자가 만들어낸다. spaCy, 젠심, AllenNLP가 그 예다. 파이썬 NLP 라이브러리의 장단점은 다음과 같다.

장점

- 일반적으로 최신 연구가 이 라이브러리로 작성되며, 보통 잘 선택된 데이터셋을 갖고 있다.

단점

- 복잡한 비즈니스 사용 사례에 대해서는 전용 NLP 라이브러리가 충분히 유연하지 않을 수 있다.
- 이 라이브러리들은 프로젝트가 필요로 하는 형태로 감성 분석 결과를 반환하지 않을 수 있다.
- 전용 NLP 라이브러리는 대규모 감성 분석 프로젝트에 충분치 않다. 이러한 경우에는 텐서플로와 같은 범용 머신러닝 라이브러리를 사용하는 것이 좋다.

딥러닝 라이브러리

딥러닝 라이브러리는 NLP뿐만 아니라 다양한 유형의 머신러닝 프로젝트에 사용된다. 이 라이브러리는 솔루션 개발에 훨씬 더 많은 유연성을 제공한다. 이 라이브러리들은 정말 강력하고 복잡한 모델을 만드는 데 도움이 되며, 그 장단점은 다음과 같다.

장점

- 복잡한 비즈니스 요구를 충족시키기 위해 감성 분석 모델을 유연하게 개발할 수 있다.
- 범용 라이브러리에서 사용 가능한 경우에는 최신 알고리즘이나 연구 논문을 통합할 수 있다.
- 방대한 텍스트 자원으로 학습된 모델을 사용해 프로젝트 요구 사항에 따라 학습을 미세 조정fine-tune하는 전이 학습을 활용할 수 있다. 이를 통해 요구 사항에 좀 더 적합한 감성 분석 모델을 만들 수 있다.

단점

- 이 방법을 사용하려면 머신러닝과 딥러닝 같은 복잡한 주제에 대한 심층적인 지식이 있어야 한다.
- 딥러닝 라이브러리는 많은 리소스를 요구하며, 제대로 학습시키려면 많은 데이터가 필요하다. 또한 GPU와 같은 비CPU 하드웨어를 학습해야 할 수도 있다.

▌ TextBlob

TextBlob은 NLP를 위한 파이썬 라이브러리다. 간단한 API를 갖고 있으며, 파이썬에서 감성 분석과 그 외 텍스트 분석 영역을 시작하는 가장 쉬운 방법일 것이다. TextBlob은 NLTK 라이브러리 위에서 빌드됐지만 사용하기가 좀 더 쉽다. 다음 절에서는 감성 분석에서 TextBlob을 사용하는 방법을 더 명확히 이해하기 위해 예제와 실습을 해본다.

예제 63: TextBlob 라이브러리를 사용한 기본적인 감성 분석

이 예제에서는 주어진 텍스트에 대해 감성 분석을 해본다. 이를 위해 textblob 라이브러리의 TextBlob 클래스를 사용할 것이다. 예제를 구현하기 위해 다음 과정을 따라가보자.

1. 주피터 노트북을 연다.

2. textblob 라이브러리의 TextBlob 클래스를 불러오기 위해 새로운 셀을 삽입하고 다음 코드를 추가한다.

```
from textblob import TextBlob
```

3. sentence라는 변수를 생성하고 문자열을 할당한다. 이를 구현하기 위해 새로운 셀을 삽입하고 다음 코드를 추가한다.

```
sentence = "but you are Late Flight again!! Again and again! Where are the crew?"
```

4. TextBlob 클래스 객체를 생성한다. TextBlob 컨테이너에 sentence를 파라미터로 추가한다. 이를 구현하기 위해 새로운 셀을 삽입하고 다음 코드를 추가한다.

```
blob = TextBlob(sentence)
```

blob 객체의 세부 사항을 확인하기 위해 새로운 셀을 삽입하고 다음 코드를 추가한다.

```
blob
```

이 코드의 출력은 다음과 같다.

```
TextBlob("but you are Late Flight again!! Again and again! Where are the crew?")
```

그림 8.1 blob 객체의 세부 사항

5. 이제 튜플을 반환하는 TextBlob 클래스의 sentiment 속성을 사용한다. 이를 구현하기 위해 새로운 셀을 삽입하고 다음 코드를 추가한다.

```
blob.sentiment
```

이 코드의 출력은 다음과 같다.

```
Sentiment(polarity=-0.5859375, subjectivity=0.6)
```

그림 8.2 극성과 주관성에 대한 감성 점수

이 코드에서 주어진 텍스트에 대한 polarity와 subjectivity 점수를 확인할 수 있다. 주어진 텍스트에 대해 textblob 라이브러리를 사용해 감성 분석을 해봤다.

다음 절에서는 항공사에 대해 감성 분석을 해본다.

실습 13: TextBlob 라이브러리를 사용해 트윗 감성 분석하기

이 실습에서는 항공사에 관련된 감성 분석을 해본다. 또한 긍정, 부정, 중립 트윗을 결정하기 위한 조건을 추가해볼 것이다. 감성 분석에 사용하는 라이브러리는 TextBlob 이다. 이 실습을 구현하기 위해 다음 과정을 따라가보자.

1. 필요한 라이브러리를 불러온다.

2. CSV 파일 불러온다.

3. 데이터프레임으로부터 text 열을 읽어온다.

4. 읽어온 데이터에서 핸들을 추출하고 제거한다.

5. 감성 분석을 해서 새 데이터프레임을 얻는다.

6. 두 데이터프레임을 결합한다.

7. 긍정, 부정, 중립 트윗을 확인하기 위해 적절한 조건을 적용한다.

이 과정을 통해 예상되는 긍정 트윗에 대한 출력은 다음과 같다.

```
Out[20]:
```

	Tweet	At	Polarity	Subjectivity
8	Well, I didn't...but NOW I DO! :-D	@virginamerica	1.000000	1.000000
19	you know what would be amazingly awesome? BOS-FLL PLEASE!!!!!! I want to fly with only you.	@VirginAmerica	0.600000	0.966667
22	I love the hipster innovation. You are a feel good brand.	@VirginAmerica	0.600000	0.600000
34	this is great news! America could start flights to Hawaii by end of year http://t.co/r8p2Zy3fe4 via	@VirginAmerica	1.000000	0.750000
35	Nice RT Vibe with the moodlight from takeoff to touchdown. #MoodlitMonday #ScienceBehindTheExperience http://t.co/Y7OOuNxTQP	NaN	0.600000	1.000000
36	Moodlighting is the only way to fly! Best experience EVER! Cool and calming. ♥ ✈ #MoodlitMonday	@VirginAmerica	0.587500	0.712500
42	plz help me win my bid upgrade for my flight 2/27 LAX--->SEA!!! ♥ 🙏 🛫	@VirginAmerica	1.000000	0.400000
43	I have an unused ticket but moved to a new city where you don't fly. How can I fly with you before it expires? #travelhelp	@VirginAmerica	0.578788	0.751515
45	I'm #elevategold for a good reason: you rock!!	@VirginAmerica	1.000000	0.600000
51	Julie Andrews all the way though was very impressive! NO to	@VirginAmerica	1.000000	1.000000
57	I'm Lady Gaga!!! She is amazing! 😍	@VirginAmerica	0.750000	0.900000
62	all are great , but I have to go with #CarrieUnderwood 😍 🎵	@VirginAmerica	0.800000	0.750000
68	Congrats on winning the award for Best Deals from an Airline (US) http://t.co/kj1ljaebV	@VirginAmerica	0.750000	0.525000
74	not worried. it's been a great ride in a new plane with great crew. All airlines should be like this.	@VirginAmerica	0.578788	0.651515
75	awesome. I flew yall Sat morning. Any way we can correct my bill ?	@VirginAmerica	1.000000	1.000000

그림 8.3 긍정 트윗

예상되는 부정 트윗에 대한 출력은 다음과 같다.

	Tweet	At	Polarity	Subjectivity
33	awaiting my return phone call, just would prefer to use your online self-service option :(	@VirginAmerica	-0.750000	1.000000
84	it was a disappointing experience which will be shared with every business traveler I meet. #neverflyvirgin	@VirginAmerica	-0.600000	0.700000
114	come back to #PHL already. We need you to take us out of this horrible cold. #pleasecomeback http://t.co/gLXFwP6nQH	@VirginAmerica	-0.533333	0.666667
131	us too! Terrible airline! Just gave us a hotel hotline number and said sorry	@VirginAmerica	-0.750000	1.000000
181	too bad you say it takes 10 to 14 days via YOUR confirmation email. When I inquired after 3 weeks you claim 6 to 8 weeks!	@VirginAmerica	-0.875000	0.666667
187	for all my flight stuff wrong and did nothing about it. Had #worst #flight ever	@VirginAmerica	-0.750000	0.950000
354	I am deeply disappointed that your birthday promo was not applied to a trip I booked mere days before I received the email	@VirginAmerica	-0.625000	0.625000
367	on VX399 from JFK to LA - dirty plane - not up to your standards.	@VirginAmerica	-0.600000	0.800000
411	all crap channels which is why I pay to watch UK tv	@VirginAmerica	-0.800000	0.800000
446	Never had a bad experience before, but this one took the cake. Now extortion for carry on items as well?	@VirginAmerica	-0.700000	0.666667
533	thats weak. See ya 👋 \nHey !!	@united	-0.585938	0.625000
583	7 WEEKS Late FlightR AND I STILL HAVE NOT RECEIVED MY MILES FROM THE MileagePlus Gift Card $150 STARBUCKS CARD I HANDED OVER!!!	@united	-0.585938	0.600000
618	disappointed that u didnt honor my $100 credit given to me for ur mistakes. Taking my business elsewhere 👉 out.	@united	-0.750000	0.750000
622	does this process ever end? Still waiting for the reply since 2 months #pathetic #customerservice	@united	-1.000000	1.000000
634	This isn't a one time thing either! It's a shocking pattern of repeated neglect and disrespect.	@united	-1.000000	1.000000

그림 8.4 부정 트윗

예상되는 중립 트윗에 대한 출력은 다음과 같다.

	Tweet	At	Polarity	Subjectivity
0	What said.	@VirginAmerica	0.000000e+00	0.000000
1	plus you've added commercials to the experience... tacky.	@VirginAmerica	0.000000e+00	0.000000
3	it's really aggressive to blast obnoxious "entertainment" in your guests' faces & they have little recourse	@VirginAmerica	6.250000e-03	0.350000
10	did you know that suicide is the second leading cause of death among teens 10-24	@VirginAmerica	0.000000e+00	0.000000
15	SFO-PDX schedule is still MIA.	@VirginAmerica	0.000000e+00	0.000000
17	I flew from NYC to SFO last week and couldn't fully sit in my seat due to two large gentleman on either side of me. HELP!	@VirginAmerica	4.761905e-02	0.290079
18	I 💜 flying 😊👍	NaN	0.000000e+00	0.000000
23	will you be making BOS>LAS non stop permanently anytime soon?	@VirginAmerica	0.000000e+00	0.000000
25	status match program. I applied and it's been three weeks. Called and emailed with no response.	@VirginAmerica	0.000000e+00	0.000000
26	What happened 2 ur vegan food options?! At least say on ur site so i know I won't be able 2 eat anything for next 6 hrs #fail	@VirginAmerica	-7.500000e-02	0.331250

그림 8.5 중립 트윗

> **참고**
>
> 이 실습과 관련된 솔루션은 부록의 실습 13에서 살펴볼 수 있다.

지금까지 TextBlob 라이브러리를 사용해 감성 분석을 하는 방법을 알아봤다. 다음 절에서는 온라인 웹 서비스를 사용해 감성 분석을 하는 것을 살펴본다.

▍감성 분석 데이터의 이해

감성 분석은 텍스트 분류의 한 종류다. 감성 분석 모델은 일반적으로 지도 학습 데이터셋^{supervised dataset}을 사용해 학습한다. 지도 학습 데이터셋은 데이터셋의 한 가지 종류이며, 일반적으로 텍스트에 대한 감성 값이 적혀 있는 열인 목적 변수에 레이블이 지정돼 있는 데이터셋이다. 이 값은 처음 본 텍스트에 대해 예측하고자 하는 값이다.

예제 64: 감성 분석 데이터 불러오기

이 예제에서는 감성 분석 모델을 학습하는 데 사용할 수 있는 데이터를 불러온다. 이 예제에서는 Amazon, Yelp, IMDb라는 세 가지 데이터셋을 사용한다. 이 예제를 구현하기 위해 다음 과정을 따라가보자.

1. 주피터 노트북을 연다.

2. 필요한 라이브러리를 불러오기 위해 새로운 셀을 삽입하고 다음 코드를 추가한다.

```
import pandas as pd
pd.set_option('display.max_colwidth', 200)
```

이 코드는 pandas 라이브러리를 불러온다. 화면에 더 많은 리뷰 텍스트를 출력하기 위해 폭을 200자로 지정한다.

3. 이제 감성 데이터의 위치를 지정해야 한다. Yelp, IMDb, Amazon이라는 세 가지 데이터셋을 불러오자. 이를 구현하기 위해 새로운 셀을 삽입하고 다음 코드를 추가한다.

```
DATA_DIR = '../data/sentiment_labelled_sentences/'
IMDB_DATA_FILE = DATA_DIR + 'imdb_labelled.txt'
YELP_DATA_FILE = DATA_DIR + 'yelp_labelled.txt'
AMAZON_DATA_FILE = DATA_DIR + 'amazon_cells_labelled.txt'
```

```
COLUMN_NAMES = ['Review', Sentiment']
```

각 데이터 파일은 두 열을 갖고 있다. 하나는 리뷰 텍스트이고, 다른 하나는 감성에 대한 숫자 열이다.

참고

세 데이터셋은 https://archive.ics.uci.edu/ml/machine-learning-databases/00331/에서 다운로드할 수 있다.

4. IMDb 리뷰를 불러오기 위해 새로운 셀을 삽입하고 다음 코드를 추가한다.

```
imdb_reviews = pd.read_table(IMDB_DATA_FILE, names=COLUMN_NAMES)
```

이 코드에서 read_table 메서드는 파일을 데이터프레임으로 불러온다.

5. 데이터프레임의 처음 열 개의 레코드를 출력한다. 새로운 셀에서 다음 코드를 추가한다.

```
imdb_reviews.head(10)
```

이 코드의 출력은 다음과 같다.

	Review	Sentiment
0	A very, very, very slow-moving, aimless movie about a distressed, drifting young man.	0
1	Not sure who was more lost - the flat characters or the audience, nearly half of whom walked out.	0
2	Attempting artiness with black & white and clever camera angles, the movie disappointed - became even more ridiculous - as the acting was poor and the plot and lines almost non-existent.	0
3	Very little music or anything to speak of.	0
4	The best scene in the movie was when Gerardo is trying to find a song that keeps running through his head.	1
5	The rest of the movie lacks art, charm, meaning... If it's about emptiness, it works i guess because it's empty.	0
6	Wasted two hours.	0
7	Saw the movie today and thought it was a good effort, good messages for kids.	1
8	A bit predictable.	0
9	Loved the casting of Jimmy Buffet as the science teacher.	1

그림 8.6 IMDb 영화 리뷰 파일에 있는 처음 열 개의 레코드

6. 위 그림에서 부정적인 리뷰는 감성 점수 0을 갖고 긍정적인 리뷰는 감성 점수 1을 갖는 것을 확인할 수 있다.

7. IMDb 리뷰 파일의 전체 레코드 수를 확인하기 위해 value_counts() 함수를 사용한다. 이를 구현하기 위해 새로운 셀에 다음 코드를 추가한다.

```
imdb_reviews.Sentiment.value_counts()
```

전체 리뷰에 대해 예상되는 출력은 다음과 같다.

```
Out[5]:  1    386
         0    362
         Name: Sentiment, dtype: int64
```

그림 8.7 IMDb 리뷰 파일에 있는 전체 긍정 및 부정 리뷰의 개수

위 그림에서 보듯이 데이터 파일은 총 748개의 리뷰가 있으며, 그중 362개가 부정이고 386개가 긍정이었다.

8. 새로운 셀에서 다음 코드를 추가해 데이터의 형태를 지정할 수 있다.

```
imdb_counts = imdb_reviews.Sentiment.value_counts().to_frame()
imdb_counts.index = pd.Series(['Positive', 'Negative'])
imdb_counts
```

이 코드의 출력은 다음과 같다.

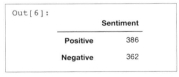

그림 8.8 IMDb 리뷰 파일에 있는 전체 긍정 및 부정 리뷰의 개수

9. 아마존 리뷰를 불러오기 위해 새로운 셀을 삽입하고 다음 코드를 추가한다.

```
amazon_reviews = pd.read_table(AMAZON_DATA_FILE, name=COLUMN_NAMES)
amazon.reviews.head(10)
```

이 코드의 출력은 다음과 같다.

Out[8]:

	Review	Sentiment
0	So there is no way for me to plug it in here in the US unless I go by a converter.	0
1	Good case, Excellent value.	1
2	Great for the jawbone.	1
3	Tied to charger for conversations lasting more than 45 minutes.MAJOR PROBLEMS!!	0
4	The mic is great.	1
5	I have to jiggle the plug to get it to line up right to get decent volume.	0
6	If you have several dozen or several hundred contacts, then imagine the fun of sending each of them one by one.	0
7	If you are Razr owner...you must have this!	1
8	Needless to say, I wasted my money.	0
9	What a waste of money and time!.	0

그림 8.9 아마존 리뷰 파일에 있는 전체 긍정 및 부정 리뷰의 개수

10. Yelp 리뷰를 불러오기 위해 새로운 셀을 삽입하고 다음 코드를 추가한다.

```
yelp_reviews = pd.read_table(YELP_DATA_FILE, names=COLUMN_NAMES)
yelp_reviews.head(10)
```

이 코드의 출력은 다음과 같다.

	Review	Sentiment
0	Wow... Loved this place.	1
1	Crust is not good.	0
2	Not tasty and the texture was just nasty.	0
3	Stopped by during the late May bank holiday off Rick Steve recommendation and loved it.	1
4	The selection on the menu was great and so were the prices.	1
5	Now I am getting angry and I want my damn pho.	0
6	Honeslty it didn't taste THAT fresh.)	0
7	The potatoes were like rubber and you could tell they had been made up ahead of time being kept under a warmer.	0
8	The fries were great too.	1
9	A great touch.	1

그림 8.10 Yelp 리뷰 파일에 있는 전체 긍정 및 부정 리뷰의 개수

지금까지 감성 분석 모델 학습에 사용할 수 있는 데이터를 불러오는 방법을 배웠다. 이 예제에서 언급한 리뷰 파일은 감성 모델을 학습하는 데 사용할 수 있는 데이터의 한 예이며, 각 파일에는 리뷰 텍스트와 각각에 대한 감성 레이블이 포함돼 있다. 이것은 감성 예측 모델을 만드는 지도 학습 머신러닝 프로젝트의 최소 요구 사항이다. 하지만 리뷰 텍스트는 그대로 사용할 수 없다. 피처 벡터를 추출해 모델의 입력으로 전달할 수 있도록 전처리해야 한다.

이제 데이터를 불러오는 것을 배웠다. 다음 절에서는 감성 모델 학습에 초점을 맞춘다.

▌ 감성 모델 학습

감성 분석 프로젝트의 최종 결과물은 감성 모델sentiment model이다. 이 모델은 학습한 데이터들을 저장한 표현을 담고 있는 객체다. 이러한 모델은 이전에 보지 못한 텍스트의 감성 값을 예측할 수 있다. 감성 분석 모델을 개발하기 위해 다음 과정을 따라가보자.

1. 문서 데이터셋을 학습 데이터셋과 테스트 데이터셋으로 나눈다. 테스트 데이터셋은 일반적으로 전체 데이터셋의 일부다. 일반적으로 전체 데이터셋의 5~40%로 사용 가능한 총 예제 수에 따라 다르다. 데이터가 많은 경우에는 더 작은 테스트 데이터셋을 가져도 된다.

2. 필요 없는 문자와 불용어를 제거하고 그 외 일반적인 전처리 단계를 거쳐 텍스트를 전처리하자.

3. 텍스트를 수치형 벡터 표현으로 변환해 피처를 추출한다. 이 표현은 머신러닝 모델 학습에 사용한다.

4. 모델 학습을 진행하자. 이 과정은 사용할 알고리즘 유형에 따라 다르다. 모델은 텍스트를 학습하기 위해 학습하는 동안에 테스트 데이터셋을 지표로 사용한다.

5. 모델을 사용해 예전에 보지 못했던 문서의 감성을 예측해보자. 이 과정은 실

무에서 활용된다.

다음 절에서는 감성 모델을 더 명확히 이해하는 데 도움이 되는 예제를 다뤄본다.

예제 65: TF-IDF와 로지스틱 회귀를 사용한 감성 모델 학습

이 예제에서는 간단한 감성 분석 모델을 구현한다. 텍스트에서 피처를 추출하기 위해 TF-IDF 벡터화[TF-IDF vectorization]를 사용한다. 알고리즘 학습에는 로지스틱 회귀를 사용한다. 이 예제에 사용할 라이브러리는 사이킷런이다. 이 예제에서는 Yelp, Amazon, IMDb라는 세 가지 데이터셋을 사용한다. 이 예제를 구현하기 위해 다음 과정을 따라가보자.

1. 주피터 노트북을 연다.

2. 필요한 라이브러리를 불러오기 위해 새로운 셀을 삽입하고 다음 코드를 추가한다.

```
import pandas as pd
pd.set_option('display.max_colwidth', 200)
```

3. 세 데이터셋 모두를 불러오기 위해 새로운 셀을 삽입하고 다음 코드를 추가한다.

```
DATA_DIR = '../data/sentiment_labelled_sentences/'
IMDB_DATA_FILE = DATA_DIR + 'imdb_labelled.txt'
YELP_DATA_FILE = DATA_DIR + 'yelp_labelled.txt'
AMAZON_DATA_FILE = DATA_DIR + 'amazon_cells_labelled.txt'

COLUMN_NAMES = ['Review', 'Sentiment']
yelp_reviews = pd.read_table(YELP_DATA_FILE, names=COLUMN_NAMES)
amazon_reviews = pd.read_table(AMAZON_DATA_FILE, names=COLUMN_NAMES)
imdb_reviews = pd.read_table(YELP_DATA_FILE, names=COLUMN_NAMES)
```

코드를 살펴보면, 데이터가 서로 다른 세 가지 비즈니스 도메인에서 나왔지만 서로 비슷하다. 이러한 특징이 감성 분석 모델을 훈련시키기 위해 데이터셋들을 결합할 수 있는 이유다.

4. 이제 concat() 함수를 사용해 서로 다른 데이터셋들을 하나의 데이터셋으로 결합한다. 이를 구현하기 위해 새로운 셀을 열고 다음 코드를 추가한다.

```
review_data = pd.concat([amazon_reviews, imdb_reviews, yelp_reviews])
```

5. 세 개의 개별 파일에서 데이터를 결합했기 때문에 데이터셋에서 무작위로 선택해 반환하는 sample() 함수를 사용해보자. 이 함수를 사용해 여러 파일에서 리뷰를 확인할 수 있다. 이를 구현하기 위해 새로운 셀을 삽입하고 다음 코드를 추가하자.

```
review_data.sample(10)
```

이 코드의 출력은 다음과 같다.

Out[7]:	Review	Sentiment
290	Waited 2 hours & never got either of our pizzas as many other around us who came in later did!	0
483	You won't regret it!	1
334	very clear, quality sound and you don't have to mess with the sound on your iPod since you have the sound buttons on the headset.	1
197	I've never been more insulted or felt disrespected.	0
231	What a big waste of time.	0
254	Now the pizza itself was good the peanut sauce was very tasty.	1
897	I had strawberry tea, which was good.	1
715	Only Pros : Large seating area/ Nice bar area/ Great simple drink menu/ The BEST brick oven pizza with homemade dough!	1
760	Food was good, service was good, Prices were good.	1
930	Never got it!!!!!	0

그림 8.11 sample() 함수 호출 결과

6. clean() 함수를 정의하고 전처리를 수행해본다. 기본적으로 필요 없는 문자들을 제거해야 한다. 이를 구현하기 위해 새로운 셀을 삽입하고 다음 코드를 추가한다.

```
import re
def clean(text):
    text = re.sub(r'[\W]+', ' ', text.lower())
    text = text.replace('hadn t' , 'had not')\
        .replace('wasn t', 'was not')\
        .replace('didn t', 'did not')
    return text
```

7. 함수를 정의했고, 이제 정제 작업과 토큰화를 진행할 수 있다. 실제로 메모리에 관한 제약을 받지 않는다면, 데이터 사본에 변환 함수를 적용하는 것이 좋은 관행이다. 이를 구현하기 위해 새로운 셀을 삽입하고 다음 코드를 추가한다.

```
review_model_data = review_data.copy()
review_model_data.Review = review_data.Review.apply(clean)
```

8. 전처리한 텍스트가 어떤지 확인하기 위해 다시 데이터를 샘플링해보자.

```
review_model_data.sample(10)
```

이 코드의 출력은 다음과 같다.

```
Out[11]:
```

	Review	Sentiment
620	steer clear of this product and go with the genuine palm replacementr pens which come in a three pack	0
942	the mic there is a joke and the volume is quite low	0
406	i ll definitely be in soon again	1
393	excellent product i am very satisfied with the purchase	1
825	won t ever go here again	0
852	i have read other s reviews here but i haven t had any problem with it	1
535	an excellent new restaurant by an experienced frenchman	1
625	very dissapointing performance	0
908	we won t be returning	0
175	perhaps i caught them on an off night judging by the other reviews but i m not inspired to go back	0

그림 8.12 sample() 함수 호출 결과

위 그림에서 텍스트가 소문자로 변환됐고, 문자와 숫자만 남은 것을 확인할 수 있다.

9. 이제 모델을 개발할 시간이다. 각각의 리뷰를 TF-IDF 벡터로 변환하기 위해 TfidfVectorizer를 사용할 것이다. TF-IDF는 Term Frequency-Inverse Document Frequency의 약어이며, 리뷰 텍스트와 전체 데이터셋에 있는 단어들 사이의 관계를 포착한다. 그리고 나서 LogisticRegression을 사용해 모델을 만들어본다. LogisticRegression은 머신러닝 알고리즘이며 감성 분류 모델 학습에 사용된다. 필요한 라이브러리를 불러오기 위해 새로운 셀을 삽입하고 다음 코드를 추가한다.

```
from sklearn.feature_extraction.text import TfidfVectorizer
from sklearn.pipeline import Pipeline
from sklearn.model_selection import train_test_split
from sklearn.linear_model import LogisticRegression
```

10. 다음으로 TfidfVectorizer와 LogisticRegression을 하나의 파이프라인 안에서 여러 알고리즘들을 실행시키는 방법인 Pipeline 객체에 결합한다. 이 과정을 위해 새로운 셀을 삽입하고 다음 코드를 추가한다.

```
tfidf = TfidfVectorizer(strip_accents=None,
                        preprocessor=None,
                        lowercase=False)
log_reg = LogisticRegression(random_state=0, solver='lbfgs')
log_tfidf = Pipeline([('vect', tfidf),
                      ('clf', log_reg)])
```

11. 데이터가 준비되면 학습 데이터셋과 테스트 데이터셋으로 나눠야 한다. 70%를 학습에 사용하고, 30%를 테스트에 사용한다. 이 과정은 train_test_split() 함수를 사용한다. 이를 구현하기 위해 새로운 셀을 삽입하고 다음 코드를 추가한다.

```
X_train, X_test, y_train, y_test = train_test_split(review_model_data.Review,
                                                    review_model_data.Sentiment,
                                                    test_size=0.3,
                                                    random_state=42)
```

12. 데이터셋을 분할하고 나서, 학습 데이터를 학습 파이프라인에 적합시킨다. 이 작업은 fit() 함수를 사용하면 된다. 이를 구현하기 위해 새로운 셀을 삽입하고 다음 코드를 추가한다.

```
log_tfidf.fit(X_train.values, y_train.values)
```

이 코드의 출력은 다음과 같다.

```
Out[15]:  Pipeline(memory=None,
         steps=[('vect', TfidfVectorizer(analyzer='word', binary=False, decode_error='strict',
           dtype=<class 'numpy.int64'>, encoding='utf-8', input='content',
           lowercase=False, max_df=1.0, max_features=None, min_df=1,
           ngram_range=(1, 1), norm='l2', preprocessor=None, smooth_idf=True,
     ...  penalty='l2', random_state=0, solver='lbfgs', tol=0.0001,
           verbose=0, warm_start=False))])
```

그림 8.13 학습 모델의 fit() 함수 출력 결과

13. 모델의 단순 정확도를 확인하기 위해 score() 함수를 사용한다. 이를 구현하기 위해 새로운 셀을 삽입하고 다음 코드를 추가한다.

```
test_accuracy = log_tfidf.score(X_test.values, y_test.values)
'The model has a test accuracy of {:.0%}'.format(test_accuracy)
```

```
Out[16]:  'The model has a test accuracy of 89%'
```

그림 8.14 모델의 텍스트 단순 정확도

위 그림에서 볼 수 있듯이, 모델은 매우 작은 데이터를 사용하는 간단한 모델에서 꽤 좋은 89%의 정확도를 갖는다.

14. 89%의 단순 정확도를 갖는 모델을 완성했다. 문장의 감성을 예측하는 데 이 모델을 사용해보자. 이를 구현하기 위해 새로운 셀을 삽입하고 다음 코드를 추가한다.

```
log_tfidf.predict(['I loved this place', 'I hated this place'])
```

```
Out[17]: array([1, 0])
```

그림 8.15 테스트 문장에 대한 모델의 예측

위 그림에서 모델이 문장을 어떻게 예측하는지 확인해봤다. 긍정적인 테스트 문장에 대해서는 1의 점수를 반환한다. 부정적인 테스트 문장에 대해서는 0의 점수를 반환한다.

▌요약

이 장에서는 감성 분석을 인간이 만든 콘텐츠를 자동화된 과정으로 이해하는 것과 관련된 NLP의 분야로 정의했다. 또한 다양한 유형의 감성 분석을 살펴보고, 그 분석들에 사용된 주요 아이디어와 용어를 배웠다. 감성 분석을 사용하는 다양한 응용 분야와 다양한 도구들도 살펴봤다. 더 중요한 것으로, 모델이 감성을 예측하는 데 사용할 수 있도록 데이터를 불러오고 학습시키는 방법을 배웠다.

부록

부록은 독자들이 책의 실습을 직접 해보는 과정을 돕는다. 여기서는 실습 목표를 달성하기 위해 독자들이 직접 따라 해볼 수 있도록 자세한 과정을 다룬다.

▎ 1장: 자연어 처리 소개

실습 1: 원시 텍스트 전처리

솔루션

텍스트 코퍼스를 전처리해보자. 이 실습을 구현하기 위해 다음 과정을 따라가보자.

　　1.　주피터 노트북을 연다.

2. 새로운 셀을 삽입하고 필요한 라이브러리를 불러오기 위해 다음 코드를 추가한다.

```
import nltk
nltk.download('punkt')
nltk.download('averaged_perceptron_tagger')
nltk.download('stopwords')
nltk.download('wordnet')
from nltk import word_tokenize
from nltk.stem.wordnet import WordNetLemmatizer
from nltk.corpus import stopwords
from autocorrect import spell
from nltk.wsd import lesk
from nltk.tokenize import sent_tokenize
import string
```

3. file.txt의 내용을 읽어와서 sentence라는 이름의 변수에 저장한다. 이 과정을 구현하기 위해 새로운 셀을 삽입하고 다음 코드를 추가한다.

```
sentence = open("data_ch1/file.txt", 'r').read()
```

4. 주어진 텍스트 코퍼스에 대해 토큰화를 적용한다. 이 과정을 구현하기 위해 새로운 셀을 삽입하고 다음 코드를 추가한다.

```
words = word_tokenize(sentence)
```

5. 토큰 리스트를 출력하기 위해 새로운 셀을 삽입하고 다음 코드를 추가한다.

```
print(words[0:20])
```

이 코드의 출력은 다음과 같다.

```
['In', 'this', 'book', 'authored', 'by', 'Sohom', 'Ghosh', 'and', 'Dwight', 'Gunning', ',', 'we', 'shall', 'learnning', 'how',
'to', 'pracess', 'Natueral', 'Language', 'and']
```

그림 1.31 토큰화한 단어들

위 그림에서 주어진 텍스트 코퍼스의 처음 20개 토큰들을 확인할 수 있다.

6. 주어진 텍스트 코퍼스에서 철자를 수정하기 위해 각 토큰에 대해 반복하면서 철자가 잘못된 토큰들을 수정한다. 이 과정을 구현하기 위해 새로운 셀을 삽입하고 다음 코드를 입력한다.

```python
corrected_sentence = ""
corrected_word_list = []
for wd in words:
    if wd not in string.punctuation:
        wd_c = spell(wd)
        if wd_c != wd:
            print(wd+" has been corrected to: "+wd_c)
            corrected_sentence = corrected_sentence+" "+wd_c
            corrected_word_list.append(wd_c)
        else:
            corrected_sentence = corrected_sentence+" "+wd
            corrected_word_list.append(wd)
    else:
        corrected_sentence = corrected_sentence + wd
        corrected_word_list.append(wd)
```

이 코드의 출력은 다음과 같다.

```
Sohom has been corrected to: Soom
Ghosh has been corrected to: Ghost
learnning has been corrected to: learning
pracess has been corrected to: process
Natueral has been corrected to: Natural
prajects has been corrected to: projects
```

그림 1.32 수정된 단어들

7. 수정한 텍스트 코퍼스를 출력하기 위해 새로운 셀을 추가하고 다음 코드를 입

력한다.

corrected_sentence

```
' In this book authored by Soom Ghost and Dwight Gunning, we shall learning how to process Natural Language and extract insight
s from it. The first four chapter will introduce you to the basics of NLP. Later chapters will describe how to deal with comple
x NLP projects. If you want to get early access of it, you should book your order now.'
```

그림 1.33 수정한 텍스트 코퍼스

8. 수정한 단어들에 대한 처음 20개의 토큰 리스트를 출력하기 위해 새로운 셀을
삽입하고 다음 코드를 출력한다.

```
print(corrected_word_list[0:20])
```

이 코드의 출력은 다음과 같다.

```
['In', 'this', 'book', 'authored', 'by', 'Soom', 'Ghost', 'and', 'Dwight', 'Gunning', ',', 'we', 'shall', 'learning', 'how', 't
o', 'process', 'Natural', 'Language', 'and']
```

그림 1.34 수정한 단어 리스트

9. 리스트에 있는 수정한 모든 단어들에 대해 품사(PoS) 태그를 추가해보자. 이
과정을 위해 새로운 셀을 삽입하고 다음 코드를 출력한다.

```
print(nltk.pos_tag(corrected_word_list))
```

이 코드의 출력은 다음과 같다.

```
[('In', 'IN'), ('this', 'DT'), ('book', 'NN'), ('authored', 'VBN'), ('by', 'IN'), ('Soom', 'NNP'), ('Ghost', 'NNP'), ('and', 'C
C'), ('Dwight', 'NNP'), ('Gunning', 'NNP'), (',', ','), ('we', 'PRP'), ('shall', 'MD'), ('learning', 'VB'), ('how', 'WRB'), ('t
o', 'TO'), ('process', 'VB'), ('Natural', 'NNP'), ('Language', 'NNP'), ('and', 'CC'), ('extract', 'JJ'), ('insights', 'NNS'),
('from', 'IN'), ('it', 'PRP'), ('.', '.'), ('The', 'DT'), ('first', 'JJ'), ('four', 'CD'), ('chapter', 'NN'), ('will', 'MD'),
('introduce', 'VB'), ('you', 'PRP'), ('to', 'TO'), ('the', 'DT'), ('basics', 'NNS'), ('of', 'IN'), ('NLP', 'NNP'), ('.', '.'),
('Later', 'NNP'), ('chapters', 'NNS'), ('will', 'MD'), ('describe', 'VB'), ('how', 'WRB'), ('to', 'TO'), ('deal', 'VB'), ('wit
h', 'IN'), ('complex', 'JJ'), ('NLP', 'NNP'), ('projects', 'NNS'), ('.', '.'), ('If', 'IN'), ('you', 'PRP'), ('want', 'VBP'),
('to', 'TO'), ('get', 'VB'), ('early', 'JJ'), ('access', 'NN'), ('of', 'IN'), ('it', 'PRP'), (',', ','), ('you', 'PRP'), ('shou
ld', 'MD'), ('book', 'NN'), ('your', 'PRP$'), ('order', 'NN'), ('now', 'RB'), ('.', '.')]
```

그림 1.35 적합한 품사로 태깅된 수정된 단어 리스트

10. 리스트에서 불용어를 제거해보자. 이 과정을 위해 새로운 셀을 추가하고 다음 코드를 추가한다.

```
stop_words = stopwords.words('English')
corrected_word_list_without_stopwords = []
for wd in corrected_word_list:
    if wd not in stop_words:
        corrected_word_list_without_stopwords.append(wd)
corrected_word_list_without_stopwords[:20]
```

이 코드의 출력은 다음과 같다.

```
['In',
 'book',
 'authored',
 'Soom',
 'Ghost',
 'Dwight',
 'Gunning',
 ',',
 'shall',
 'learning',
 'process',
 'Natural',
 'Language',
 'extract',
 'insights',
 '.',
 'The',
 'first',
 'four',
 'chapter']
```

그림 1.36 불용어를 제외한 리스트

위 그림에서 불용어가 제거된 새 리스트를 확인할 수 있다.

11. 이 리스트에 어간 추출 과정을 적용하려면 새로운 셀을 삽입하고 다음 코드를 추가한다.

```
stemmer = nltk.stem.PorterStemmer()
```

```
corrected_word_list_without_stopwords_stemmed = []
for wd in corrected_word_list_without_stopwords:
    corrected_word_list_without_stopwords_stemmed.append(stemmer.stem(wd))
corrected_word_list_without_stopwords_stemmed[:20]
```

이 코드의 출력은 다음과 같다.

```
['In',
 'book',
 'author',
 'soom',
 'ghost',
 'dwight',
 'gun',
 ',',
 'shall',
 'learn',
 'process',
 'natur',
 'languag',
 'extract',
 'insight',
 '.',
 'the',
 'first',
 'four',
 'chapter']
```

그림 1.37 어간 추출한 단어 리스트

위 코드에서 corrected_word_list_without_stopwords 리스트에 있는 각 단어들을 반복하면서 어간 추출한다. 위 그림에서 어간 추출한 처음 20개의 단어 리스트를 확인할 수 있다.

12. 또한 수정된 단어 리스트에 표제어 추출 과정을 적용하고자 한다면 새로운 셀을 삽입하고 다음 코드를 추가한다.

```
lemmatizer = WordNetLemmatizer()
corrected_word_list_without_stopwords_lemmatized = []
for wd in corrected_word_list_without_stopwords:
    corrected_word_list_without_stopwords_lemmatized.append(lemmatizer.
```

```
lemmatize(wd))
corrected_word_list_without_stopwords_lemmatized[:20]
```

이 코드의 출력은 다음과 같다.

```
['In',
 'book',
 'authored',
 'Soom',
 'Ghost',
 'Dwight',
 'Gunning',
 ',',
 'shall',
 'learning',
 'process',
 'Natural',
 'Language',
 'extract',
 'insight',
 '.',
 'The',
 'first',
 'four',
 'chapter']
```

그림 1.38 표제어 추출한 단어 목록

위 코드에서 corrected_word_list_without_stopwords 리스트에 있는 각 단어들을 반복하면서 표제어 추출한다. 위 그림에서 표제어 추출한 처음 20개의 단어 리스트를 확인할 수 있다.

13. 주어진 텍스트 코퍼스에서 문장 경계를 찾기 위해 sent_tokenize() 메서드를 사용한다. 이 과정을 구현하기 위해 새로운 셀을 추가하고 다음 코드를 추가한다.

```
print(sent_tokenize(corrected_sentence))
```

이 코드의 출력은 다음과 같다.

```
[' In this book authored by Soom Ghost and Dwight Gunning, we shall learning how to process Natural Language and extract insigh
ts from it.', 'The first four chapter will introduce you to the basics of NLP.', 'Later chapters will describe how to deal with
complex NLP projects.', 'If you want to get early access of it, you should book your order now.']
```

그림 1.39 문장들을 담고 있는 리스트

주어진 데이터에 대한 전처리 작업을 학습하고 실습해봤다.

▌ 2장: 기본적인 피처 추출 방법

실습 2: 텍스트에서 일반적인 피처 추출하기

솔루션

주어진 텍스트에서 일반적인 피처를 추출해보자. 이 실습을 구현하기 위해 다음 과정을 따라가보자.

1. 주피터 노트북을 연다.

2. 필요한 라이브러리를 불러오기 위해 새로운 셀을 삽입하고 다음 코드를 추가한다.

```
import pandas as pd
from string import punctuation
import nltk
nltk.download('tagsets')
from nltk.data import load
nltk.download('averaged_perceptron_tagger')
from nltk import pos_tag
from nltk import word_tokenize
from collections import Counter
```

3. 이제 nltk가 얼마나 다양한 종류의 품사를 제공하는지 확인해보자. 이 과정을 위해 다음 코드를 추가한다.

```
tagdict = load('help/tagsets/upenn_tagset.pickle')
list(tagdict.keys())
```

이 코드의 출력은 다음과 같다.

```
['LS',
 'TO',
 'VBN',
 "''",
 'WP',
 'UH',
 'VBG',
 'JJ',
 'VBZ',
 '--',
 'VBP',
 'NN',
 'DT',
 'PRP',
 ':',
 'WP$',
 'NNPS',
 'PRP$',
 'WDT',
 ',']
```

그림 2.54 품사 리스트

4. 각 문서들을 반복하면서 각 단어에 해당하는 품사(PoS) 태그를 확인해 각 품사가 몇 번 나타났는지를 계산한다. 이 과정을 구현하기 위해 다음 코드를 추가한다.

```
data = pd.read_csv('data_ch2/data.csv', header = 0)
pos_di = {}
for pos in list(tagdict.keys()):
    pos_di[pos] = []
for doc in data['text']:
    di = Counter([j for i,j in pos_tag(word_tokenize(doc))])
    for pos in list(tagdict.keys()):
        pos_di[pos].append(di[pos])
feature_df = pd.DataFrame(pos_di)
```

```
feature_df.head()
```

이 코드의 출력은 다음과 같다.

	LS	TO	VBN	"	WP	UH	VBG	JJ	VBZ	--	...	MD	VB	WRB	NNP	EX	NNS	SYM	CC	CD	POS
0	0	0	0	0	1	0	0	0	0	0	...	0	0	0	0	0	1	0	0	0	0
1	0	0	0	0	0	0	0	0	0	0	...	0	0	0	0	0	1	0	0	0	0
2	0	0	0	0	0	0	0	0	0	0	...	0	0	0	0	0	0	0	0	0	0
3	0	0	0	0	1	0	0	0	1	0	...	0	0	0	0	0	0	0	0	0	0
4	0	0	0	0	0	0	0	1	1	0	...	0	0	0	0	0	0	0	0	0	0

그림 2.55 문장에서 각 품사의 발생 빈도

5. 데이터프레임의 각 텍스트에 나타난 문장 부호 개수를 계산하기 위해 다음 코드를 추가한다.

```
feature_df['num_of_unique_punctuations'] = data['text'].apply(lambda x :
len(set(x).intersection(set(punctuation))))
feature_df['num_of_unique_punctuations'].head()
```

이 코드의 출력은 다음과 같다.

```
0    0
1    0
2    1
3    1
4    0
Name: num_of_unique_punctuations, dtype: int64
```

그림 2.56 각 문장에 존재하는 문장 부호 개수

6. 대문자 단어 개수를 계산하기 위해 다음 코드를 추가한다.

```
feature_df['number_of_capital_words'] =data['text'].apply(lambda x : \
    len([word for word in word_
tokenize(str(x)) if word[0].isupper()]))
```

```
feature_df['number_of_capital_words'].head()
```

이 코드의 출력은 다음과 같다.

```
0    1
1    1
2    1
3    1
4    1
Name: number_of_capital_words, dtype: int64
```

그림 2.57 각 문장에 존재하는 대문자 단어 개수

7. 소문자 단어 개수를 계산하기 위해 다음 코드를 추가한다.

```
feature_df['number_of_small_words'] =data['text'].apply(lambda x : \
    len([word for word in word_
tokenize(str(x)) if word[0].islower()]))

feature_df['number_of_small_words'].head()
```

이 코드의 출력은 다음과 같다.

```
0    4
1    3
2    7
3    3
4    2
Name: number_of_small_words, dtype: int64
```

그림 2.58 각 문장에 존재하는 소문자 단어 개수

8. 데이터프레임에 있는 글자 수를 계산하기 위해 다음 코드를 사용한다.

```
feature_df['number_of_alphabets'] = data['text'].apply(lambda x : len([ch for
ch in str(x) if ch.isalpha()]))
feature_df['number_of_alphabets'].head()
```

이 코드의 출력은 다음과 같다.

```
0    19
1    18
2    28
3    14
4    13
Name: number_of_alphabets, dtype: int64
```

그림 2.59 각 문장에 존재하는 글자 수

9. 데이터프레임에 있는 숫자의 개수를 계산하기 위해 다음 코드를 사용한다.

```
feature_df['number_of_digits'] = data['text'].apply(lambda x : len([ch for ch
in str(x) if ch.isdigit()]))
feature_df['number_of_digits'].head()
```

이 코드의 출력은 다음과 같다.

```
0    0
1    0
2    0
3    0
4    0
Name: number_of_digits, dtype: int64
```

그림 2.60 각 문장에 존재하는 숫자 개수

10. 데이터프레임에 있는 단어 개수를 계산하기 위해 다음 코드를 사용한다.

```
feature_df['number_of_words'] = data['text'].apply(lambda x : len(word_
tokenize(str(x))))
feature_df['number_of_words'].head()
```

이 코드의 출력은 다음과 같다.

```
0    5
1    4
2    9
3    5
4    3
Name: number_of_words, dtype: int64
```

그림 2.61 각 문장에 존재하는 단어 개수

11. 데이터프레임에 있는 공백 문자 개수를 계산하기 위해 다음 코드를 사용한다.

```
feature_df['number_of_white_spaces'] = data['text'].apply(lambda x :
len(str(x).split(' '))-1)
feature_df['number_of_white_spaces'].head()
```

이 코드의 출력은 다음과 같다.

```
0    4
1    3
2    7
3    3
4    2
Name: number_of_white_spaces, dtype: int64
```

그림 2.62 각 문장에 존재하는 공백 문자 개수

12. 방금 생성한 전체 피처 묶음을 확인해보자. 이 과정을 구현하기 위해 다음 코드를 추가한다.

```
feature_df.head()
```

이 코드의 출력은 다음과 같다.

	LS	TO	VBN	"	WP	UH	VBG	JJ	VBZ	:	...	CC	CD	POS	num_of_unique_punctuations	number_of_capital_words	number_of_small_words	number_
0	0	0	0	0	0	1	0	0	0	0	...	0	0	0	0	1	4	
1	0	0	0	0	0	0	0	0	0	0	...	0	0	0	0	1	3	
2	0	0	0	0	0	0	0	0	0	0	...	0	0	0	1	1	7	
3	0	0	0	0	1	0	0	0	1	0	...	0	0	0	1	1	3	
4	0	0	0	0	0	0	0	1	1	0	...	0	0	0	0	1	2	

그림 2.63 생성한 피처들로 구성한 데이터프레임

실습 3: 텍스트에서 특수한 피처 추출하기

솔루션

텍스트에서 고유한 피처들을 추출해보자. 이 실습을 구현하기 위해 다음 과정을 따라 가보자.

1. 주피터 노트북을 연다.

2. 필요한 패키지를 불러오고, 다음 코드를 참고해 newsgroups_data_sample 변수를 선언한다.

```
import nltk
nltk.download('stopwords')
from nltk.corpus import stopwords
from nltk import word_tokenize
from nltk.stem import WordNetLemmatizer
from sklearn.feature_extraction.text import TfidfVectorizer
from sklearn.feature_extraction.text import CountVectorizer
from sklearn.datasets import fetch_20newsgroups
import re
import string
import pandas as pd

newsgroups_data_sample = fetch_20newsgroups(subset='train')
lemmatizer = WordNetLemmatizer()
```

3. 데이터프레임에 있는 텍스트 데이터를 저장하기 위해 새로운 셀을 삽입하고

다음 코드를 추가한다.

```
newsgroups_text_df = pd.DataFrame({'text' : newsgroups_data_sample['data']})
newsgroups_text_df.head()
```

이 코드의 출력은 다음과 같다.

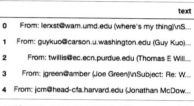

그림 2.64 데이터프레임에 있는 코퍼스 저장

4. 데이터프레임에 있는 데이터는 완전하지 않다. 데이터를 정제하기 위해 새로운 셀을 삽입하고 다음 코드를 추가한다.

```
stop_words = stopwords.words('english')
stop_words = stop_words + list(string.printable)

newsgroups_text_df['cleaned_text'] = newsgroups_text_df['text'].apply(\
lambda x : ' '.join([lemmatizer.lemmatize(word.lower()) \
    for word in word_tokenize(re.sub(r'([^\s\w]|_)+', ' ', str(x))) if word.
lower() not in stop_words]))
```

5. 이제 정제된 데이터를 얻었고, BoW 모델을 만들기 위해 다음 코드를 추가하자.

```
bag_of_words_model = CountVectorizer(max_features= 20)
bag_of_word_df = pd.DataFrame(bag_of_words_model.fit_transform(newsgroups_
text_df['cleaned_text']).todense())
bag_of_word_df.columns = sorted(bag_of_words_model.vocabulary_)
bag_of_word_df.head()
```

이 코드의 출력은 다음과 같다.

	article	ax	com	edu	get	host	know	like	line	max	nntp	one	organization	people	posting	subject	time	university	would	writes
0	0	0	0	2	0	1	1	0	1	0	1	0	1	0	1	1	0	1	0	0
1	1	0	0	3	0	1	0	0	1	0	1	0	1	0	1	1	0	1	0	0
2	0	0	0	2	1	0	1	1	2	0	0	1	1	1	0	1	1	1	0	0
3	1	0	2	2	1	1	1	1	1	0	1	0	1	0	1	1	0	0	0	1
4	2	0	2	3	0	0	0	0	1	0	0	0	1	0	0	1	0	0	0	1

그림 2.65 가장 자주 나타나는 20개 용어에 대한 BoW 표현

6. TF−IDF 모델을 만들기 위해 새로운 셀을 삽입하고 다음 코드를 추가한다.

```
tfidf_model = TfidfVectorizer(max_features=20)
tfidf_df = pd.DataFrame(tfidf_model.fit_transform(newsgroups_text_df['cleaned_
text']).todense())
tfidf_df.columns = sorted(tfidf_model.vocabulary_)
tfidf_df.head()
```

이 코드의 출력은 다음과 같다.

	article	ax	com	edu	get	host	know	like	line	max	nntp	one	organization	people	posting	subject
0	0.000000	0.0	0.000000	0.522408	0.000000	0.338589	0.399935	0.000000	0.183761	0.0	0.341216	0.000000	0.190375	0.00000	0.327584	0.183242
1	0.282739	0.0	0.000000	0.691591	0.000000	0.298827	0.000000	0.000000	0.162181	0.0	0.301146	0.000000	0.168019	0.00000	0.289115	0.161723
2	0.000000	0.0	0.000000	0.411404	0.325661	0.000000	0.314954	0.306844	0.289428	0.0	0.000000	0.277716	0.149923	0.35893	0.000000	0.144306
3	0.234838	0.0	0.499523	0.382949	0.303137	0.248201	0.293170	0.287482	0.134705	0.0	0.250127	0.000000	0.139553	0.00000	0.240134	0.134325
4	0.493319	0.0	0.524670	0.603340	0.000000	0.000000	0.000000	0.000000	0.141486	0.0	0.000000	0.000000	0.146579	0.00000	0.000000	0.141087

그림 2.66 가장 자주 나타나는 20개 용어에 대한 TF−IDF 표현

7. 두 모델이 생성되고 나면, 비교해보자. 두 번째 문서에서 가장 많은 정보를 담고 있는 용어를 BoW 모델로 확인하기 위해 다음 코드를 작성한다.

```
rw = 2
list(bag_of_word_df.columns[bag_of_word_df.iloc[rw,:] == bag_of_word_df.
iloc[rw,:].max()])
```

이 코드의 출력은 다음과 같다.

```
['edu', 'line']
```

그림 2.67 BoW 모델로 판단한 가장 많은 정보를 담고 있는 용어

8. 두 번째 문서에서 가장 많은 정보를 담고 있는 용어를 TF–IDF 모델로 확인하기 위해 다음 코드를 작성한다.

```
rw = 2
list(tfidf_df.columns[tfidf_df.iloc[rw,:] == tfidf_df.iloc[rw,:].max()])
```

이 코드의 출력은 다음과 같다.

```
['edu']
```

그림 2.68 TF–IDF 모델로 판단한 가장 많은 정보를 담고 있는 용어

9. 'line'이라는 단어가 문서에서 몇 번 나왔는지 확인하기 위해 다음 코드를 작성한다.

```
bag_of_word_df[bag_of_word_df['line']!=0].shape[0]
```

이 코드의 출력은 다음과 같다.

```
11282
```

그림 2.69 코퍼스에서 'line'이라는 단어가 발생한 횟수

10. 'edu'라는 단어가 문서에서 몇 번 나왔는지 확인하기 위해 다음 코드를 작성한다.

```
bag_of_word_df[bag_of_word_df['edu']!=0].shape[0]
```

이 코드의 출력은 다음과 같다.

그림 2.70 코퍼스에서 'edu'라는 단어가 발생한 횟수

마지막 두 단계에서 볼 수 있듯이, 'line'이라는 단어는 문서에서 11,282번 나타났고 'edu'라는 단어는 문서에서 7,393번만 나타났기 때문에 차이가 발생한다. 따라서 'edu'라는 단어는 'line'이라는 단어보다 더 희귀하고 더 많은 정보를 담고 있다. BoW 모델과 달리 TF-IDF 모델은 더 주의 깊게 세부 사항을 포착할 수 있다. 대부분의 경우, BoW보다 TF-IDF를 더 선호한다.

실습 4: 텍스트 시각화

솔루션

1. 주피터 노트북을 연다.

2. 필요한 라이브러리를 불러오기 위해 새로운 셀을 삽입하고 다음 코드를 추가한다.

```python
from wordcloud import WordCloud, STOPWORDS
import matplotlib.pyplot as plt
%matplotlib inline
from nltk import word_tokenize
from nltk.stem import WordNetLemmatizer
import nltk
from collections import Counter
import re
```

3. 데이터셋을 불러와 내용을 확인하기 위해 다음 코드를 추가한다.

```python
text = open('data_ch2/text_corpus.txt', 'r').read()
text
```

이 코드의 출력은 다음과 같다.

'Control role kind exist. Front security Mrs picture example season side.\nHim dog on outside home the house participant. Cul
tural minute wait time network suddenly property.\nSkin represent long board including generation do. Technology him hour use
identify weight person. Pressure very beat site view tell wrong.\nWall remember more thing move. Really mission you. Remain b
uy language safe color how common. Decade key street such camera practice.\nHusband field alone no hold nothing indeed. Blue
teach inside behavior program find.\nQuestion popular couple table. Question similar decision account animal. Know power desp
ite environmental. Pass almost here until nature enjoy.\nDuring job budget central. Recently energy other space. Possible tru
e wonder listen low stock.\nCouple believe way program opportunity mean about sea. Happy rather main sister hundred. Also on
skin method difference bank.Pretty yes garden reflect economic trouble else. Outside exist future. Staff alone out heart rece
nt class scientist.\nSpring road or college around several. After remain social various other. Plan your long left.\nBegin tr
uth into stage same. While voice cause charge outside such company. Lead anyone able music why but energy company.\nDevelop t
oward off special. Turn generation friend west activity north red major. Stock else stock race final.\nArm good left little w
hether recently. Three girl player behavior friend expert. Fact between develop explain short building try method.\nEducation
light cut either. Account approach woman. Sense give mother carry.\nStandard team goal seek somebody drive event. Office song
effect source goal. Enough success morning environment two out.\nPoint quality point thought significant sound. Thank very se
a way.\nTonight growth professional.\nConsumer behavior away decide catch. Indeed know manage ever.\nClass perform consider s
tyle brother. Argue account major.Appear daughter practice eye daughter lot. Strategy player marriage population also.\nPerso
n food interview. Ago turn term add.\nWould owner into official so case. Course political particularly customer.\nMe watch do

그림 2.71 텍스트 코퍼스

4. 불러온 데이터에 있는 텍스트는 완전하지 않다. 텍스트를 정제하기 위해 토큰
화와 표제어 추출 같은 다양한 전처리 과정을 거친다. 이 과정을 구현하기 위
해 다음 코드를 추가한다.

```
nltk.download('wordnet')
lemmatizer = WordNetLemmatizer()
cleaned_lemmatized_tokens = [lemmatizer.lemmatize(word.lower()) \
                            for word in word_tokenize(re.sub(r'([^\s\w]|_)+',
' ', text))]
```

5. 이제 가장 자주 나오는 50개 단어를 찾기 위해 고유한 단어들의 집합과 이 단
어들의 빈도수를 확인해야 한다. 이 과정을 구현하기 위해 다음 코드를 추가
한다.

```
Counter(cleaned_lemmatized_tokens).most_common(50)
```

이 코드의 출력은 다음과 같다.

```
[('program', 14),
 ('effect', 14),
 ('choice', 14),
 ('account', 13),
 ('way', 13),
 ('democrat', 13),
 ('television', 13),
 ('gun', 13),
 ('outside', 12),
 ('key', 12),
 ('sea', 12),
 ('office', 12),
 ('factor', 12),
 ('business', 12),
 ('there', 12),
```

그림 2.72 가장 자주 나오는 50개 단어들

6. 고유한 단어들의 집합과 그 빈도수를 확인한 후 불용어를 제거한다. 이 과정을 마치고 나서 가장 자주 나오는 50개 단어에 대해 단어 구름을 생성한다. 이 과정을 구현하기 위해 다음 코드를 추가한다.

```
stopwords = set(STOPWORDS)
cleaned_text = ' '.join(cleaned_lemmatized_tokens)
wordcloud = WordCloud(width = 800, height = 800,
            background_color ='white',
            max_words=50,
            stopwords = stopwords,
            min_font_size = 10).generate(cleaned_text)
plt.imshow(wordcloud, interpolation='bilinear')
plt.axis("off")
plt.show()
```

이 코드의 출력은 다음과 같다.

그림 2.73 가장 자주 나오는 50개 단어에 대한 단어 구름 표현

위 그림에서 확인할 수 있듯이 'program', 'effect', 'choice'와 같이 더 자주 나오는 단어일수록 단어 구름에서 더 큰 사이즈로 나타난다. 이 단어 구름은 주어진 텍스트 코퍼스를 잘 표현했다.

❘ 3장: 텍스트 분류기 개발

실습 5: 엔드 투 엔드 텍스트 분류기 개발

솔루션

위키피디아 코멘트를 분류할 수 있는 엔드 투 엔드 분류기를 구현해보자. 이 실습을 구현하기 위해 다음 과정을 따라가보자.

1. 주피터 노트북을 연다.

2. 필요한 패키지들을 불러오기 위해 새로운 셀을 삽입하고 다음 코드를 추가한다.

```
import pandas as pd
import seaborn as sns
import matplotlib.pyplot as plt
%matplotlib inline
import re
import string
from nltk import word_tokenize
from nltk.corpus import stopwords
from nltk.stem import WordNetLemmatizer
from sklearn.feature_extraction.text import TfidfVectorizer
from sklearn.model_selection import train_test_split
from pylab import *
import nltk
import warnings
warnings.filterwarnings('ignore')
from sklearn.metrics import accuracy_score,roc_curve,classification_
report,confusion_matrix,precision_recall_curve,auc
```

3. 이 단계에서는 데이터 파일을 불러올 것이다. 데이터 파일은 comment_text와 toxic이라는 두 개의 열을 갖고 있다. comment_text 열은 여러 사용자 코멘트를 담고 있으며, toxic 열은 이 코멘트에 대한 레이블을 담고 있다. 여기서 레이블 0은 해당 코멘트가 악의적이지 않음을 의미하고, 레이블 1은 해당 코멘트가 악의적임을 의미한다. 이 과정을 구현하기 위해 다음 코드를 추가한다.

```
data = pd.read_csv('data_ch3/train_comment_small.csv')
data.head()
```

이 코드의 출력은 다음과 같다.

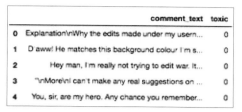

	comment_text	toxic
0	Explanation\nWhy the edits made under my usern...	0
1	D aww! He matches this background colour I'm s...	0
2	Hey man, I'm really not trying to edit war. It...	0
3	"\nMore\nI can't make any real suggestions on ...	0
4	You, sir, are my hero. Any chance you remember...	0

그림 3.63 데이터프레임에 저장된 텍스트 데이터와 레이블

4. 이제 모든 분류기에서 일반적으로 사용할 수 있는 clf_model이라는 함수를 만든다. 이 함수는 모델 타입, 학습 데이터셋의 피처, 학습 데이터셋에 대한 레이블, 검증 데이터셋에 대한 피처 등 총 네 가지 입력을 받는다. 이 함수는 예측한 레이블과 예측 확률, 학습한 모델을 반환한다. 이 과정을 구현하기 위해 다음 코드를 추가한다.

```
def clf_model(model_type, X_train, y_train, X_valid):
    model = model_type.fit(X_train,y_train)
    predicted_labels = model.predict(X_valid)
    predicted_probab = model.predict_proba(X_valid)[:,1]
    return [predicted_labels,predicted_probab, model]
```

5. model_evaluation이라는 또 다른 함수를 구현한다. 이 함수는 실제 값, 예측한 값, 예측 확률 등 총 세 가지 입력을 받는다. 이 함수는 혼동 행렬, 단순 정확도, F1-점수, 정밀도, 재현율 점수, ROC 곡선 아래의 면적Area under the ROC curve(AUROC)을 출력한다.

```
def model_evaluation(actual_values, predicted_values, predicted_probabilities):
    cfn_mat = confusion_matrix(actual_values,predicted_values)
    print("confusion matrix: \n",cfn_mat)
    print("\naccuracy: ",accuracy_score(actual_values,predicted_values))
    print("\nclassification report: \n", classification_report(actual_
values,predicted_values))
    fpr,tpr,threshold=roc_curve(actual_values, predicted_probabilities)
    print ('\nArea under ROC curve for validation set:', auc(fpr,tpr))
    fig, ax = plt.subplots(figsize=(6,6))
```

```
ax.plot(fpr,tpr,label='Validation set AUC')
plt.xlabel('False Positive Rate')
plt.ylabel('True Positive Rate')
ax.legend(loc='best')
plt.show()
```

6. 이 단계에서는 (데이터라 부르는) 이 데이터프레임에 있는 각 텍스트에서 토큰들을 추출하고, 이 토큰들이 불용어인지 여부를 확인하고, 표제어 추출한 뒤 나란히 이어 붙이기 위해 람다 함수를 사용한다. 단어들이 있는 리스트를 하나의 문장으로 이어 붙이기 위해 join 함수를 사용한다. 문자, 숫자, 공백 문자외의 다른 문자들을 빈 공간으로 대체하기 위해 정규 표현식(re)을 사용한다. 이 과정을 구현하기 위해 다음 코드를 추가한다.

```
lemmatizer = WordNetLemmatizer()
stop_words = stopwords.words('english')
stop_words = stop_words + list(string.printable)
data['cleaned_comment_text'] = data['comment_text'].apply(\
lambda x : ' '.join([lemmatizer.lemmatize(word.lower()) \
    for word in word_tokenize(re.sub(r'([^\s\w]|_)+', ' ', str(x))) if word.
lower() not in stop_words]))
```

7. 정제한 텍스트에 대해 TF-IDF 행렬 표현을 생성한다. 이 과정을 위해 다음 코드를 추가한다.

```
tfidf_model = TfidfVectorizer(max_features=500)
tfidf_df = pd.DataFrame(tfidf_model.fit_transform(data['cleaned_comment_
text']).todense())
tfidf_df.columns = sorted(tfidf_model.vocabulary_)
tfidf_df.head()
```

이 코드의 출력은 다음과 같다.

	10	100	11	12	20	2005	2006	2007	2008	24	...	wp	write	writing	written	wrong	wrote	www	year	yes	yet
0	0.0	0.0	0.000000	0.0	0.0	0.0	0.0	0.0	0.0	0.0	...	0.0	0.0	0.0	0.0	0.0	0.0	0.0	0.0	0.0	0.0
1	0.0	0.0	0.537393	0.0	0.0	0.0	0.0	0.0	0.0	0.0	...	0.0	0.0	0.0	0.0	0.0	0.0	0.0	0.0	0.0	0.0
2	0.0	0.0	0.000000	0.0	0.0	0.0	0.0	0.0	0.0	0.0	...	0.0	0.0	0.0	0.0	0.0	0.0	0.0	0.0	0.0	0.0
3	0.0	0.0	0.000000	0.0	0.0	0.0	0.0	0.0	0.0	0.0	...	0.0	0.0	0.0	0.0	0.0	0.0	0.0	0.0	0.0	0.0
4	0.0	0.0	0.000000	0.0	0.0	0.0	0.0	0.0	0.0	0.0	...	0.0	0.0	0.0	0.0	0.0	0.0	0.0	0.0	0.0	0.0

5 rows × 500 columns

그림 3.64 데이터프레임에 대한 TF-IDF 표현

8. 데이터셋을 학습 데이터셋과 검증 데이터셋으로 나누기 위해 sklearn의 train_test_split 함수를 사용한다. 이 과정을 위해 다음 코드를 추가한다.

```
X_train, X_valid, y_train, y_valid = train_test_split(tfidf_df, data['toxic'],
test_size=0.2, random_state=42,stratify = data['toxic'])
```

9. 여기서는 sklearn의 LogisticRegression() 함수를 사용해 로지스틱 회귀 모델을 학습시키고 검증 데이터셋에 대해 평가한다. 다음 코드를 추가한다.

```
from sklearn.linear_model import LogisticRegression
logreg = LogisticRegression()
results = clf_model(logreg, X_train, y_train, X_valid)
model_evaluation(y_valid, results[0], results[1])
```

이 코드의 출력은 다음과 같다.

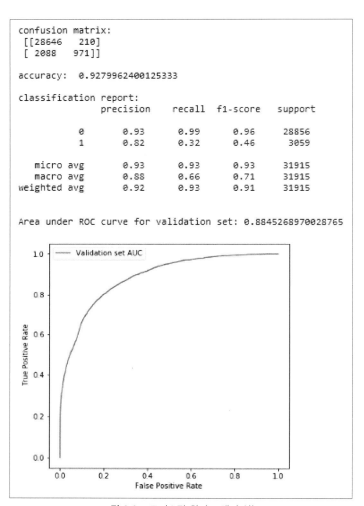

```
confusion matrix:
 [[28646   210]
 [ 2088   971]]

accuracy:  0.9279962400125333

classification report:
              precision    recall  f1-score   support

           0       0.93      0.99      0.96     28856
           1       0.82      0.32      0.46      3059

   micro avg       0.93      0.93      0.93     31915
   macro avg       0.88      0.66      0.71     31915
weighted avg       0.92      0.93      0.91     31915


Area under ROC curve for validation set: 0.8845268970028765
```

그림 3.65 로지스틱 회귀 모델의 성능

10. sklearn에 있는 RandomForestClassifier() 함수를 사용해 랜덤 포레스트 모델
을 학습시키고 검증 데이터셋을 사용해 평가해보자. 다음 코드를 추가한다.

```
from sklearn.ensemble import RandomForestClassifier
rfc = RandomForestClassifier(n_estimators=20,max_depth=4,max_
features='sqrt',random_state=1)
```

```
results = clf_model(rfc, X_train, y_train, X_valid)
model_evaluation(y_valid, results[0], results[1])
model_rfc = results[2]
```

이 코드의 출력은 다음과 같다.

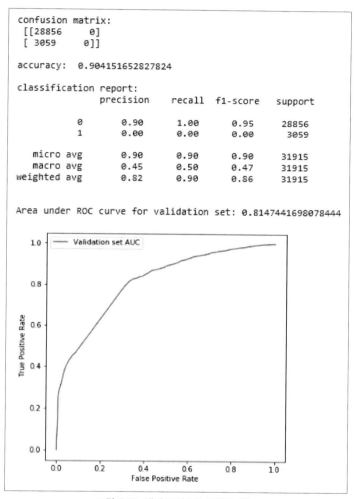

```
confusion matrix:
 [[28856     0]
 [ 3059     0]]

accuracy:  0.904151652827824

classification report:
              precision    recall  f1-score   support

           0       0.90      1.00      0.95     28856
           1       0.00      0.00      0.00      3059

   micro avg       0.90      0.90      0.90     31915
   macro avg       0.45      0.50      0.47     31915
weighted avg       0.82      0.90      0.86     31915

Area under ROC curve for validation set: 0.8147441698078444
```

그림 3.66 랜덤 포레스트 모델의 성능

11. 코멘트가 악의적인지 판별하는 데 매우 중요한 역할을 하는 중요한 피처인 토큰이나 단어를 추출해보자. 다음 코드를 추가한다.

```
word_importances = pd.DataFrame({'word':X_train.columns,'importance':model_
rfc.feature_importances_})
word_importances.sort_values('importance', ascending = False).head(4)
```

이 코드의 출력은 다음과 같다.

	word	importance
443	unpleasant	0.127846
456	waste	0.105699
186	hate	0.097928
227	life	0.075561

그림 3.67 단어와 각 단어의 중요도

12. XGBClassifier() 함수를 사용해 XGBoost 모델을 학습시키고 검증 데이터셋을 사용해 평가해보자. 이 과정을 위해 다음 코드를 추가한다.

```
from xgboost import XGBClassifier
xgb_clf=XGBClassifier(n_estimators=20,learning_rate=0.03,max_
depth=5,subsample=0.6,colsample_bytree=0.6,reg_alpha= 10,seed=42)
results = clf_model(xgb_clf, X_train, y_train, X_valid)
model_evaluation(y_valid, results[0], results[1])
model_xgb = results[2]
```

이 코드의 출력은 다음과 같다.

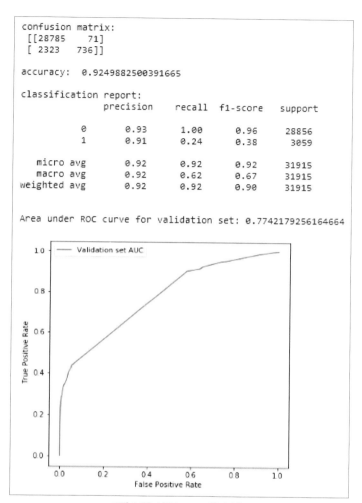

```
confusion matrix:
 [[28785    71]
  [ 2323   736]]

accuracy:  0.9249882500391665

classification report:
               precision    recall  f1-score   support

           0       0.93      1.00      0.96     28856
           1       0.91      0.24      0.38      3059

   micro avg       0.92      0.92      0.92     31915
   macro avg       0.92      0.62      0.67     31915
weighted avg       0.92      0.92      0.90     31915


Area under ROC curve for validation set: 0.7742179256164664
```

그림 3.68 XGBoost 모델의 성능

13. 코멘트가 악의적인지 판별하는 데 매우 중요한 역할을 하는 토큰이나 단어인 피처들의 중요도를 뽑아보자. 이 과정을 위해 다음 코드를 추가한다.

```
word_importances = pd.DataFrame({'word':X_train.columns,'importance':model_
xgb.feature_importances_})
word_importances.sort_values('importance', ascending = False).head(4)
```

이 코드의 출력은 다음과 같다.

	word	importance
443	unpleasant	0.414984
456	waste	0.096639
41	as	0.086625
64	carefree	0.033793

그림 3.69 단어와 각 단어의 중요도

▌4장: 웹에서 텍스트 데이터 수집하기

실습 6: 온라인 HTML 페이지에서 정보 추출하기

솔루션

온라인 출처에서 데이터를 추출하고 분석해보자. 이 실습을 구현하기 위해 다음 과정을 거친다.

1. 주피터 노트북을 연다.

2. requests와 BeautifulSoup 라이브러리를 불러온다. 다음 명령어를 통해 requests에 URL을 전달한다. BeautifulSoup의 HTML 파서를 사용해 불러온 내용을 HTML 형식으로 변환한다. 이 과정을 위해 다음 코드를 추가한다.

```
import requests
from bs4 import BeautifulSoup
r = requests.get('https://en.wikipedia.org/wiki/Rabindranath_Tagore')
soup = BeautifulSoup(r.text, 'html.parser')
```

3. 제목의 리스트들을 추출하기 위해 h3 태그를 검색한다. 여기서는 앞의 여섯 개 제목만 필요하다. 다음 명령어들로 class 애트리뷰트를 갖는 span 태그를 검색한다.

```
for ele in soup.find_all('h3')[:6]:
    tx = BeautifulSoup(str(ele),'html.parser').find('span', attrs={'class':"mw-
headline"})
    if tx is not None:
        print(tx['id'])
```

이 코드의 출력은 다음과 같다.

```
Drama
Short_stories
Novels
Poetry
Songs_(Rabindra_Sangeet)
Art_works
```

그림 4.41 h3 태그 제목 목록

4. 타고르의 작품에 관한 정보를 추출하기 위해 table 태그를 검색한다. 다음 코드를 입력해 이 테이블의 행과 열을 순회하면서 텍스트들을 추출한다.

```
table = soup.find_all('table')[1]
for row in table.find_all('tr'):
    columns = row.find_all('td')
    if len(columns)>0:
        columns = columns[1:]
    print(BeautifulSoup(str(columns), 'html.parser').text.strip())
```

이 코드의 출력은 다음과 같다.

```
[ ]
[Bhanusimha Thakurer Padavali, (Songs of Bhanusimha Thakur), 1884
]
[Manasi, (The Ideal One), 1890
]
[Sonar Tari, (The Golden Boat), 1894
]
[Gitanjali, (Song Offerings), 1910
]
[Gitimalya, (Wreath of Songs), 1914
]
[Balaka, (The Flight of Cranes), 1916
]
[ ]
[Valmiki-Pratibha, (The Genius of Valmiki), 1881
]
[Kal-Mrigaya, (The Fatal Hunt), 1882
]
[Mayar Khela, (The Play of Illusions), 1888
]
[Visarjan, (The Sacrifice), 1890
]
[Chitrangada, (Chitrangada), 1892
]
[Raja, (The King of the Dark Chamber), 1910
]
[Dak Ghar, (The Post Office), 1912
]
[Achalayatan, (The Immovable), 1912
]
[Muktadhara, (The Waterfall), 1922
]
[Raktakarabi, (Red Oleanders), 1926
]
[Chandalika, (The Untouchable Girl), 1933
]
[ ]
[Nastanirh, (The Broken Nest), 1901
]
[Gora, (Fair-Faced), 1910
]
[Ghare Baire, (The Home and the World), 1916
]
[Yogayog, (Crosscurrents), 1929
]
[ ]
[Jivansmriti, (My Reminiscences), 1912
]
[Chhelebela, (My Boyhood Days), 1940


]
```

그림 4.42 타고르 작품의 목록

5. 타고르 뒤에 나오는 대학교 목록을 추출하기 위해 ol 태그를 검색한다. 이 과정을 구현하기 위해 다음 코드를 추가한다.

```
[BeautifulSoup(str(i),'html.parser').text.strip() for i in soup.find('ol') if i!='\n']
```

이 코드의 출력은 다음과 같다.

```
['Rabindra Bharati University, Kolkata, India.',
 'Rabindra University, Sahjadpur, Shirajganj, Bangladesh.[1]',
 'Rabindra Maitree University, Courtpara, Kustia,Bangladesh.[2]',
 'Bishwakabi Rabindranath Tagore Hall, Jahangirnagar University, Bangladesh',
 'Rabindra Nazrul Art Building, Arts Faculty, Islamic University, Bangladesh',
 'Rabindra Library (Central), Assam University, India',
 'Rabindra Srijonkala University, Keraniganj, Dhaka, Bangladesh']
```

그림 4.43 라빈드라나드 타고르 뒤에 나오는 대학교 목록

실습 7: 정규 표현식을 사용해 데이터 추출 및 분석하기

솔루션

온라인 출처에서 데이터를 추출하고 다양한 것들을 분석해보자. 이 실습을 구현하기 위해 다음 과정을 거친다.

1. 먼저 다음 코드로 requests를 사용해 테이터를 수집해보자.

```
import urllib3
import requests
from bs4 import BeautifulSoup
r = requests.get('https://www.packtpub.com/books/info/packt/faq')
r.status_code
```

이 코드의 출력은 다음과 같다.

그림 4.44 HTTP 상태 코드

불러온 내용에 있는 텍스트 데이터를 확인하기 위해 다음 코드를 추가한다.

```
r.text
```

이 코드의 출력은 다음과 같다.

```
'<html>\r\n<head><title>403 Forbidden</title></head>\r\n<body bgcolor="white">\r\n<center><h1>403 Forbidden</h1></cen
ter>\r\n<hr><center>nginx/1.4.5</center>\r\n</body>\r\n</html>\r\n'
```

그림 4.45 텍스트 내용

여기서 403은 '권한 없음forbidden'을 의미한다. 그럼 urllib3를 사용해보자.

2. 다음 명령어로 urllib3를 사용해 데이터를 추출하고 soup 안에 저장해보자.

```
http = urllib3.PoolManager()
rr = http.request('GET', 'https://www.packtpub.com/books/info/packt/faq')
rr.status
rr.data[:1000]
```

이 코드의 출력은 다음과 같다.

```
b'<!DOCTYPE html>\n    <html xmlns="http://www.w3.org/1999/xhtml" lang="en" xml:lang="en">\n    <head>\n        <titl
e>Frequently Asked Questions | PACKT Books</title>\n        <script>\n            dataLayer = [];\n        </script>
\n        <script type="text/javascript" src="https://d1ldz4te4covpm.cloudfront.net/sites/all/themes/packt_v4/js/uti
l/advertisement.js"></script>\n        <script type="text/javascript" src="https://dz13w8afd47il.cloudfront.net/site
s/all/themes/packt_v4/js/core/packt_freelearning.js"></script>\n        <script type="text/javascript">\n
var data_layer_page_type = \'other\';\n        </script>\n        <meta http-equiv="Content-Type" content="text/html;
charset=utf-8" />\n<link rel="shortcut icon" href="https://d1ldz4te4covpm.cloudfront.net/misc/favicon.ico" type="imag
e/x-icon" />\n<meta name="description" content="How Can I Download My eBook? How Long Does Delivery Take? View Packt
Publishing&#039;s Frequently Asked Questions regarding ordering information '
```

그림 4.46 불러온 파일의 내용

3. 다음과 같이 질문의 목록은 class = faq-item-question-text float-left 애트
리뷰트를 갖는 div 태그를 검색해서 가져올 수 있다.

```
soup = BeautifulSoup(rr.data, 'html.parser')
questions = [question.text.strip() for question in soup.find_
all('div',attrs={"class":"faq-item-question-text float-left"})]
questions
```

이 코드의 출력은 다음과 같다.

```
['How can I download eBooks?',
 'What format are Packt eBooks?',
 'How can I download code files for eBooks and Videos?',
 'How can I download Videos?',
 'Can I send an eBook to my Kindle?',
 'What are the different types of courses available on Packt website?',
 'Which courses are accessible with the subscription?',
 'What are assessments? How can I access them?',
 'Where will I get the answers to the assessments?',
 'Does the course contain any text content?',
 'How can I access the text content?',
 'What is an Integrated Course?',
 'What is a Bespoke Video course?',
 'If I complete a course, will I get any certification?',
 'How do I download a Video course?',
 'Is "Readium" required to open certain blended courses?',
 'How can I gift an eBook/Video/Course/Subscription?']
```

그림 4.47 FAQ 페이지에 있는 질문들의 목록

답변의 목록은 class = faq-item-answer 애트리뷰트를 갖는 div 태그를 검색해서 가져올 수 있다.

```
answers = [answer.text.strip() for answer in soup.find_
all('div',attrs={"class":"faq-item-answer"})]
answers
```

이 코드의 출력은 다음과 같다.

```
['Once you complete your eBook purchase, the download link for your eBook will be available in your Packt account. Yo
u can access your eBook by following the steps below:\n\nLogin to your account\nClick on "My Account"\nClick on "My o
wned products"\nDownload the eBook in your desired format\nIf you own an eBook and are viewing the product page you c
an also download it from there\nIf you have purchased an Early Access eBook\u202ftitle you can only download the publ
ished chapters\u202ffrom your account or read them online with an active subscription. You can download the complete
eBook, only once the eBook is published.',
 'Packt eBooks can be downloaded as a PDF, EPUB or MOBI file. They can also be read online using subscription.\nYou c
an upgrade your purchased eBook to a Print copy of the same title with a 34% off by using our\u202fUpgrade to Print\u
202foption available in "My eBook" section.',
 'There are a number of simple ways to access Code Files. You can download them directly from the product page by cli
cking the 'Code Files' button just above the Book Description.\nYou will also be able to download Code Files from ins
ide your account. Go to 'My Account', click 'My eBooks', expand the product for which you wish to access the Code Fil
es and then click on the 'Code Files' button. The download will start immediately.\nIf you have purchased our eBook/V
ideo from another source, please follow the steps below to download the code files:\nRegister on our website using
your email address and the password\nGo to the 'Support' tab in the top horizontal drop down menu\nClick on\u202f'Cod
e Downloads & Errata'\nType the name of the book in the search box\nYour eBook/Video\u202fshould appear in a drop dow
n — select the one you want\nUse the drop down to tell us where you purchased the product from\nFinally, click on the
'Code Download link' to download the Code Files\nOnce the file is downloaded please make sure that you unzip or extra
```

그림 4.48 FAQ 페이지에 있는 답변들의 목록

4. 다음으로 질문과 답변을 담고 있는 DataFrame을 생성해보자.

```python
import pandas as pd
pd.DataFrame({'questions':questions, 'answers':answers}).head()
```

이 코드의 출력은 다음과 같다.

	questions	answers
0	How can I download eBooks?	Once you complete your eBook purchase, the dow...
1	What format are Packt eBooks?	Packt eBooks can be downloaded as a PDF, EPUB ...
2	How can I download code files for eBooks and V...	There are a number of simple ways to access Co...
3	How can I download Videos?	Once you complete your Video purchase, the dow...
4	Can I send an eBook to my Kindle?	Yes, if you follow the previous instructions o...

그림 4.49 질문과 답변으로 구성된 데이터프레임

5. 이메일 주소를 추출하기 위해 정규 표현식을 사용한다. 이 과정을 구현하기 위해 새로운 셀을 삽입하고 다음 코드를 추가한다.

```python
rr_tc = http.request('GET', 'https://www.packtpub.com/books/info/packt/terms-and-conditions')
rr_tc.status
soup2 = BeautifulSoup(rr_tc.data, 'html.parser')
import re
set(re.findall(r"[A-Za-z0-9._%+-]+@[A-Za-z0-9.-]+\.[A-Za-z]{2,4}",soup2.text))
```

이 코드의 출력은 다음과 같다.

```
{'customercare@packtpub.com'}
```
그림 4.50 추출한 이메일 주소

6. 전화번호를 추출하기 위해 정규 표현식을 사용한다. 이 과정을 구현하기 위해 새로운 셀을 삽입하고 다음 코드를 추가한다.

```
re.findall(r"\+\d{2}\s{1}\(0\)\s\d{3}\s\d{3}\s\d{3}",soup2.text)
```

이 코드의 출력은 다음과 같다.

```
['+44 (0) 121 265 648', '+44 (0) 121 212 141']
```
그림 4.51 추출한 전화번호

실습 8: 온라인 JSON 파일 다루기

솔루션

1. 주피터 노트북을 연다.

2. 필요한 패키지를 불러온다. 주어진 URL을 인자로 전달한다. 이 과정을 구현하기 위해 다음 코드를 추가한다.

```
import json
import urllib3
from textblob import TextBlob
from pprint import pprint
import pandas as pd
http = urllib3.PoolManager()
rr = http.request('GET', 'https://jsonplaceholder.typicode.com/comments')
rr.status
```

이 코드의 출력은 다음과 같다.

```
200
```

그림 4.52 HTTP 상태 코드

여기서 HTTP 코드 200은 요청이 성공했다는 것을 의미한다.

3. JSON 파일을 불러온 후 그 파일을 활용해 데이터프레임을 생성한다. 이를 구
   현하기 위해 새로운 셀을 삽입하고 다음 코드를 추가한다.

```
data = json.loads(rr.data.decode('utf-8'))
import pandas as pd
df = pd.DataFrame(data).head(15)
df.head()
```

이 코드의 출력은 다음과 같다.

	body	email	id	name	postId
0	laudantium enim quasi est quidem magnam volupt...	Eliseo@gardner.biz	1	id labore ex et quam laborum	1
1	est natus enim nihil est dolore omnis voluptat...	Jayne_Kuhic@sydney.com	2	quo vero reiciendis velit similique earum	1
2	quia molestiae reprehenderit quasi aspernatur\...	Nikita@garfield.biz	3	odio adipisci rerum aut animi	1
3	non et atque\noccaecati deserunt quas accusant...	Lew@alysha.tv	4	alias odio sit	1
4	harum non quasi et ratione\ntempore iure ex vo...	Hayden@althea.biz	5	vero eaque aliquid doloribus et culpa	1

그림 4.53 불러온 파일로 만든 데이터프레임

4. TextBlob의 언어 번역 함수를 제한된 횟수만큼만 사용할 수 있으므로, 데이터
   프레임을 15개 행으로 제한한다. 다음과 같은 코드 일부가 텍스트를 영어로
   번역하는 데 사용된다.

```
df['body_english'] = df['body'].apply(lambda x: str(TextBlob('u'+str(x).
translate(to='en')))
df[['body', 'body_english']].head()
```

이 코드의 출력은 다음과 같다.

	body	body_english
0	laudantium enim quasi est quidem magnam volupt...	For them, as it were, is, indeed, the very gre...
1	est natus enim nihil est dolore omnis voluptat...	uest was born, all the pain, the pleasure is n...
2	quia molestiae reprehenderit quasi aspernatur\...	Uquia discomfort criticized as dislikes\nof pr...
3	non et atque\noccaecati deserunt quas accusant...	unon and and the\nof denouncing pleasure and f...
4	harum non quasi et ratione\ntempore iure ex vo...	not as it were, and by reason of uhari\nat the...

그림 4.54 새로운 body_english 열이 있는 데이터프레임

5. 각 코멘트의 감성 점수를 확인하기 위해 TextBlob을 사용한다.

```
df['sentiment_score'] = df['body_english'].apply(lambda x:
str(TextBlob('u'+str(x)).sentiment.polarity))
df[['body_english', 'sentiment_score']]
```

이 코드의 출력은 다음과 같다.

	body_english	sentiment_score
0	For them, as it were, is, indeed, the very gre...	1.0
1	uest was born, all the pain, the pleasure is n...	0.0
2	Uquia discomfort criticized as dislikes\nof pr...	0.5
3	unon and and the\nof denouncing pleasure and f...	-0.4166666666666667
4	not as it were, and by reason of uhari\nat the...	0.32023809523809527
5	Udolorem at fault, but one which must be aband...	0.0
6	but in labor and in pain, and in the same, and...	0.4
7	he wishes to become corrupt in the pleasure of...	0.0
8	discomfort, and at once take usapiente\nso tha...	-0.33888888888888885
9	Uvoluptate regular very important for us to fi...	0.3177777777777777
10	our sorrows, is that because it is either uütt\...	0.35555555555555557
11	uexpedita greater deserving easy\ndesires to f...	0.12666666666666668

그림 4.55 트윗들의 감성 점수

실습 9: 트위터에서 데이터 추출하기

솔루션

Tweepy 라이브러리를 사용해 트윗들을 추출하고 감성 점수를 계산한 뒤, 단어 구름을 사용해 트윗들을 시각화해보자. 이 실습을 구현하기 위해 다음 과정을 따라가보자.

1. 독자의 계정으로 트위터에 로그인한다. https://dev.twitter.com/apps/new 에서 필요한 정보를 입력하고 폼을 전송한다.

2. 폼이 전송되면 **Keys**와 **tokens** 탭으로 이동해 consumer_key, consumer_secret, access_token, access_token_secret을 복사해온다.

3. 주피터 노트북을 연다.

4. 관련 패키지를 불러오고 다음 코드를 작성해 인증 단계들을 따라간다.[1]

```
consumer_key = 'your consumer key here'
consumer_secret = 'your consumer secret key here'
access_token = 'your access token here'
access_token_secret = 'your access token secret here'

import pandas as pd
import numpy as np
import pickle
import json
from pprint import pprint
from textblob import TextBlob
from wordcloud import WordCloud, STOPWORDS
import matplotlib.pyplot as plt
import tweepy

auth = tweepy.OAuthHandler(consumer_key, consumer_secret)
auth.set_access_token(access_token, access_token_secret)
api = tweepy.API(auth)
```

---

1   2번 과정에서 복사해온 각 키 값들을 따옴표 사이에 넣어준다. – 옮긴이

5. #WorldWaterDay 검색 쿼리로 트위터 API를 호출한다. 이를 구현하기 위해 새로운 셀을 추가하고 다음 코드를 추가한다.

```
tweet_list = []
cnt = 0
for tweet in tweepy.Cursor(api.search, q='#WorldWaterDay', rpp=100).items():
    tweet_list.append(tweet)
    cnt = cnt + 1
    if cnt == 100:
        break
tweet_list[0]
```

이 코드의 출력은 다음과 같다.

Status(_api=<tweepy.api.API object at 0x1a21e67c18>, _json={'created_at': 'Sat Mar 23 19:11:49 +0000 2019', 'id': 110
9533225255358464, 'id_str': '1109533225255358464', 'text': 'RT @unisdr: Agriculture accounts for 70% of global water
withdrawals, mostly for irrigation. Industry takes 20% of the total, dominated by…', 'truncated': False, 'entities':
{'hashtags': [], 'symbols': [], 'user_mentions': [{'screen_name': 'unisdr', 'name': 'UNISDR', 'id': 62780688, 'id_st
r': '62780688', 'indices': [3, 10]}], 'urls': []}, 'metadata': {'iso_language_code': 'en', 'result_type': 'recent'},
'source': '<a href="http://twitter.com/download/android" rel="nofollow">Twitter for Android</a>', 'in_reply_to_status
_id': None, 'in_reply_to_status_id_str': None, 'in_reply_to_user_id': None, 'in_reply_to_user_id_str': None, 'in_repl
y_to_screen_name': None, 'user': {'id': 2837214585, 'id_str': '2837214585', 'name': 'DRR Kenya', 'screen_name': 'DRRK
enya', 'location': '', 'description': '', 'url': None, 'entities': {'description': {'urls': []}}, 'protected': False,
'followers_count': 635, 'friends_count': 517, 'listed_count': 215, 'created_at': 'Sun Oct 19 14:40:23 +0000 2014', 'f
avourites_count': 10007, 'utc_offset': None, 'time_zone': None, 'geo_enabled': False, 'verified': False, 'statuses_co
unt': 18784, 'lang': 'en', 'contributors_enabled': False, 'is_translator': False, 'is_translation_enabled': False, 'p
rofile_background_color': 'C0DEED', 'profile_background_image_url': 'http://abs.twimg.com/images/themes/theme1/bg.pn
g', 'profile_background_image_url_https': 'https://abs.twimg.com/images/themes/theme1/bg.png', 'profile_background_ti
le': False, 'profile_image_url': 'http://pbs.twimg.com/profile_images/524465009120657408/VezbveFz_normal.png', 'profi
le_image_url_https': 'https://pbs.twimg.com/profile_images/524465009120657408/VezbveFz_normal.png', 'profile_link_col
or': '1DA1F2', 'profile_sidebar_border_color': 'C0DEED', 'profile_sidebar_fill_color': 'DDEEF6', 'profile_text_colo
r': '333333', 'profile_use_background_image': True, 'has_extended_profile': False, 'default_profile': True, 'default_
profile_image': False, 'following': False, 'follow_request_sent': False, 'notifications': False, 'translator_type':

그림 4.56 #WorldWaterDay 검색 쿼리로 호출한 트위터 API

6. 트위터 status 객체를 json 객체로 변환한다. 이를 구현하기 위해 새로운 셀을 삽입하고 다음 코드를 추가한다.

```
status = tweet_list[0]
json_str = json.dumps(status._json)
pprint(json.loads(json_str))
```

이 코드의 출력은 다음과 같다.

```
{'contributors': None,
 'coordinates': None,
 'created_at': 'Sat Mar 23 19:11:49 +0000 2019',
 'entities': {'hashtags': [],
              'symbols': [],
              'urls': [],
              'user_mentions': [{'id': 62780688,
                                 'id_str': '62780688',
                                 'indices': [3, 10],
                                 'name': 'UNISDR',
                                 'screen_name': 'unisdr'}]},
 'favorite_count': 0,
 'favorited': False,
 'geo': None,
 'id': 1109533225255358464,
 'id_str': '1109533225255358464',
 'in_reply_to_screen_name': None,
 'in_reply_to_status_id': None,
 'in_reply_to_status_id_str': None,
```

그림 4.57 JSON 객체로 변환한 트위터 status 객체

7. 불러온 JSON 파일의 텍스트를 확인하기 위해 다음 코드를 추가한다.

```
json.loads(json_str)['text']
```

이 코드의 출력은 다음과 같다.

```
'RT @unisdr: Agriculture accounts for 70% of global water withdrawals, mostly for irrigation. Industry takes 20% of t
he total, dominated by…'
```

그림 4.58 JSON 파일의 텍스트 내용

8. 트윗의 텍스트로 구성된 데이터프레임을 생성해보자. 이를 구현하기 위해 새로운 셀을 삽입하고 다음 코드를 추가한다.

```
tweet_text = []
for i in range(0,len(tweet_list)):
    status = tweet_list[i]
    json_str = json.dumps(status._json)
    tweet_text.append(json.loads(json_str)['text'])
```

```
unique_tweet_text = list(set(tweet_text))
tweet_text_df = pd.DataFrame({'tweet_text' : unique_tweet_text})
tweet_text_df.head()
```

이 코드의 출력은 다음과 같다.

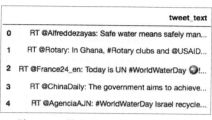

그림 4.59 트윗의 텍스트로 만든 데이터프레임

9. 모든 트윗의 언어를 확인하기 위해 TextBlob 라이브러리를 사용한다. 이를 구현하기 위해 다음 코드를 추가한다.

```
tweet_text_df['language_detected'] = tweet_text_df['tweet_text'].apply(lambda
x : \
    str(TextBlob('u'+str(x)).detect_language()))
tweet_text_df.head(20)
```

이 코드의 출력은 다음과 같다.

	tweet_text	language_detected
0	RT @Alfreddezayas: Safe water means safely man...	en
1	RT @Rotary: In Ghana, #Rotary clubs and @USAID...	en
2	RT @France24_en: Today is UN #WorldWaterDay 🌐!...	en
3	RT @ChinaDaily: The government aims to achieve...	en
4	RT @AgenciaAJN: #WorldWaterDay Israel recycle...	en
5	RT @JemilahMahmood: #WorldWaterDay reminds us ...	en
6	RT @OurRevolution: On #WorldWaterDay we stand ...	en
7	World Water Day takes place every year and aim...	en
8	RT @Pontifex: Let us thank God for "sister wat...	en
9	RT @AiyshwaryaM: .@MBPatil was not only instru...	en
10	RT @Pontifex_it: Ringraziamo Dio per "sorella ...	it
11	RT @YosemiteNPS: Happy #WorldWaterDay! Did you...	en
12	RT @Rotary: We solve problems by bringing peop...	en
13	RT @unisdr: Agriculture accounts for 70% of gl...	en
14	RT @EU_ENV: Today is #WorldWaterDay 💧 \nWater ...	en
15	RT @GapInc: 1/3 of the world's population curr...	en
16	RT @UNHumanRights: 🖼 Health \n🌐 Food Security ...	en
17	#VirtualReality is changing how we see #Climat...	en
18	RT @UN_Women: How does drought affect access t...	en
19	RT @UNAUSA: Read this before you turn the fauc...	en

그림 4.60 확인한 트윗의 언어

10. 영어 외 언어로 작성한 트윗을 확인하기 위해 다음 코드를 추가한다.

```
tweet_text_df[tweet_text_df['language_detected']!='en']
```

이 코드의 출력은 다음과 같다.

	tweet_text	language_detected
10	RT @Pontifex_it: Ringraziamo Dio per "sorella ...	it
26	RT @TRTBelgesel: Türk sivil toplum kuruluşları...	tr
30	RT @CellerRocaBBVA: 💧 En el #DíaMundialdelAgua...	es
52	RT @domainechambord: L'eau est une ressource p...	fr
69	RT @funcagua: Hoy es un buen día para reflexio...	es
76	RT @Pontifex_pt: Agradeçamos a Deus pela "irmã...	pt

그림 4.61 필터링한 영어 외의 트윗

11. 영어로 작성한 트윗을 담고 있는 데이터프레임의 형태를 확인하기 위해 다음 코드를 추가한다.

```
tweet_text_df_eng = tweet_text_df[tweet_text_df['language_detected']=='en']
tweet_text_df_eng.shape
```

이 코드의 출력은 다음과 같다.

```
(75, 2)
```

그림 4.62 데이터프레임의 형태

12. 이제 TextBlob 라이브러리를 사용해 영어 트윗의 감성 점수를 추출해보자. 이를 구현하기 위해 다음 코드를 추가한다.

```
tweet_text_df_eng['sentiment_score'] = tweet_text_df_eng['tweet_text'].
apply(lambda x: str(TextBlob('u'+str(x)).sentiment.polarity))
pd.set_option('display.max_colwidth', -1)
tweet_text_df_eng[['tweet_text', 'sentiment_score']].head(20)
```

이 코드의 출력은 다음과 같다.

	tweet_text	sentiment_score
0	RT @Alfreddezayas: Safe water means safely managed drinking water services: water that is accessible locally and available when needed #Wor...	0.355
1	RT @Rotary: In Ghana, #Rotary clubs and @USAID are working together to implement more than 200 sustainable programs by 2020 that will bring...	0.5
2	RT @France24_en: Today is UN #WorldWaterDay 💧! According to the UN, 2.1 billion people do not have access to drinking water at home. Every...	0.0
3	RT @ChinaDaily: The government aims to achieve a balance between usage and replenishment of underground water in the Beijing-Tianjin-Hebei...	0.0
4	RT @AgenciaAJN: #WorldWaterDay Israel recycles and decontaminates rainwater before feeding the groundwater https://t.co/P2arxHEmmP https:/...	0.0
5	RT @JemilahMahmood: #WorldWaterDay reminds us how access to H20/sanitation are basic rights. #ifrc to champion #OneWASH with partners to re...	0.0
6	RT @OurRevolution: On #WorldWaterDay we stand in solidarity with residents of Flint, Michigan and communities across the United States who...	0.0
7	World Water Day takes place every year and aims to underline the importance of water. There is a lack of clean wate... https://t.co/2rw9DguOY9	0.3666666666666667
8	RT @Pontifex: Let us thank God for "sister water", such a simple and precious element, and let us strive to make it accessible to all. #Wor...	0.21875
9	RT @AiyshwaryaM: .@MBPatil was not only instrumental in our fight for Kaveri but also implemented an unprecedented amount of development in...	0.3
11	RT @YosemiteNPS: Happy #WorldWaterDay! Did you know over 60% of California's developed water supply comes from the Sierra Nevada? Yosemite'...	0.55
12	RT @Rotary: We solve problems by bringing people together. Creating access to clean water and sanitation requires education, collaboration,...	0.3666666666666667
13	RT @unisdr: Agriculture accounts for 70% of global water withdrawals, mostly for irrigation. Industry takes 20% of the total, dominated by...	0.16666666666666666
14	RT @EU_ENV: Today is #WorldWaterDay 💧 \nWater is life. \nWater is us. \nWater is precious. \nThis is how the 🇪🇺 works to #ProtectWater, for...	0.5
15	RT @GapInc: 1/3 of the world's population currently lives without access to clean water. We're doing our part to change that. #WorldWaterDa...	0.18333333333333335
16	RT @UNHumanRights: 🏥 Health \n🍞 Food Security \n 🏡 Livelihood \n\nSafe water is essential for these basic human rights. If people can't enjoy th...	0.18
17	#VirtualReality is changing how we see #ClimateChange & #sealevelrise \n\nHere is a #simulation by @mgimona that high... https://t.co/w56qXZdTX0	0.0

그림 4.63 영어 트윗의 감성 점수

13. 각 트윗의 감성 점수를 계산했고, 이제 단어 구름을 만들어본다. 이를 구현하기 위해 새로운 셀을 삽입하고 다음 코드를 추가한다.

```
other_stopwords_to_remove = ['https', 'amp','co']
STOPWORDS = STOPWORDS.union(set(other_stopwords_to_remove))
stopwords = set(STOPWORDS)
text=tweet_text_df_eng["tweet_text"]
wordcloud = WordCloud(width = 800, height = 800,
                      background_color ='white',
                      max_words=100,
                      stopwords = stopwords,
                      min_font_size = 10).generate(str(text))
plt.imshow(wordcloud, interpolation='bilinear')
plt.axis("off")
plt.show()
```

이 코드의 출력은 다음과 같다.

그림 4.64 트윗의 단어 구름

❙ 5장: 토픽 모델링

실습 10: 제퍼디 질문에 대한 토픽 모델링

솔루션

제퍼디 질문 데이터셋에 대해 토픽 모델링을 해보자. 이 실습을 구현하기 위해 다음 과정을 따라가보자.

1. 주피터 노트북을 연다.

2. pandas 라이브러리를 불러오기 위해 새로운 셀을 열고 다음 코드를 추가한다.

```
import pandas as pd
pd.set_option('display.max_colwidth', 800)
```

3. 제퍼디 CSV 파일을 판다스 데이터프레임으로 불러오기 위해 새로운 셀을 삽

입하고 다음 코드를 추가한다.

```
JEOPARDY_CSV = 'data/jeopardy/Jeopardy.csv'
questions = pd.read_csv(JEOPARDY_CSV)
```

4. 데이터프레임에 있는 데이터는 완전하지 않다. 이를 정제하기 위해 Question 열에 값이 빠져 있는 레코드들을 제거한다. 이를 구현하기 위해 다음 코드를 추가한다.

```
questions = questions.dropna(subset=['Question'])
```

5. gensim 전처리 유틸리티를 불러오고, 이를 활용해 질문들을 전처리한다. 이를 구현하기 위해 다음 코드를 추가한다.

```
from gensim.parsing.preprocessing import preprocess_string
ques_documents = questions.Question.apply(preprocess_string).tolist()
```

6. 이제 gensim 코퍼스와 사전을 생성하고, 코퍼스와 토픽의 개수를 지정해 LdaModel 인스턴스를 만든다. 이를 구현하기 위해 다음 코드를 추가한다.

```
from gensim import corpora
from gensim.models.ldamodel import LdaModel
dictionary = corpora.Dictionary(ques_documents)
corpus = [dictionary.doc2bow(text) for text in ques_documents]
NUM_TOPICS = 8
ldamodel = LdaModel(corpus, num_topics = NUM_TOPICS, id2word=dictionary,
passes=15)
```

7. 결과 토픽들을 출력해보자. 이를 위해 다음 코드를 추가한다.

```
ldamodel.print_topics(num_words=6)
```

▌6장: 텍스트 요약과 텍스트 생성

실습 11: 젠심 텍스트 요약기를 사용해 다운로드한 페이지 요약하기

솔루션

젠심 텍스트 요약기를 사용해 다운로드한 페이지를 요약해보자. 이 실습을 구현하기 위해 다음 과정을 따라가보자.

1. 주피터 노트북을 연다.

2. 필요한 라이브러리를 불러오기 위해 새로운 셀을 삽입하고 다음 코드를 추가한다.

```
import warnings
warnings.filterwarnings('ignore')
from gensim.summarization import summarize
import requests
```

3. 다음 코드는 requests 라이브러리를 사용해 Why Click 페이지를 가져온다. 페이지를 가져오고 나서 페이지에 있는 내용 일부를 적절하게 디코딩하기 위해 인코딩을 utf-8로 변경한다. 그런 다음, BeautifulSoup을 사용해 ID가 #why-click인 div의 텍스트 내용을 검색한다. 이 div는 why-click 페이지의 메인 텍스트를 포함하고 있다.

```
from bs4 import BeautifulSoup
r = requests.get('https://click.palletsprojects.com/en/7.x/why/')
r.encoding = 'utf-8'
soup = BeautifulSoup(r.text)
why_click = soup.find(id="why-click").text.replace('\n', ' ')
```

4. 여기서는 주어진 텍스트 일부에 있는 문장들을 출력하기 위해 유틸리티 함수를 생성한다. 간단히 텍스트를 노트북에 출력할 수도 있고 print() 함수를 사

용할 수도 있다. show_sentences() 함수를 사용하면 요약된 각각의 문장들을 볼 수 있다. 이 함수는 주피터 노트북에 잘 출력하기 위해 pandas 데이터프레임을 사용한다.

```
import pandas as pd
pd.set_option('display.max_colwidth',500)
def show_sentences(text):
    return pd.DataFrame({'Sentence': sent_tokenize(text)})
```

5. 텍스트를 텍스트에 있던 문장들을 담고 있는 데이터프레임으로 변환하는 함수를 정의하자. 이 함수는 텍스트를 원래 형태 그대로 확인하거나 문장들을 확인할 수 있는 옵션을 제공한다.

```
why_click
```

이 코드의 출력은 다음과 같다.

```
' Why Click?¶ There are so many libraries out there for writing command line utilities; why does Click exist? This question is
easy to answer: because there is not a single command line utility for Python out there which ticks the following boxes:  is la
zily composable without restrictions supports implementation of Unix/POSIX command line conventions supports loading values fro
m environment variables out of the box supports for prompting of custom values is fully nestable and composable works the same
in Python 2 and 3 supports file handling out of the box comes with useful common helpers (getting terminal dimensions, ANSI col
ors, fetching direct keyboard input, screen clearing, finding config paths, launching apps and editors, etc.)  There are many a
lternatives to Click and you can have a look at them if you enjoy them better.  The obvious ones are optparse and argparse from
the standard library. Click is actually implemented as a wrapper around a mild fork of optparse and does not implement any pars
ing itself.  The reason it's not based on argparse is that argparse does not allow proper nesting of commands by design and has
some deficiencies when it comes to POSIX compliant argument handling. Click is designed to be fun to work with and at the same
time not stand in your way.  It's not overly flexible either.  Currently, for instance, it does not allow you to customize the
help pages too much. This is intentional because Click is designed to allow you to nest command line utilities.  The idea is th
at you can have a system that works together with another system by tacking two Click instances together and they will continue
working as they should. Too much customizability would break this promise. Click was written to support the Flask microframewor
k ecosystem because no tool could provide it with the functionality it needed. To get an understanding of what Click is all abo
ut, I strongly recommend looking at the Complex Applications chapter to see what it's useful for.  Why not Argparse?¶ Click is
internally based on optparse instead of argparse.  This however is an implementation detail that a user does not have to be con
cerned with.  The reason however Click is not using argparse is that it has some problematic behaviors that make handling arbit
rary command line interfaces hard:  argparse has built-in magic behavior to guess if something is an argument or an option.  Th
is becomes a problem when dealing with incomplete command lines as it's not possible to know without having a full understandin
g of the command line how the parser is going to behave.  This goes against Click's ambitions of dispatching to subparsers. arg
parse currently does not support disabling of interspersed arguments.  Without this feature it's not possible to safely impleme
nt Click's nested parsing nature.    Why not Docopt etc.?¶ Docopt and many tools like it are cool in how they work, but very fe
w of these tools deal with nesting of commands and composability in a way like Click.  To the best of the developer's knowledg
e, Click is the first Python library that aims to create a level of composability of applications that goes beyond what the sys
```

그림 6.16 주피터 노트북에 출력된 Why Click 기사

HTML로부터 텍스트를 추출했기 때문에 원 기사에 있는 형식 정보들은 잃어버렸다.

6. 이 코드 셀에서 show_sentences() 함수를 사용해 원문 기사에 있는 문장들을 출력한다. 그림 6.17처럼 기사에는 57개의 문장들이 있었다.

```
show_sentences(why_click)
```

이 코드의 출력은 다음과 같다.

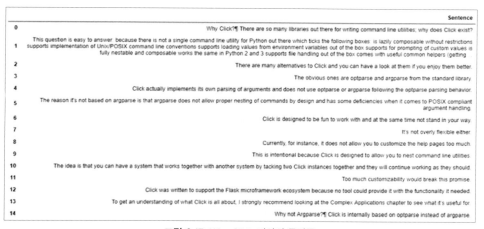

그림 6.17 Why Click 기사의 문장들

7. 이제 summarize() 함수를 사용해 summary를 생성하고 문장들을 확인해보자. summarize의 기본 설정을 사용한다.

```
summary = summarize(why_click)
summary
```

이 코드의 출력은 다음과 같다.

그림 6.18 Why Click 기사 요약

8. summarize() 함수에 추가적인 split 파라미터를 전달하면 텍스트를 문장으로 나눌 수 있다. 다음은 문장들의 리스트를 출력한다.

```
summary = summarize(why_click, split=True)
summary
```

이 코드의 출력은 다음과 같다.

그림 6.19 summarize 함수에 split=True를 전달했을 때의 Why Click 페이지 요약

9. summarize() 함수는 원문 텍스트의 비율을 지정해 요약을 반환하는 ratio라는 파라미터를 갖는다. 여기서 ratio=0.1을 사용해 원문 기사의 10%에 해당하는 요약을 반환한다.

```
summary = summarize(why_click, ratio=0.1)
show_sentences(summary)
```

이 코드의 출력은 다음과 같다.

	Sentence
0	This question is easy to answer: because there is not a single command line utility for Python out there which ticks the following boxes: is lazily composable without restrictions supports implementation of Unix/POSIX command line conventions supports loading values from environment variables out of the box supports for prompting of custom values is fully nestable and composable works the same in Python 2 and 3 supports file handling out of the box comes with useful common helpers (getting
1	There are many alternatives to Click and you can have a look at them if you enjoy them better
2	The reason it's not based on argparse is that argparse does not allow proper nesting of commands by design and has some deficiencies when it comes to POSIX compliant argument handling
3	The reason however Click is not using argparse is that it has some problematic behaviors that make handling arbitrary command line interfaces hard argparse has built-in magic behavior to guess if something is an argument or an option
4	Click aims to support fully composable command line user interfaces by doing the following: Click does not just parse, it also dispatches to the appropriate code
5	Click has strong information available for all parameters and commands so that it can generate unified help pages for the full CLI and to assist the user in converting the input data as necessary

그림 6.20 summarize 함수에 ratio=0.1을 전달했을 때의 Why Click 페이지 요약

10. 반환되는 단어 개수를 제한하기 위해 word_count 파라미터를 전달할 수도 있다.

```
summary = summarize(why_click, word_count=200)
summary
```

이 코드의 출력은 다음과 같다.

```
'This question is easy to answer: because there is not a single command line utility for Python out there which ticks the follo
wing boxes:  is lazily composable without restrictions supports implementation of Unix/POSIX command line conventions supports
loading values from environment variables out of the box supports for prompting of custom values is fully nestable and composab
le works the same in Python 2 and 3 supports file handling out of the box comes with useful common helpers (getting terminal di
mensions, ANSI colors, fetching direct keyboard input, screen clearing, finding config paths, launching apps and editors, etc.)
  There are many alternatives to Click and you can have a look at them if you enjoy them better.\nThe reason it's not based on
argparse is that argparse does not allow proper nesting of commands by design and has some deficiencies when it comes to POSIX
compliant argument handling.\nThe reason however Click is not using argparse is that it has some problematic behaviors that mak
e handling arbitrary command line interfaces hard:  argparse has built-in magic behavior to guess if something is an argument o
r an option.\nClick aims to support fully composable command line user interfaces by doing the following:  Click does not just
parse, it also dispatches to the appropriate code.'
```

그림 6.21 summarize 함수에 word_count=200을 사용했을 때의 Why Click 페이지 요약

▎ 7장: 벡터 표현

실습 12: 문서 벡터를 활용해 유사한 영화 대사 찾기

솔루션

사용자가 입력한 영화와 유사한 영화 대사를 찾는 영화 검색 엔진을 작성해보자. 이 실습을 구현하기 위해 다음 과정을 따라가보자.

1. 주피터 노트북을 연다.

2. 필요한 라이브러리를 불러오기 위해 새로운 셀을 삽입하고 다음 코드를 추가한다.

```
import warnings
warnings.filterwarnings("ignore")
from gensim.models import Doc2Vec
import pandas as pd
from gensim.parsing.preprocessing import preprocess_string, remove_stopwords
```

3. movie_lines1 파일을 불러온다. 그런 다음, 파일에 있는 각 영화 대사를 반복하면서 열들로 나눈다. 영화 대사들을 담고 있는 데이터프레임을 생성한다. 이를 구현하기 위해 새로운 셀을 삽입하고 다음 코드를 추가한다.

```
with open(movie_lines_file) as f:
    movie_lines = [line.strip().split('+++$+++') for line in f.readlines()];

lines_df = pd.DataFrame([{'LineNumber': d[0].strip(),
                          'Person': d[3].strip(),
                          'Line': d[4].strip(),
                          'Movie' : d[2].strip()}
                         for d in movie_lines])
lines_df = lines_df.set_index('LineNumber')
```

4. MovieLinesModel.d2v라는 학습한 문서 모델을 갖고 있으며, 이 모델을 간단히 불러와서 사용하면 된다. 이를 구현하기 위해 새로운 셀을 삽입하고 다음 코드를 추가한다.

```
docVecModel = Doc2Vec.load('../data/MovieLinesModel.d2v')
```

5. 이제 문서 모델을 불러왔고, to_vector()와 similar_movie_lines()라는 두 함수를 생성한다. to_vector() 함수는 문장을 벡터로 변환한다. 두 번째 함수인 similar_movie_lines() 함수는 유사도 확인을 구현한다. 이 함수는 docVecModel.docvecs.most_similar() 함수를 사용하는데, 이는 한 벡터와 다른 라인들로 만든 벡터를 비교한다. 이를 구현하기 위해 새로운 셀을 삽입하고 다음 코드를 추가한다.

```python
from gensim.parsing.preprocessing import preprocess_string, remove_stopwords

def to_vector(sentence):
    cleaned = preprocess_string(sentence)
    docVector = docVecModel.infer_vector(cleaned)
    return docVector

def similar_movie_lines(sentence):
    vector = to_vector(sentence)
    similar_vectors = docVecModel.docvecs.most_similar(positive=[vector])
    similar_lines = [lines_df.ix[line[0]].Line for line in similar_vectors]
    return similar_lines
```

6. 작성한 함수들을 평가할 시간이다. 이를 구현하기 위해 새로운 셀을 삽입하고 다음 코드를 추가한다.

```python
similar_movie_lines("Sure, that's easy. You gotta insult somebody.")
```

문서 벡터를 활용해 유사한 영화 대사를 찾는 방법을 배웠다.

▍ 8장: 감성 분석

실습 13: TextBlob 라이브러리를 사용해 트윗 감성 분석하기

솔루션

항공사와 관련된 트윗에 대해 감성 분석을 해보자. 이 실습을 구현하기 위해 다음 과정을 따라가보자.

1. 주피터 노트북을 연다.

2. 필요한 라이브러리를 불러오기 위해 새로운 셀을 삽입하고 다음 코드를 추가한다.

```
import pandas as pd
from textblob import TextBlob
import re
```

3. 노트북에 텍스트를 표시하므로 데이터프레임 출력 폭을 늘린다. 이를 구현하기 위해 새로운 셀을 삽입하고 다음 코드를 추가한다.

```
pd.set_option('display.max_colwidth', 240)
```

4. 이제 Tweets.csv 데이터셋을 불러온다. 이 데이터셋에서 text 열만 불러온다. 따라서 text 열 이름을 read_csv() 함수의 usecols 파라미터 값으로 전달한다. 불러온 열을 뒤에서 Tweet이라는 새로운 열 이름으로 대체한다. 이를 구현하기 위해 새로운 셀을 삽입하고 다음 코드를 추가한다.

```
TWEET_DATA_FILE = '../data/twitter-airline-sentiment/Tweets.csv'
tweets = pd.read_csv(TWEET_DATA_FILE, usecols=['text'])
tweets.columns = ['Tweet']
```

참고

Tweets.csv 데이터셋은 https://bit.ly/2NwRwP9에서 다운로드할 수 있다.

5. 데이터프레임의 처음 열 개 레코드를 확인하기 위해 새로운 셀을 삽입하고 다음 코드를 추가한다.

```
tweets.head(10)
```

이 코드의 출력은 다음과 같다.

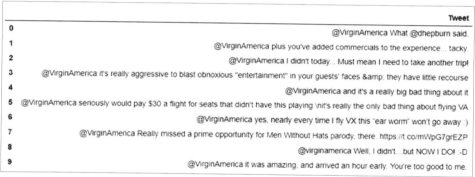

그림 8.16 처음 열 개 트윗의 결과

6. 위 그림에서 @ 기호로 시작하는 트위터 핸들이 포함된 것을 볼 수 있다. 이 점은 이런 핸들을 추출하는 데 유용하다. 데이터프레임의 string 열은 정규 표현식을 사용해 문자열 일부를 가져올 수 있는 extract() 함수를 갖고 있다. 이를 구현하기 위해 새로운 셀을 삽입하고 다음 코드를 추가한다.

```
tweets['At'] = tweets.Tweet.str.extract(r'^(@\S+)')
```

이 코드는 At이라는 새로운 열을 선언하고 extract 함수의 반환 결과를 값으로 지정한다. extract 함수는 정규 표현식 ^(@\S+)를 사용해 @으로 시작하는 문자열을 반환한다. tweets 데이터프레임의 처음 열 개 레코드를 확인하기 위해 새로운 셀을 삽입하고 다음 코드를 추가한다.

```
tweets.head(10)
```

예상했던 처음 열 개의 트윗 결과는 다음과 같다.

	Tweet	At
0	@VirginAmerica What @dhepburn said.	@VirginAmerica
1	@VirginAmerica plus you've added commercials to the experience... tacky.	@VirginAmerica
2	@VirginAmerica I didn't today... Must mean I need to take another trip!	@VirginAmerica
3	@VirginAmerica it's really aggressive to blast obnoxious "entertainment" in your guests' faces & they have little recourse	@VirginAmerica
4	@VirginAmerica and it's a really big bad thing about it	@VirginAmerica
5	@VirginAmerica seriously would pay $30 a flight for seats that didn't have this playing.\nit's really the only bad thing about flying VA	@VirginAmerica
6	@VirginAmerica yes, nearly every time I fly VX this "ear worm" won't go away :)	@VirginAmerica
7	@VirginAmerica Really missed a prime opportunity for Men Without Hats parody, there. https://t.co/mWpG7grEZP	@VirginAmerica
8	@virginamerica Well, I didn't...but NOW I DO! :-D	@virginamerica
9	@VirginAmerica it was amazing, and arrived an hour early. You're too good to me.	@VirginAmerica

그림 8.17 트위터 핸들을 갖는 처음 열 개 트윗

1. 감성 분석과 관련 없는 트위터 핸들을 제거한다. 먼저 데이터프레임을 파라미터로 받는 remove_handles()라는 함수를 생성한다. 데이터프레임을 전달하면 re.sub() 함수로 데이터프레임에 있는 핸들들을 제거한다. 이를 구현하기 위해 새로운 셀을 삽입하고 다음 코드를 추가한다.

```
def remove_handles(tweet):
    return re.sub(r'@\S+', '', tweet)
```

2. 핸들을 제거하기 위해 새로운 셀을 삽입하고 다음 코드를 추가한다.

```
tweets.text = tweets.text.apply(remove_handles)
tweets.head(10)
```

트위터 핸들을 제거한 후에 예상되는 처음 열 개의 트윗은 다음과 같다.

	Tweet	At
0	What said.	@VirginAmerica
1	plus you've added commercials to the experience... tacky.	@VirginAmerica
2	I didn't today... Must mean I need to take another trip!	@VirginAmerica
3	it's really aggressive to blast obnoxious "entertainment" in your guests' faces & they have little recourse	@VirginAmerica
4	and it's a really big bad thing about it	@VirginAmerica
5	seriously would pay $30 a flight for seats that didn't have this playing.\nit's really the only bad thing about flying VA	@VirginAmerica
6	yes, nearly every time I fly VX this "ear worm" won't go away :)	@VirginAmerica
7	Really missed a prime opportunity for Men Without Hats parody, there. https://t.co/mWpG7grEZP	@VirginAmerica
8	Well, I didn't...but NOW I DO! :-D	@virginamerica
9	it was amazing, and arrived an hour early. You're too good to me.	@VirginAmerica

그림 8.18 트위터 핸들을 제거한 후의 처음 열 개 트윗

위 그림에서 트위터 핸들이 트윗에서 분리된 것을 확인할 수 있다.

3. 이제 트윗에 대해 감성 분석을 해보자. 먼저 데이터프레임과 열을 전달받는 get_sentiment() 함수를 생성해야 한다. 이 함수를 사용해 각 트윗에 대한 감성 점수를 보여줄 Polarity와 Subjectivity라는 두 개의 열을 만든다. 이를 구현하기 위해 새로운 셀을 삽입하고 다음 코드를 추가한다.

```
def get_sentiment(dataframe, column):
    text_column = dataframe[column]
    textblob_sentiment = text_column.apply(TextBlob)
    sentiment_values = [ {'Polarity': v.sentiment.polarity,
                          'Subjectivity': v.sentiment.subjectivity}
                    for v in textblob_sentiment.values]
    return pd.DataFrame(sentiment_values)
```

이 함수는 데이터프레임을 전달받아 text_column의 각 값에 TextBlob 생성자 constructor를 적용시킨다. 그런 다음, 추출된 값으로 Polarity와 Subjectivity 열

을 갖는 새 데이터프레임을 생성한다.

4. 함수를 생성했으므로 필요한 파라미터를 전달해 테스트해보자. 결과는 senti ment_frame이라는 새 데이터프레임에 저장된다. 이를 구현하기 위해 새로운 셀을 삽입하고 다음 코드를 추가해보자.

```
sentiment_frame = get_sentiment(tweets, 'text')
```

새 데이터프레임의 처음 네 개 값들을 확인하기 위해 다음 코드를 입력한다.

```
sentence_frame.head(4)
```

이 코드의 출력은 다음과 같다.

Polarity	Subjectivity
0.000000	0.0000
0.000000	0.0000
-0.390625	0.6875
0.006250	0.3500

그림 8.19 감성 데이터프레임의 처음 네 개 열

5. 원래의 tweet 데이터프레임과 sentiment_frame을 결합하기 위해 concat() 함수를 사용한다. 이를 구현하기 위해 새로운 셀을 삽입하고 다음 코드를 추가한다.

```
tweets = pd.concat([tweets, sentiment_frame], axis=1)
```

새 데이터프레임의 처음 열 개 행을 확인하기 위해 다음 코드를 입력한다.

```
tweets.head(10)
```

감성 점수를 추가한 예상 결과는 다음과 같다.

	Tweet	At	Polarity	Subjectivity
0	What said.	@VirginAmerica	0.000000	0.000000
1	plus you've added commercials to the experience... tacky.	@VirginAmerica	0.000000	0.000000
2	I didn't today... Must mean I need to take another trip!	@VirginAmerica	-0.390625	0.687500
3	it's really aggressive to blast obnoxious "entertainment" in your guests' faces & they have little recourse	@VirginAmerica	0.006250	0.350000
4	and it's a really big bad thing about it	@VirginAmerica	-0.350000	0.383333
5	seriously would pay $30 a flight for seats that didn't have this playing.\nit's really the only bad thing about flying VA	@VirginAmerica	-0.208333	0.633333
6	yes, nearly every time I fly VX this "ear worm" won't go away :)	@VirginAmerica	0.466667	0.766667
7	Really missed a prime opportunity for Men Without Hats parody, there. https://t.co/mWpG7grEZP	@VirginAmerica	0.200000	0.200000
8	Well, I didn't...but NOW I DO! :-D	@virginamerica	1.000000	1.000000
9	it was amazing, and arrived an hour early. You're too good to me.	@VirginAmerica	0.466667	0.600000

그림 8.20 감성 점수를 추가한 트윗 데이터프레임

위 그림에서 각 트윗에 대해 polarity와 subjectivity 점수가 계산된 것을 확인할 수 있다.

6. 긍정, 부정, 중립 트윗을 구분하기 위해 특정한 조건을 추가해야 한다. 극성 점수가 0.5보다 크면 트윗을 긍정으로 간주하고, 극성 점수가 -0.5보다 작으면 트윗을 부정으로 간주하자. 극성 점수 값이 -0.1에서 0.1 사이이면 중립이라고 판단하자. 이를 구현하기 위해 새로운 셀을 삽입하고 다음 코드를 추가하자.

```
positive_tweets = tweets[tweets.Polarity > 0.5]
negative_tweets = tweets[tweets.Polarity <= - 0.5]
neutral_tweets = tweets[ (tweets.Polarity > -0.1) & (tweets.Polarity < 0.1) ]
```

긍정, 부정, 중립 트윗을 확인하기 위해 다음 코드를 추가한다.

```
positive_tweets.head(15)
negative_tweets.head(15)
neutral_tweets
```

이 코드는 긍정, 부정, 중립 트윗을 출력한다.

찾아보기

ㄱ

가우시안 나이브 베이즈 모델　136
감성 모델　356
감성 분석　338
개체명 인식　48
과적합　146
극성　342

ㄴ

나이브 베이즈 분류기　132

ㄷ

다단계 추출법　158
다변량 회귀　139
단변량 회귀　139
단순 무작위 추출법　157
단순 정확도　173
단어 구름　108
단어 모음　93, 220
단어 수준 원핫 인코딩　302
단어 임베딩　310
단어 중의성 해결　50
데이터 수집　55
데이터 전처리　55
데이터 정제　63
독립변수　131
동질성　132
디리클레 분포　233
딥러닝 라이브러리　347

ㄹ

랜덤 포레스트　145
로지스틱 회귀　131

ㅁ

마르코프 체인　273
마크업 언어　186
머신러닝　116
모델 평가　56
문서 벡터　326
문장 경계 인식　52
문장 유사도　256

ㅂ

바이그램　34
배깅　146
벡터　280
분류　131
불용어　37
불용어 제거　86
비정형 데이터　62
비지도 학습　117

ㅅ

사전 학습된 단어 벡터 사용　319
샘플링　157
선형 회귀　139
시퀀스 투 시퀀스　257

ㅇ

어간 추출 44
어조 340
언어 번역 85
연관 규칙 마이닝 117
연관성 분석 117
온라인 마켓플레이스 345
원핫 인코딩 290
웹 스크래핑 186
위치 기반 문자 수준 인코딩 288
유니그램 33
의사 결정 트리 144
인코더-디코더 257
인코딩 202, 282
임베딩 310

ㅈ

자동 텍스트 요약 252
자카드 유사도 104
잠재 디리클레 할당 231
잠재 의미 분석 221
잠재 의미 인덱싱 221
재현율 173
전이 학습 319
절편 142
정규 표현식 64
정밀도 173
정형 데이터 61
종속변수 131
종속성 구문 분석 트리 110
주성분 분석 168
준정형 데이터 61
지도 학습 130
지프의 법칙 95
직교 변환 168

ㅊ

차원 축소 168, 219
철자 수정 42
철자 수정기 44
추상적 텍스트 요약 257
추출적 텍스트 요약 256
층화 추출법 158

ㅋ

코사인 유사도 104
쿼리 시스템 255
클러스터링 117
클러스터 분석 117

ㅌ

탐색적 데이터 분석 218
텍스트 분석 29
텍스트 요약 255
텍스트 유사도 104
텍스트 정규화 40
텍스트 표현 280
텐서 280
토큰화 33, 64
토픽 모델링 216
토픽 핑거프린팅 240
트라이그램 34
트리 기반 방법 144

ㅍ

파이썬 NLP 라이브러리 346
파이프라인 177
팔꿈치 방법 126
평균 절대 백분율 오차 175
평균 제곱근 오차 174
포터 형태소 분석기 81
표제어 추출 46

피처 엔지니어링 103
피처 추출 56, 87

ㅎ

하드 클러스터링 219
행렬 280
형태소 분석 44
혼동 행렬 173
회귀 131, 138

A

abstractive text summarization 257
accuracy 173
API 205
argmax() 299
association rule mining 117
autocorrect 42
automated text summarization 252

B

bagging 146
BeautifulSoup 225
bigram 34
BoW 93

C

classification 131
cluster analysis 117
clustering 117
CoherenceModel 228, 238
confusion matrix 173
cosine similarity 104
crosstab 128

D

data cleaning 63
data collection 55
decision tree 144
dependency parse tree 110
dependent variable 131
Doc2Vec 331
document vector 326

E

elbow method 126
embedding 310
encoder-decoder 257
encoding 282
exploratory data analysis 218
extractive text summarization 256

F

F1-점수 174
fcluster() 124
feature engineering 103
FPR 174

G

GaussianNB() 136

H

heatmap 165
homophily 132

I

IDF 100
independent variable 131
intercept 142

Inverse Document Frequency   100

J

Jaccard similarity   104
JavaScript Object Notation   197
joblib   179
JSON   197

K

KMeans   128
K-Nearest Neighbor   132
KNN   132
K-최근접 이웃   132
K-평균 클러스터링   125

L

LabelEncoder()   307
LinearRegression()   142
logistic regression   131
LogisticRegression   360
LogisticRegression()   136
LSI   221

M

machine learning   116
MAPE   175
Mean Absolute Percentage Error   175
model assessment   56
multi-stage sampling   158

N

Named Entity Recognition   48
NER   48
n-gram   66
NLG   30

NLP 서비스   344
NLU   30
n-그램   34, 66

O

OneHotEncoder()   307
orthogonal transformation   168
overfitting   146

P

PageRank   258
PCA   168
pickle   179
pipeline   177
polarity   342
PoS 태깅   35
precision   173
Principal Component Analysis   168

R

re   67
recall   173
RegexpStemmer   80
regression   131
Regular expression   64
requests   190
RMSE   174
Root Mean Square Error   174

S

sample()   358
sampling   157
semi-structured data   61
sentence boundary detection   52
sentiment model   356

sequence-to-sequence   257
simple random sampling   157
spell()   42
spelling corrector   44
stop word   37
stratified sampling   158
structured data   61

T

TaggedDocument   331
tensor   280
TextBlob   69, 347
textract   209
TextRank   258
text representation   280
TF-IDF   99
TF-IDF vectorization   357
TfidfVectorizer   360
TF-IDF 벡터화   357
tokenization   33
Tokenizer   294
tone   340
TPR   174
transfer learning   319
tree()   150
trigram   34

U

unigram   33
unstructured data   62
urllib3   190

V

value_counts()   354

W

web scraping   186
Word2Vec   311, 316
WordNetLemmatizer   47

X

XML   201

Z

Zipf's law   95

예제로 배우는 **자연어 처리 기초**

NLP 알고리즘, 텍스트 분류와 요약, 감성 분석

발 행 | 2020년 3월 20일

지은이 | 쇼홈 고시 · 드와이트 거닝
옮긴이 | 김 창 엽 · 최 민 환

펴낸이 | 권 성 준
편집장 | 황 영 주
편 집 | 조 유 나
디자인 | 박 주 란

에이콘출판주식회사
서울특별시 양천구 국회대로 287 (목동)
전화 02-2653-7600, 팩스 02-2653-0433
www.acornpub.co.kr / editor@acornpub.co.kr

한국어판 © 에이콘출판주식회사, 2020, Printed in Korea.
ISBN 979-11-6175-395-9
http://www.acornpub.co.kr/book/nlp-fundamentals

이 도서의 국립중앙도서관 출판시도서목록(CIP)은 서지정보유통지원시스템 홈페이지(http://seoji.nl.go.kr)와
국가자료공동목록시스템(http://www.nl.go.kr/kolisnet)에서 이용하실 수 있습니다.(CIP제어번호: CIP2020010068)

책값은 뒤표지에 있습니다.